쉽고 효율적인 인터넷 프로그래밍 언어 PHP

개정3판

PHP 웹 프로그래밍

김진석 · 심재연 지음

PHP Web Programming

생능출판

저자 소개

김진석

KAIST에서 학사, 석사, 박사학위를 받았으며, MIT에서 Postdoc Fellow로 병렬 알고리즘 및 클라우드 컴퓨팅 연구를 하였다. 1999년부터 현재까지 서울시립대학교 컴퓨터과학부 교수로 재직 중이다.

UIUC(University of Illinois at Urbana-Champaign)에서 연구년 교수로 무선 센서 네트워크와 클라우드 컴퓨팅 연구를 진행한 경험이 있다. 주요 연구 분야는 클라우드 컴퓨팅과 스마트 컴퓨팅이다. 클라우드 컴퓨팅과 스마트 컴퓨팅 분야에서 다수의 논문과 특허를 발표하였다. 관심이 있는 루비 프로그래밍 언어 책을 번역하였고, PHP 웹 프로그래밍 언어 책을 저술하였다.

심재연

삼육대학교 컴퓨터과학과에서 이학사, 서울시립대학교 컴퓨터과학과에서 석 · 박사 학위를 받았다. 2012년부터 2015년까지 서울시립대학교와 서울과학기술대학교에서 프로그래밍 강의를 진행하였으며 2015년부터 2018년까지 경동대학교 컴퓨터공학과 조교수로 재직하였다.

금융관련 소프트웨어와 코딩교육 소프트웨어 개발 프로젝트에 참여하였다. 주요 연구 분야는 멀티미디어와 게임, 패턴인식으로 이와 관련하여 다수의 연구 실적을 발표하였고 JAVA 프로그래밍 언어 책을 저술하였다.

PHP 웹 프로그래밍

초판발행 2002년 2월 5일
제3판1쇄 2020년 2월 12일

지은이 김진석, 심재연
펴낸이 김승기
펴낸곳 (주)생능출판사 / **주소** 경기도 파주시 광인사길 143
출판사 등록일 2005년 1월 21일 / **신고번호** 제406-2005-000002호
대표전화 (031)955-0761 / **팩스** (031)955-0768
홈페이지 www.booksr.co.kr

책임편집 김민보 / **편집** 신성민, 유제훈, 권소정 / **디자인** 유준범
마케팅 최복락, 김민수, 심수경, 차종필, 백수정, 최태웅, 김범용, 김민정
인쇄 · 제본 천일문화사

ISBN 978-89-7050-368-4 93000
정가 26,000원

- 이 도서의 국립중앙도서관 출판예정도서목록(CIP)은 서지정보유통지원시스템 홈페이지(http://seoji.nl.go.kr)와 국가자료공동목록시스템(http://www.nl.go.kr/kolisnet)에서 이용하실 수 있습니다. (CIP제어번호: 2020003097)

머리말

최근 4차 산업혁명 기술의 발전으로 스마트폰, 클라우드 컴퓨팅 등을 이용한 유무선 인터넷 서비스가 발전하고 있습니다. 인터넷은 신문, 방송, 금융, 교육, 게임, SNS 등 많은 응용 분야에서 널리 사용되고 있습니다. 이와 같이 우리 사회의 모든 분야에서 인터넷이 활발하게 사용되는 이유는 유용한 정보를 담은 빅 데이터가 가득한 페이지가 인터넷 상에 많이 존재하기 때문입니다. 요즘 거의 대부분의 기업, 학교, 단체는 인터넷 홈페이지로 다양한 서비스를 하고 있습니다. 또한 개인들도 인터넷 페이지를 만들고 SNS를 통해 메시지를 나누고 금융거래를 하며 개인 방송을 만들어 운영하고 있습니다.

인터넷 프로그래밍에 관해서는 그 동안 많은 책들이 출판되었고 여러 학교에서 다양한 과목으로 인터넷 프로그래밍에 대하여 가르치고 있습니다. 그러나 인터넷 프로그래밍을 효율적으로 배우고 인터넷 응용 프로그램을 만드는 일은 쉽지 않은 일입니다. 본 저자는 서울시립대학교에서 수년 동안 인터넷 프로그래밍을 강의해 왔고 인터넷 프로그래밍을 이용하여 어떻게 하면 다양한 분야에서 사용되는 웹사이트를 효율적으로 구축, 활용할 수 있을까 많이 고심하였습니다.

본 저자는 인터넷 프로그래밍을 가장 잘 가르치는 것은 이해하기 쉽고 프로그래밍 하기 쉬우며 효율적인 인터넷 프로그래밍 언어를 가르치는 것이라고 생각하였습니다. 그래서 저자는 그러한 인터넷 프로그래밍 언어로 PHP 언어를 선택하게 되었습니다. PHP 언어는 대표적인 프로그래밍 언어인 C와 JAVA 언어와 매우 유사한 문법체계로 이루어져 있으면서도 배우기 쉽고 효율적이라는 장점을 가지고 있습니다. 또한 PHP 언어는 다양한 소프트웨어 라이브러리를 제공하여 프로그래머가 프로그래밍할 때 원하는 기능을 쉽게 구현할 수 있습니다. PHP의 대표적인 특징은 다양한 컴퓨터 및 운영체제에서 동작한다는 것과 다양한 데이터베이스와 연동할 수 있다는 것 또한 인터넷 및 네트워크 프로그래밍을 쉽게 할 수 있도록 다양한 함수가 제공된다는 것이 있습니다.

본 저자는 PHP 언어를 인터넷 프로그래머의 입장에서 자세히 공부할 수 있는 책이 필요하다는 생각에 이 책을 쓰게 되었습니다. 이 책에서는 많은 예제 프로그램을 다루어 실습 위주로 교육이 진행되도록 구성하였습니다. 인터넷 프로그래밍의 초보자들도 책에 수록된 예제 프로그램을 그대로 따라 하다 보면 인터넷 프로그래밍 기술을 자연스럽게 배울 수 있도록 구성하였습니다. 이 책은 크게 1부와 2부로 나뉘어져 있습니다. 1부에서는 인터넷 프로그래밍의 기초 및 고급 기술들을 상세히 다루었습니다. 즉 다양한 기술들에 대한 설명 및 사용 예제를 위주로 1부를 구성하였습니다. 2부에서는 실무에서 직접 쓰일 수 있는 게시판과 전자상거래 쇼핑몰 구축 프로젝트를 다루었습니다. 특히 부록에 포함된 프로그램을 조금만 수정하면 현재 상용으로 사용되는 웹사이트와 거의 유사한 웹사이트를 만들 수 있도록 하였습니다.

본 저자는 이 책을 이용하여 서울시립대학교에서 인터넷 프로그래밍 교육을 시켰습니다. 그 결과 이 책은 대학교에서 한 학기 강의로 적당하다는 것과 다양한 인터넷 프로그래밍 실무 능력을 키우고 실제 현장에 적용할 때 효율적이라는 것을 느꼈습니다. 기존에 C와 같은 프로그래밍 언어를 습득한 사람들을 대상으로 하는 교육에서는 3장의 기초 프로그래밍 부분을 생략하거나 간략하게 강의해도 좋습니다. 부록의 쇼핑몰은 모듈 단위로 구성되어 있으므로 필요한 모듈만을 따로 모아서 강의해도 좋다고 생각합니다.

이 책은 대학의 교양, 융합, 전공기초 강의의 인터넷 프로그래밍 교재로 사용할 수 있습니다. 또한 일반인들도 이 책에 수록된 많은 예제를 따라 코딩 하면서 인터넷 프로그래밍의 매력을 느끼며 프로그래밍 능력을 키울 수 있습니다. 이 책 본문에 있는 소스 코드와 설치에 관한 파일을 포함시켜 코딩 연습과 프로그래밍 환경 구축에 참고하도록 하였습니다.

마지막으로 이 책이 나오도록 많은 도움을 준 분들께 감사를 드립니다. 우선 책을 마무리하는 동안 응원해 주고 도와 준 가족들에게 고마움과 사랑을 전합니다. 또한 이 책의 구성, 예제 프로그램의 작성, 오탈자 감수 등에서 많은 도움을 준 서울시립대학교 분산컴퓨팅 연구실과 강원대학교의 연구원들에게 고마움을 전합니다. 이 책을 출판하기까지 적극적으로 후원하여 준 생능출판사 김승기 사장님과 직원 여러분께 감사드립니다.

2019년 크리스마스를 앞두고

저자 일동

차례

CHAPTER 06 함수

CHAPTER 07 미리 정의된 PHP 함수와 상수

CHAPTER 08 문자열

CHAPTER 01

PHP 개요

PHP Web Programming

contents

01 PHP 개요

1.1 PHP 언어의 소개

• PHP는 웹 프로그래밍 언어이다.

PHP는 공식적으로 PHP: Hypertext Preprocessor의 약자이다. PHP의 소스코드는 공개되어 있어 자유롭게 다운로드받아 사용할 수 있다(php.net이나 zend.com에서 다운로드

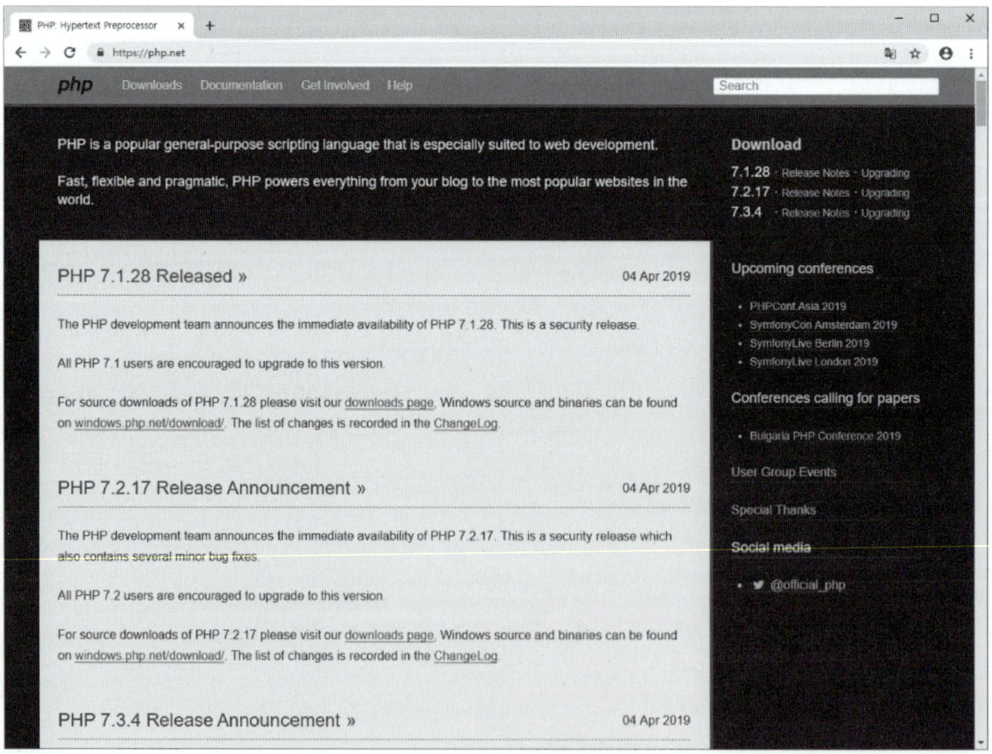

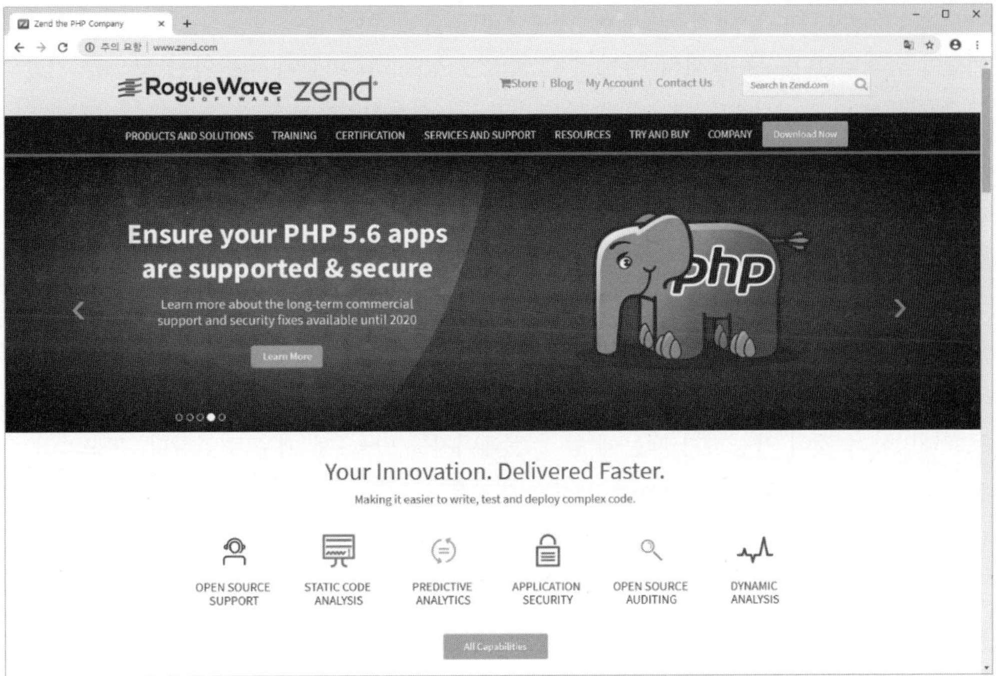

를 받을 수 있다). PHP는 서버에서 동작하는 스크립트(script) 언어이다. PHP는 주로 동적인(dynamic) 웹페이지를 구성할 때 많이 사용된다. 동적인 웹페이지란 웹페이지 사용자와 상호작용하여 사용자가 원하는 정보를 보여주는 일종의 맞춤형 페이지를 말한다. 예를 들면 전자상거래 사이트에서 고객이 원하는 제품의 정보만을 모아서 새롭게 만든 페이지를 동적 페이지라고 생각할 수 있다.

- PHP의 성능은 계속해서 향상되고 있다.

PHP는 1994년 Rasmus Lerdorf가 만들었다. 1995년에 파서(parser)를 다시 작성하여 PHP/FI Ver.2를 만들었다. PHP Ver.2에는 SQL query를 파싱할 수 있는 Form Interpreter가 포함되었다. 1998년에 PHP Ver.3을 만들었다. PHP Ver.3을 만들 때에는 Zeev Suraski와 Andi Gutmans가 참여하여 파서를 개선하였다. PHP Ver.4도 Zeev Suraski와 Andi Gutmans가 참여하여 만들었고 기존의 코드를 완전히 새로이 작성하여 많은 성능향상을 얻었다. PHP Ver.4에는 스크립트 엔진인 Zend가 핵심 기술로 포함되었다. Zend라는 이름은 재미있게도 Zeev와 Andi 두 사람의 이름에서 두 글자씩 따와 만든 말이다. 2004년 PHP Ver.5에 객체지향 기술이 강화되고 클래스 라이브러리

SPL(Standard PHP Library)이 추가되고 Zand 엔진 2.0이 도입되었다. 2015년에 PHP 7 버전이 공개되었다. 본 교재의 예제 소스코드는 PHP 5.6 버전에 최적화된 코드를 기반으로 하지만 PHP 7 버전에도 대응할 수 있는 코드로 설계되었다.

• PHP는 배우고 프로그래밍 하기 쉬운 언어이다.

PHP는 많은 수의 함수 및 라이브러리를 가지고 있다. 따라서 프로그래머는 이 함수와 라이브러리를 이용하여 프로그램을 작성하면 되므로 짧은 라인의 프로그램으로 많은 일을 할 수 있다. PHP의 문법은 C나 Perl, Java 언어의 문법과 비슷하기 때문에 기존 언어에 익숙한 프로그래머에게는 PHP의 문법이 쉽게 느껴질 수 있다. 또한 HTML 언어와 같이 프로그래밍하는 것이 가능하기 때문에 동적 웹페이지를 만들 때 매우 편리하다. PHP의 소스코드는 공개되기 때문에 이 코드를 가지고 새로운 코드를 개발하는 그룹이 전 세계적으로 많이 생겨났다. 따라서 이들이 수시로 새로운 코드와 라이브러리를 개발하여 공개하기 때문에 다양한 프로그래밍 환경을 제공받을 수 있다.

• 전 세계적으로 많은 사람들이 PHP를 사용하고 있다.

PHP는 2001년 6월 현재 675만개 이상의 도메인에서 사용되고 있다고 Netcraft사(www.netcraft.com)에 의해서 조사되었다. 대표적인 사용기관으로는 미츠비시, 레드햇, MP3-Lycos, 에릭슨, NASA 등이 있다. 이렇게 많은 사용자 그룹으로부터 PHP의 많은 에러가 찾아졌고 PHP 개발자들에 의해서 수시로 버그가 고쳐지고 새로운 기능이 추가되고 있다. 이러한 이유로 PHP는 매우 안정적인 프로그래밍 언어가 될 수 있었다.

• PHP는 다양한 데이터베이스와 쉽게 연동된다.

대용량 자료를 다루기 위해서는 데이터베이스가 반드시 필요하다. 그런데 기존의 프로그래밍 언어에서는 일반 프로그래머가 데이터베이스 연동하는 기술을 습득하기가 매우 어려웠다. 또한 기존의 프로그래밍 언어에서는 몇몇 데이터베이스와의 연동기술만이 존재하였기 때문에 다양한 데이터베이스를 다루는 개발자에게는 많은 불편함이 있었다. PHP에서 연동할 수 있는 대표적인 데이터베이스는 Informix, Microsoft SQL Server, mSQL, MySQL, ODBC, Oracle, Sybase 등이 있다.

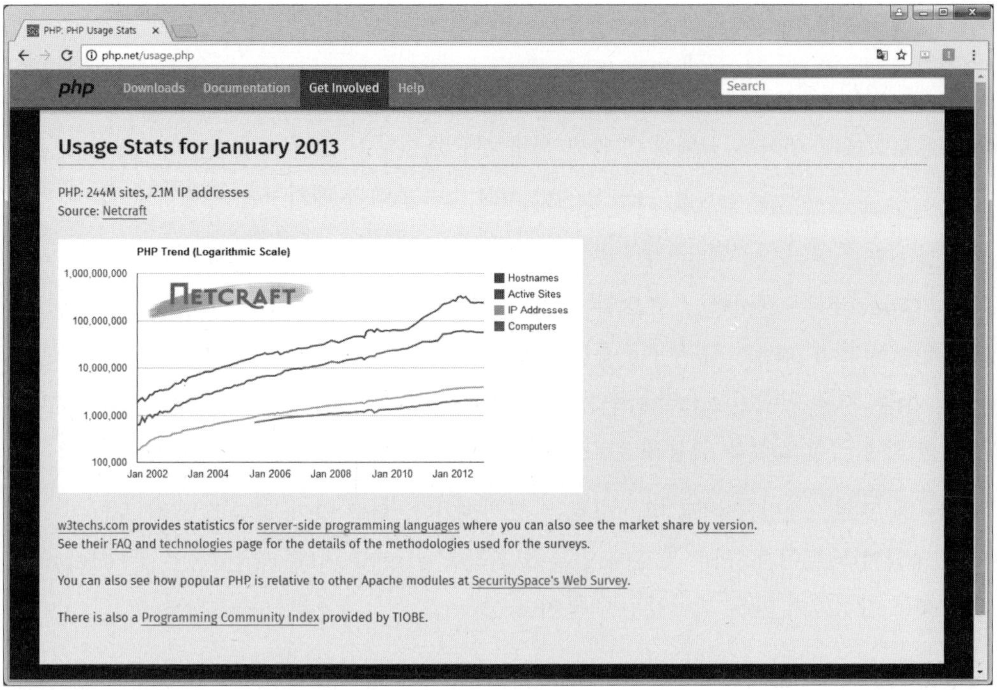

• PHP는 다양한 컴퓨터상에서 동작된다.

PHP는 Windows, Unix, Linux 등 최근 사용하는 대표적인 운영체제상에서 모두 동작한다. 또한 이기종 컴퓨터가 네트워크로 연결된 환경에서도 동작할 수 있다. 따라서 PHP는 사용자들이 가지고 있는 거의 모든 기종의 컴퓨터에서 동작가능하다.

• PHP는 다양한 라이브러리를 제공하며 다양한 표준을 지원한다.

PHP는 다양한 라이브러리를 제공한다. 예를 들면 PDF 형식의 파일을 생성할 수 있고, XML을 파싱할 수 있다. 또한 PHP는 HTTP 세션과 Java 언어와의 연동을 제공한다. 그 외에도 정규표현식, LDAP, SNMP, IMAP, COM 프로토콜을 지원하기 때문에 프로그래머가 다양한 프로그래밍 환경에서 쉽게 프로그램 할 수 있다. PHP는 모든 웹 프로그래밍 언어와 데이터 교환을 위해서 WDDX 표준을 지원한다.

1.2 APM 소개

APM이란 A(Apache), P(PHP), M(MySQL)으로 구성된 소프트웨어 패키지이다. 많은 경우 PHP 프로그래밍 언어를 실행하기 위해 아파치와 MySQL을 같이 동작시킨다. 직접 사용자가 각각의 프로그램을 설치할 수도 있지만 APM 소프트웨어 패키지를 이용하면 좀 더 편하게 웹서비스 환경을 구축할 수 있다.

아파치(Apache)는 웹서버 소프트웨어이다. 수많은 웹사이트에서 아파치를 돌리고 있다. 아파치는 원래 a patch 웹서버를 뜻하지만(패치는 오류 보정 소프트웨어 조각을 말한다) a patch를 미국 원주민 apache로 보기 좋게 바꾸었다. 아파치 로고는 새 깃털로 인디언 추장 머리에 꽂힌 깃털을 연상케 한다.

PHP는 웹 프로그래밍 언어로 마스코트는 코끼리이다. PHP 영어 알파벳 글자 모양이 코끼리와 닮았기 때문이다. PHP 로고에 있는 코끼리를 elePHPant라 부른다. 이는 elephant와 PHP를 합성하여 만든 재미있는 이름이다.

MySQL은 데이터베이스의 한 종류로 로고는 돌고래이다. 현재 MySQL은 무료버전과 유료버전으로 나뉘는데 무료버전의 경우 오픈소스 라이선스 중 GPL(GNU General Public License)를 적용하고, 유료버전의 경우 상용 라이선스가 적용된다.

APM을 제공하는 다양한 프리웨어들이 있으며 OS별로도 다양하게 존재한다. 윈도우 기반의 프리웨어로는 APMSETUP, AutoSet, XAMPP, WampServer 등이 있으며 데이터베이스를 MaeiaDB로 대체하여 사용하는 서비스도 있다.

1.3 서버에서 수행되는 스크립트 언어 PHP

앞 절에서 PHP는 서버에서 동작하는 스크립트 언어이고 동적 웹페이지를 만들 때 많이 사용된다고 설명하였다. 본 절에서는 PHP가 수행되어지는 방식에 대해서 알아보고 HTML의 수행방식과 비교하여 본다. 또한 동적 웹 페이지와 정적 웹 페이지의 예를 살펴본다.

먼저 HTML로 만들어진 소스코드를 웹브라우저에서 요청하였을 경우를 생각해보자. 아래 그림은 각 단계에서 수행되는 일을 표시하였다. 웹브라우저의 주소창에 www.uos.org/top.html이라고 입력한다. HTML 문서를 요청받은 웹서버는 서버 내의 파일 시스템 내에 top.html이 있는지 검사하고 만약 그 파일이 있으면 웹브라우저에게 그 파일을 전달해준다.

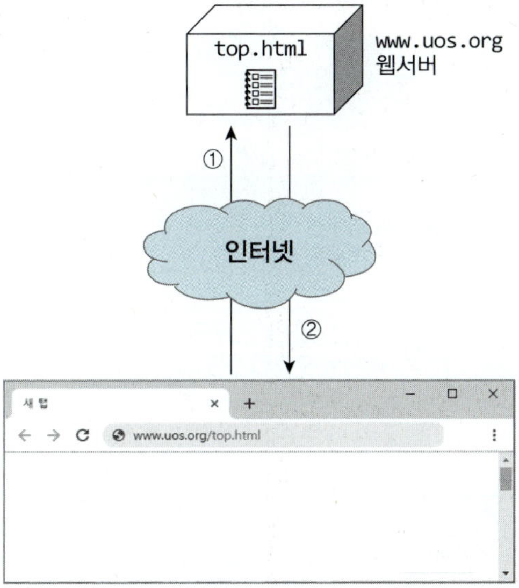

다음은 웹브라우저에서 PHP 파일을 요청하였을 경우를 생각해보자. 예를 들어 웹브라우저의 주소창에 www.uos.org/top.php라고 요청을 하면 그 신호를 받은 웹브라우저 www.uos.org는 스크립트 엔진에게 top.php를 실행하라고 명령을 내린다. 스크립트 엔진은 파일 시스템 내에서 top.php 파일을 찾아보고 그 파일이 존재하면 그 파일을 수행한다. 이때 top.php 프로그램에서는 데이터베이스에 있는 정보를 검색하거나 삽입 또는 삭제하는 일을 할 수도 있다. 스크립트 엔진은 수행된 출력 결과를 HTML 파일 형식으로 웹서버에게 전달해준다. 웹서버는 전달된 HTML 파일을 웹브라우저에게 전달해준다. 위의 모든 과정을 요약하면 다음과 같다. 웹브라우저가 PHP 파일 요청을 하면 웹서버에서는 PHP 프로그램을 실행시켜서 HTML로 변환한 후 그 변환된 파일을 클라이언트인 웹브라우저에게 전달해준다. 이상의 예를 보면 PHP는 서버에서 수행되는 스크립트 언어라는 것을 알 수 있다.

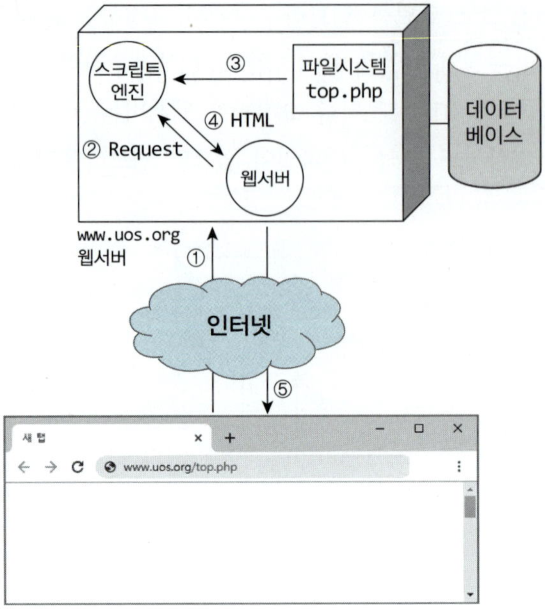

1.4 HTML과 PHP의 동작 실습

예제를 이용하여 HTML과 PHP의 차이점과 PHP로 만든 동적 웹페이지에 대해 살펴보려고 한다. 아래 예에서 사용하는 프로그램은 작은 과일 쇼핑몰 시스템의 일부분에 해당하는 것이다. 이 프로그램에서 하는 일은 과일 쇼핑몰을 방문한 고객은 자신이 원하는 가격을 제시한고 과일 쇼핑몰 시스템에서는 가격을 입력받은 후 고객이 원하는 가격과 같거나 싼 과일의 목록을 제시한다. fruit.html 코드는 HTML로 구현한 프로그램으로 세 개의 버튼을 만드는 것이다.

fruit.html

```
<html>
    <body>
        원하는 가격을 누르십시요.<br>
        <form name=fruit30 action="./fruit30.html">
            <input type=submit value="30원이하">
        </form>
        <form name=fruit60 action="./fruit60.html">
            <input type=submit value="60원이하">
```

```
        </form>
        <form name=fruit90 action="./fruit90.html">
            <input type=submit value="90원이하">
        </form>
    </body>
</html>
```

실행 결과는 다음과 같다.

fruit.html에서는 "30원이하", "60원이하", "90원이하"라는 버튼을 만들고 fruit30.html은 "30원이하"라는 버튼을 눌렀을 때 실행할 코드이다. 이 코드는 쇼핑몰에 있는 과일 중에 30원 이하인 과일의 목록으로 표시한다. 마찬가지로 fruit60.html과 fruit90.html도 각각 60원 이하와 90원 이하인 과일의 목록을 표시한다. 이와 같이 HTML로 프로그램 할 때는 고객이 원할 것 같은 가격을 미리 결정하고 그 결정된 가격에 대한 과일 목록 코드를 각각 만들어 놓아야 한다.

fruit30.html

```
<html>
    <body>
        가격이 30원 이하인 과일의 목록입니다.<br>
        <table border=1>
            <tr><th>이름</th><th>가격</th></tr>
```

```
            <tr><td>사과</td><td>10</td></tr>
            <tr><td>배</td><td>20</td></tr>
            <tr><td>복숭아</td><td>30</td></tr>
        </table>
    </body>
</html>
```

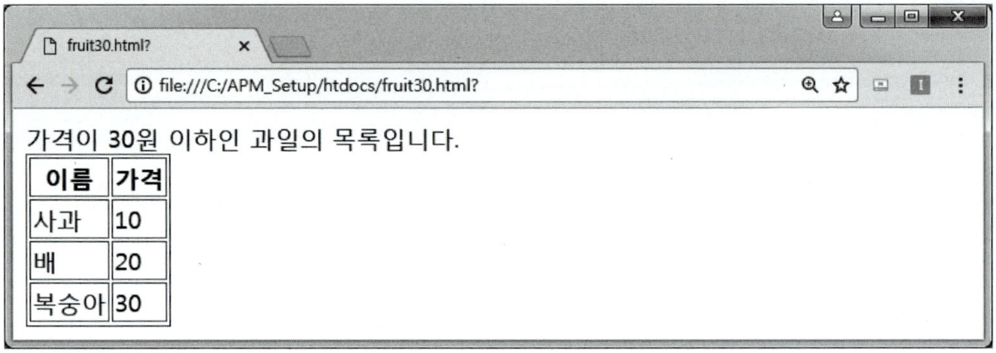

fruit60.html

```
<html>
    <body>
        가격이 60원 이하인 과일의 목록입니다.<br>
        <table border=1>
            <tr><th>이름</th><th>가격</th></tr>
            <tr><td>사과</td><td>10</td></tr>
            <tr><td>배</td><td>20</td></tr>
            <tr><td>복숭아</td><td>30</td></tr>
            <tr><td>수박</td><td>40</td></tr>
            <tr><td>감</td><td>50</td></tr>
            <tr><td>토마토</td><td>60</td></tr>
        </table>
    </body>
</html>
```

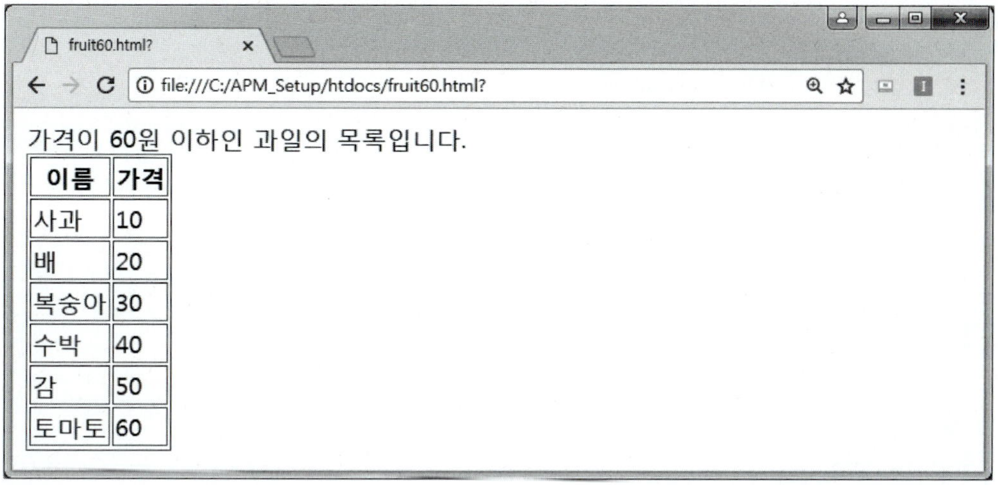

fruit90.html

```
<html>
    <body>
        가격이 90원 이하인 과일의 목록입니다.<br>
        <table border=1>
            <tr><th>이름</th><th>가격</th></tr>
            <tr><td>사과</td><td>10</td></tr>
            <tr><td>배</td><td>20</td></tr>
            <tr><td>복숭아</td><td>30</td></tr>
            <tr><td>수박</td><td>40</td></tr>
            <tr><td>감</td><td>50</td></tr>
            <tr><td>토마토</td><td>60</td></tr>
            <tr><td>바나나</td><td>70</td></tr>
            <tr><td>키위</td><td>80</td></tr>
            <tr><td>파인애플</td><td>90</td></tr>
        </table>
    </body>
</html>
```

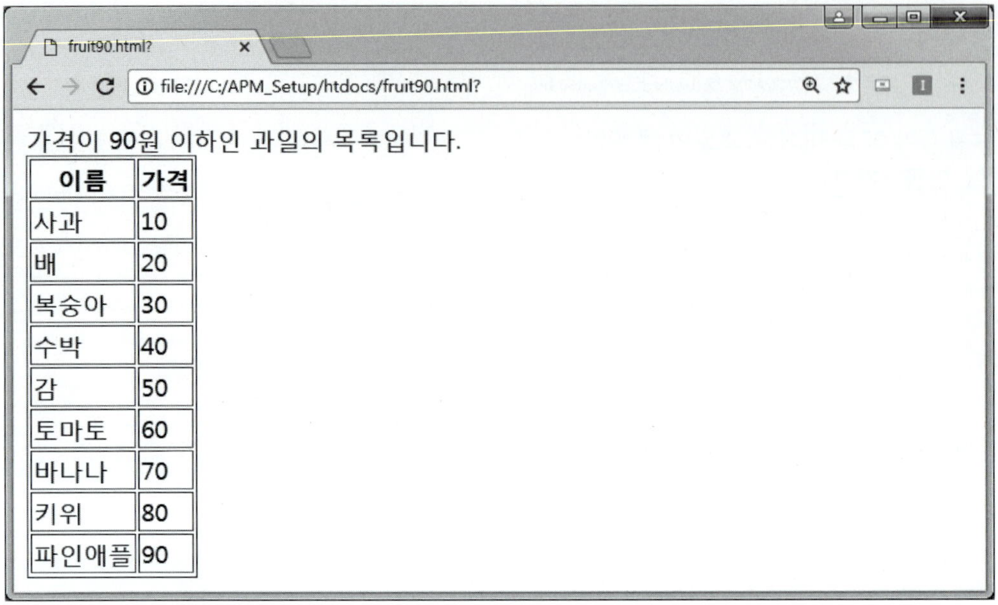

다음으로 PHP 웹 프로그램을 이용하여 원하는 가격 이하의 과일 목록을 나타내는 프로그램을 만들어 보자. fruitsearch.php 코드는 원하는 가격을 입력받는 프로그램으로 HTML 코드로만 구성되어 있다. 하지만 프로그램을 실행시킬 때 위의 fruit.html 코드는 파일을 웹브라우저의 호출만으로 작동이 가능하지만 fruitsearch.php 코드는 정상적인 실행을 위하여 웹서버와의 연결이 필요하다. 이를 위해 아파치 서버를 작동시키고 작성된 파일은 웹서비스를 위한 퍼블릭 폴더에 저장하고 http://localhost 도메인을 이용하여 서버에 접근한다.

fruitsearch.php

```
<html>
    <body>
        <form name=fruit method=post action="./fruitdata.php">
            원하는 가격을 입력 하십시요.<br>
            가격 : <input type=text name=low><br>
            <input type=submit value="찾기">
        </form>
    </body>
</html>
```

결과는 다음과 같다. 검색을 위하여 가격에 45을 입력하였다.

fruitdata.php 코드는 제시된 가격 이하인 과일의 목록만을 뽑아서 새롭게 웹페이지를 동적으로 만들어주는 프로그램이다. 이 코드에서는 먼저 과일의 목록과 가격을 가진 배열을 선언한다. 그리고 각각의 과일의 가격과 제시된 가격을 foreach 문을 사용하여 비교한 후 제시된 가격과 같거나 싼 과일만의 목록을 생성한다. 이와 같이 PHP로 동적인 페이지를 만들면 제시될 것 같은 가격에 해당하는 모든 페이지를 미리 만들 필요성이 없다.

fruitdata.php

```
<?PHP
    $fruit = array("사과"     => 10,
                   "배"       => 20,
                   "복숭아"   => 30,
                   "수박"     => 40
                   "감"       => 50,
                   "토마토"   => 60,
                   "바나나"   => 70,
                   "키위"     => 80,
                   "파인애플" => 90,
                   "대추"     => 100);
    print "가격이 " . $low . "원 이하인 과일의 목록입니다.";
    print "<table border=1><tr><th>이름</th><th>가격</th>";
    foreach ($fruit as $name => $price)
    {
        if($price < $low)
        {
            print "<tr><td>" . $name . "</td><td>" . $price . "</td></tr>";
        }
```

```
    }
    print "</table>";
?>
```

결과는 다음과 같다.

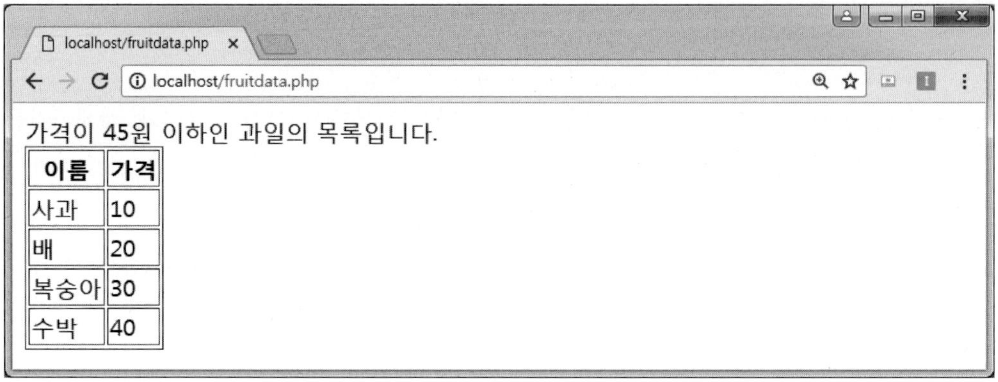

연습문제

1. PHP 언어의 특징을 간략히 설명하시오. 또한 동적 웹페이지가 무엇인지 설명하시오.

2. 동적 웹페이지와 정적 웹페이지의 차이를 설명하시오.

3. PHP에서 지원 가능한 모듈은 어떤 것이 있는지 조사하시오.

4. PHP에서 사용되는 스크립트 엔진은 무엇인가?

5. PHP 외에 동적 웹페이지를 제작하기 위한 프로그래밍 언어를 2가지 이상 쓰시오.

6. 웹브라우저에서 http://www.abc.com/abc.php 페이지를 접속했을 때, 서버는 어떠한 일을 수행하는가?

7. PHP와 연동하여 사용할 수 있는 데이터베이스를 3가지 이상 쓰시오.

8. 동적 웹 프로그래밍에서 Apache, PHP, MySQL가 어떻게 사용되는지 서술하시오.

9. 스크립트 언어란 무엇인가?

10. PHP 프로그램은 서버 또는 클라이언트 중 어디에서 실행되는가?

CHAPTER 02

HTML, CSS 그리고 JavaScript

PHP Web Programming

contents

02 HTML, CSS 그리고 JavaScript

2.1 HTML

HTML(Hyper Text Markup Language)은 인터넷상에서 웹페이지를 표현하기 위한 마크업 언어이다. 웹 프로그래밍의 결과는 HTML로 표현되어 사용자의 웹브라우저에 출력된다. HTML을 이용하면 다양한 멀티미디어의 표현과 페이지 간 연결이 가능하다. 2014년 HTML5의 표준안이 확정되어 기존의 다양한 인터페이스를 구현하였다. HTML5에서는 기존 HTML 만으로는 표현하지 못했던 것들을 표현할 수 있는 기능이 추가되었다. 또한, 다양한 웹 애플리케이션을 개발하기 위한 API를 제공한다. 오프라인 환경과 모바일 환경을 고려한 다양한 API들이 제공된다. HTML의 기본 구조는 다음과 같다.

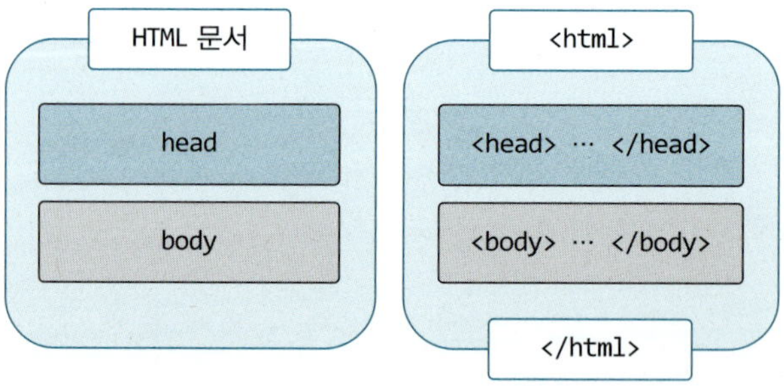

〈HTML 문서 구조〉 〈HTML 소스 구조〉

HTML 페이지는 <html></html> 태그로 둘러싸인 형태이며 <head>...</head> 부분에서 문서의 머리말 <title>과 페이지 정보 <meta>, 참고 페이지 <link> 등으로 구성되며 페이지의 설정에 대해 정의한다. <body>...</body> 부분은 웹브라우저에 표시되는 HTML

페이지의 실제 내용을 표현한다. HTML 태그는 대문자와 소문자의 구분이 없으며 <HTML>, <Html>, <html>가 모두 같은 의미로 사용된다. hello.html 코드는 기본 출력을 하는 웹 페이지를 보여준다.

hello.html

```
L1  <html>
L2      <head>
L3          <meta charset="UTF-8">
L4          <title>HTML</title>
L5      </head>
L6      <body>
L7          안녕하세요 HTML 연습입니다.
L8      </body>
L9  </html>
```

L3에서 정의된 코드는 웹페이지의 인코딩을 UTF-8 형식으로 읽겠다는 의미이다. 결과는 다음과 같다.

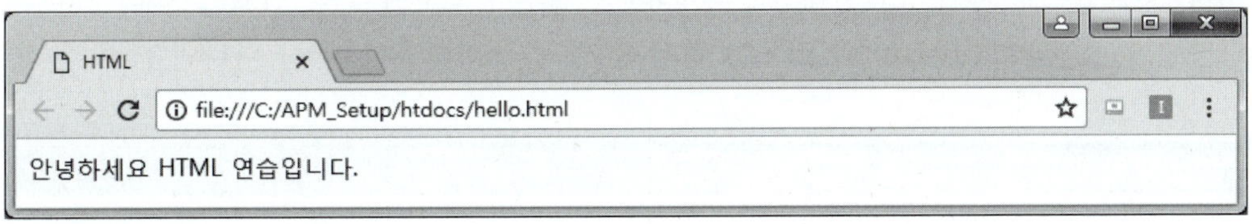

L4에서 선언된 <title>HTML</title>은 문서 위에 표시된 것을 확인할 수 있다.

HTML 페이지를 사용할 때 주의해야 할 사항 중 하나는 공백이다. HTML에서 공백이 연속으로 선언되어 있어도 하나의 공백으로 인식한다. 탭이나 줄 바꿈도 하나의 공백으로 인식한다. space.html 코드는 HTML에서 공백이 어떻게 표현되는지를 나타낸다.

space.html

```
<html>
    <head>
        <meta charset="UTF-8">
```

```
        <title>공백</title>
    </head>
    <body>
        공백이 여러 개 있어도            하나로 인식 합니다.
        탭	도 하나의 공백으로 인식하고
        줄 바꿈도 하나의 공백으로 인식합니다.
    </body>
</html>
```

아래와 같이 여러 개의 공백과 탭, 줄 바꿈이 모두 하나의 공백으로 표현되는 것을 확인할 수 있다.

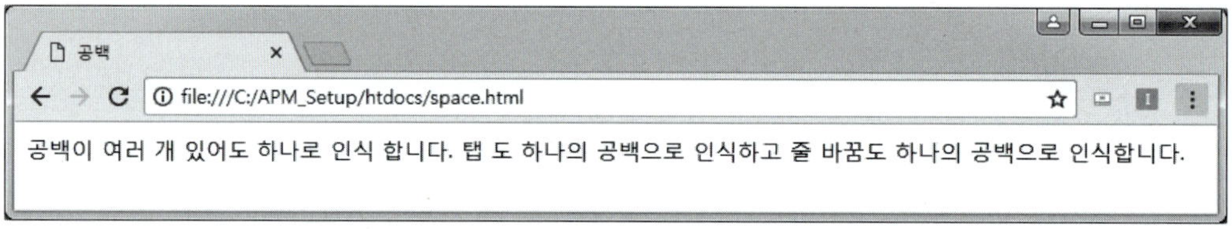

여러 개의 공백을 표현하기 위해서는 ` ` 키워드가 필요하고 줄 바꿈은 `<br>` 태그로 나타낼 수 있다. `space2.html` 코드는 웹페이지에서 공백과 줄 바꿈을 나타낸다.

space2.html

```
<html>
    <head>
        <meta charset="UTF-8">
        <title>공백</title>
    </head>
    <body>
        여러 개의 공백도    출력 가능하고 <br>
        줄 바꿈도 인식합니다.
    </body>
</html>
```

결과는 다음과 같다.

HTML의 태그는 기본적으로 <html></html>과 같이 시작과 끝을 나타내는 한 쌍의 태그를 사용한다. 하지만
과 같이 단독으로 사용되는 태그도 있다. HTML 태그에는 용도에 따라 여러 특징을 설정하기 위한 속성을 가진다. 속성은 색과 같은 추가적인 정보를 주기 위한 요소로 사용되며 태그마다 공통으로 사용되는 것과 다르게 적용되는 것이 있다. 속성은 기본적으로 시작 태그에 적용하고 다양한 속성을 동시에 적용할 수 있다. attribute.html 코드는 <body> 태그에 배경색과 글자색을 적용하여 나타낸 프로그램이다.

attribute.html

```
<html>
    <head>
        <meta charset="UTF-8">
        <title>속성</title>
    </head>
    <body bgcolor ="#ffff00" text = "red">
        속성은 다양한 일을 할 수 있습니다. <br>
        배경과 글자의 색을 바꿀 수도 있지요.
    </body>
</html>
```

다음과 같이 노란색 배경에 빨간색 글자가 출력된 것을 확인할 수 있다. 웹페이지에서 색을 표현할 때 #RRGGBB의 값으로 표현할 수 있고 특정 색은 white, red, green, blue와 같이 문자로 표현할 수 있다. ##RRGGBB 형태에서 RR은 빨간색 영역, GG는 녹색 영역, BB는 파란색 영역을 나타낸다. 각 색 영역은 16진수(hexadecimal number)로 표현할 수 있다. 즉 각 색 영역은 00 - FF 범위의 수가 적히며 각 색 영역의 밝기가 표현된다. 빛의 삼원색인 빨강, 초록, 파란색의 세 광원을 이용한다. 이때 색을 섞으면 밝아지는 특성 때문에 이러한 색 혼합 방식을 가산혼합(additive mixing) 방식이라 부른다.

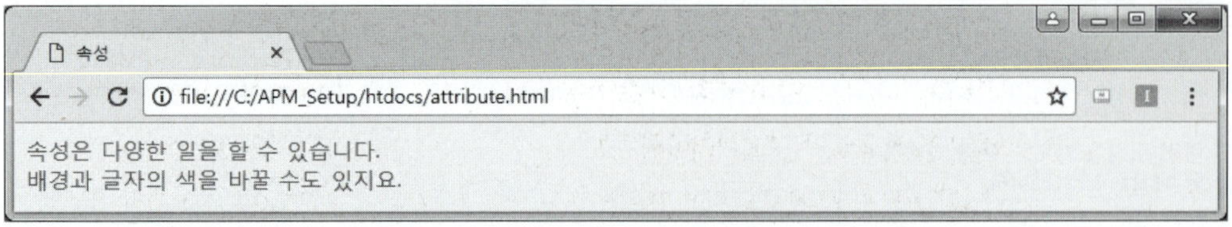

HTML 페이지에서 글씨가 코드에서는 보이나 화면에서는 보이고 싶지 않을 때 <!--으로 시작되어 -->으로 끝나는 주석을 사용한다. 웹페이지의 헤드라인을 표현하고 싶을 때 <h1>~<h6>의 태그를 사용하여 문자의 크기를 조절할 수 있다. <h1> 태그는 제일 큰 헤드라인 글자를, <h6>는 가장 작은 헤드라인 글자를 나타낸다. 헤드라인은 태그가 끝나면 자동으로 줄이 바뀐다. headline.html 코드는 <h1>에서부터 <h6>까지의 글자 크기를 보여준다.

headline.html

```
L1   <html>
L2       <head>
L3           <meta charset="UTF-8">
L4           <title>헤드라인</title>
L5       </head>
L6       <body>
L7           <!-- 단계에 따른 헤드라인의 변경 -->
L8           <h1> &lt;h1&gt; : Headline1 </h1>
L9           <h2> &lt;h2&gt; : Headline2 </h2>
L10          <h3> &lt;h3&gt; : Headline3 </h3>
L11          <h4> &lt;h4&gt; : Headline4 </h4>
L12          <h5> &lt;h5&gt; : Headline5 </h5>
L13          <h6> &lt;h6&gt; : Headline6 </h6>
L14      </body>
L15  </html>
```

결과는 다음과 같다. HTML 페이지에서 <와 >의 표시는 태그를 의미하기 때문에 <는 < 그리고 >는 >로 표시한다. L7에서 주석으로 처리된 글자는 웹상에서 표시되지 않는다.

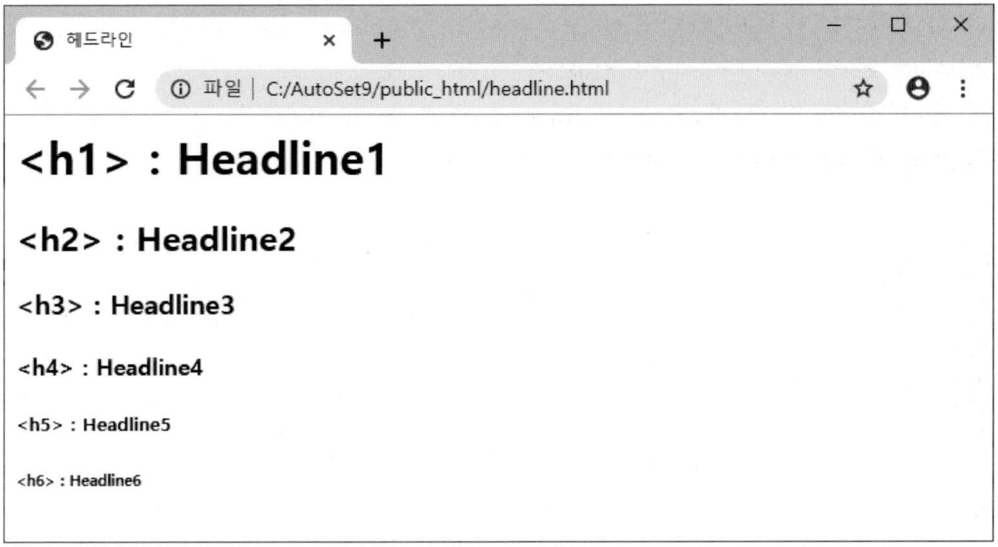

HTML을 이용하여 표를 만들기 위해서는 <table></table> 태그를 사용한다. 테이블은 열과 행으로 표현되며 HTML에서는 행을 열이 감싸는 구조로 구성되어 있다. 그 밑 표의 구성 요소는 그림과 같다.

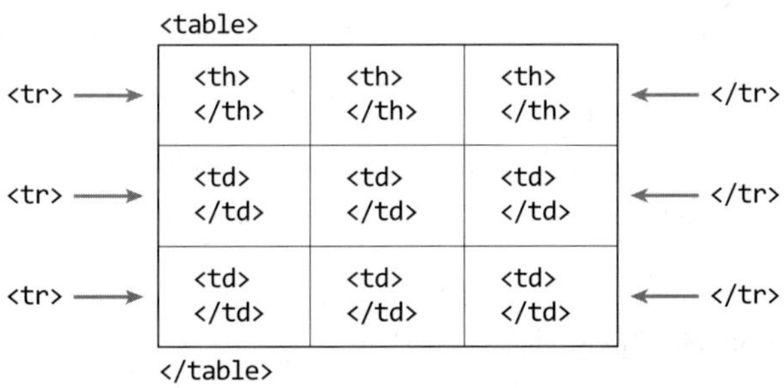

열을 나타내는 태그는 <tr></tr>이며 행을 나타내는 태그는 <td></td>이다. 표에 제목을 나타내거나 굵은 글씨와 가운데 정렬로 표시하기 위해 행에 <th></th> 태그를 사용한다. table.html 코드는 간단한 표를 만드는 프로그램이다.

table.html

```
<html>
    <head>
        <meta charset="UTF-8">
        <title>시간표</title>
    </head>
    <body>
        <table>
            <tr>
                <th>No</th>
                <th>Name</th>
                <th>Score</th>
            </tr>
            <tr>
                <td>1</td>
                <td>Bob</td>
                <td>A</td>
            </tr>
            <tr>
                <td>2</td>
                <td>Alice</td>
                <td>B+</td>
            </tr>
            <tr>
                <td>3</td>
                <td>Chris</td>
                <td>B</td>
            </tr>
        </table>
    </body>
</html>
```

결과는 다음과 같다.

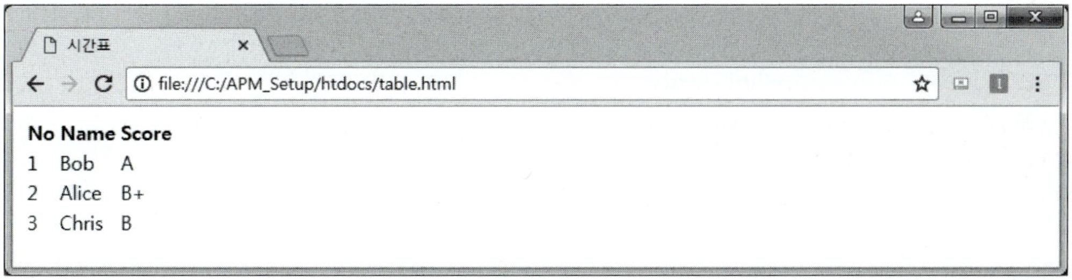

표의 선을 그리기 위해서는 <table> 태그에 border 속성의 값을 주어야 한다. 표의 내용을 정렬하기 위해 align 속성을 사용하며 left는 왼쪽, center는 중앙, right는 오른쪽 정렬을 위해 사용한다. table2.html 코드는 표에 선과 정렬을 적용한 프로그램이다.

table2.html

```
<html>
    <head>
        <meta charset="UTF-8">
        <title>시간표</title>
    </head>
    <body>
        <table border = 1 >
            <tr align = left>
                <th>No</th>
                <th>Name</th>
                <th>Score</th>
            </tr>
            <tr align = center>
                <td>1</td>
                <td>Bob</td>
                <td>A</td>
            </tr>
            <tr>
                <td>2</td>
                <td>Alice</td>
                <td>B+</td>
            </tr>
            <tr align = right>
```

```
                <td>3</td>
                <td>Chris</td>
                <td>B</td>
            </tr>
        </table>
    </body>
</html>
```

결과는 다음과 같다.

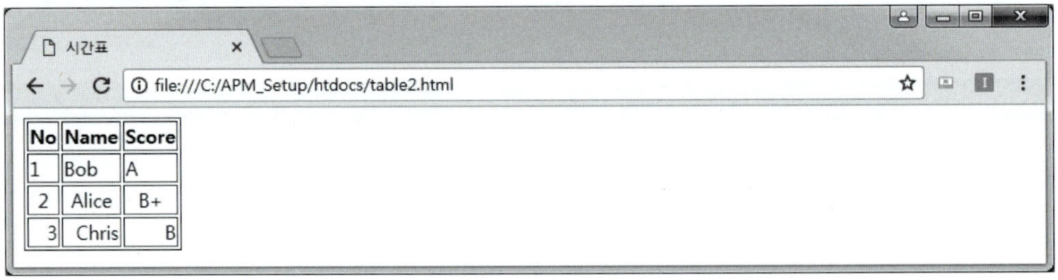

HTML에서 데이터를 입력받고 전송하기 위해서 입력 폼이 필요하다. 폼은 <form></form> 태그를 사용하며 <form>의 요소로는 name, method, action이 있다. name은 폼의 이름을 설정하고 method는 get과 post 중 하나로 설정하며 이는 데이터 전송 방식을 의미하며 action은 실행되었을 때 전송될 주소를 선언한다. 데이터 전송 방식 중 Get 방식은 전송된 데이터를 URL에 데이터 정보를 표시하여 전송하며, Post 방식은 URL로 데이터를 전송하는 것이 아니라 body에 데이터를 넣어서 전송한다. 각각의 요소는 생략될 수 있다.

input_form.html 코드는 다양한 입력 폼을 선언하여 활용한 프로그램이다.

input_form.html

```
<html>
    <head>
        <meta charset="UTF-8">
        <title>Form</title>
    </head>
    <body>
```

```
        <form name = "multi_input" method = "post" action = "form.html">
            Name : <input type = 'text' name = 'name' > <br>
            Password : <input type = 'password' name = 'pw' > <br>
            Sex : <input type = 'radio' name = 'sex' value = 'male'>Male
            <input type = 'radio' name = 'sex' value = 'female'>Female <br>
            Major : <select name = 'majer' size = '1'>
                <option> Computer </option> <option> Math </option>
                <option> Physics </option> <option> Music </option>
                <option> Electronics </option> <option> Statistics </option>
            </select> <br>
            Programming Language :
                <input type = 'checkbox' name = 'lang' value = 'python'>Python
                <input type = 'checkbox' name = 'lang' value = 'java'>Java
                <input type = 'checkbox' name = 'lang' value = 'c'>C <br>
                <input type = 'checkbox' name = 'lang' value = 'javascript'>Javascript
                <input type = 'checkbox' name = 'lang' value = 'php'>PHP <br>
            Story : <br>
                <textarea name = 'comment' rows = '5' cols = '45'></textarea> <br>
            <input type = 'submit' value = 'SUBMIT'>
            <input type = 'reset' value = 'RESET'>
    </body>
</html>
```

input type의 선언에 따라 입력 형식이 달라진다. text는 문자열을 입력받는 기본적인 입력 형식으로 문자열의 입력창에 초기 문자열을 지정해 주고 싶다면 value의 요소를 설정하면 된다. password는 입력한 데이터를 남이 볼 수 없도록 .와 같이 표현되며 radio는 다양한 선택지 중 하나의 선택만을 원할 때 사용되고 checkbox는 다양한 선택지 중 다수의 선택이 가능하다. submit과 reset은 폼 정보를 전송하거나 제거할 때 사용된다. <select> 태그는 선택 목록 중 하나를 선택할 수 있으며 <textarea> 태그는 긴 문장의 입력이 가능하다. input_form.html 프로그램의 결과는 다음과 같다.

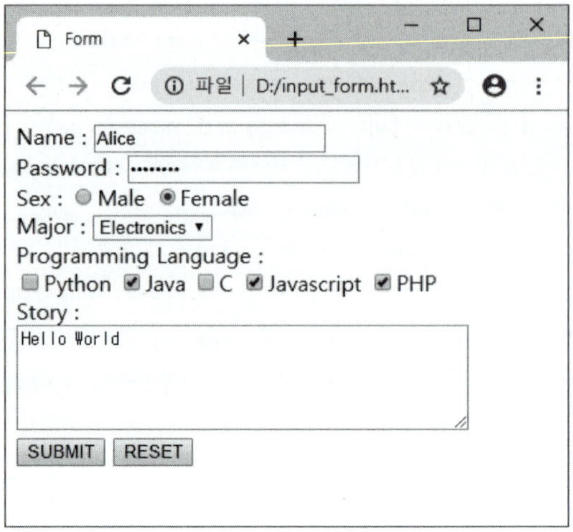

2.2 CSS

CSS(Cascading Style Sheet)는 웹에서 작성된 문서의 외형 스타일을 쉽고 빠르게 적용되기 위하여 사용되며 스타일 시트를 이용하면 웹 문서의 다양한 구성요소의 스타일을 일괄적으로 구성할 수 있으며 세세한 부분의 작업 또한 가능하다. 현재 사용하는 CSS는 CSS3로 CSS는 단순한 문법을 가지며 선택자(selector)를 이용하여 스타일이 적용될 태그를 선언하며 속성과 값의 쌍으로 이루어진다. HTML 파일 내에서 적용시킬 수도 있고 CSS 파일을 생성하여 HTML 파일이 참조하도록 선언하여 사용이 가능하다. hello_css.html은 HTML 파일 내부에 CSS 속성을 선언한 프로그램이다.

hello_css.html

```
<html>
    <head>
        <meta charset="UTF-8">
        <style type="text/css">
            body {color:red; background:yellow;}
        </style>
        <title>CSS</title>
    </head>
    <body>
```

```
L10           안녕하세요 HTML와 CSS 연습입니다.
L11       </body>
L12   </html>
```

L4에서 type에 css를 사용한다고 지정해 놓는다. L5에서 body 태그를 선택자로 설정하고 색은 red, 배경은 yellow로 설정하였다. 결과는 다음과 같다.

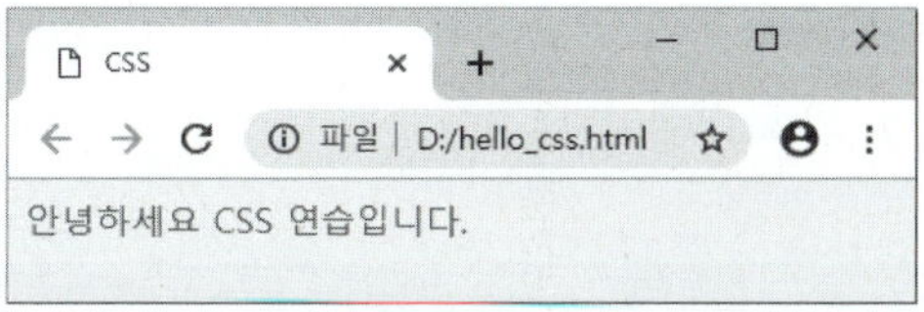

test_css.css 코드와 hello_link_css.html 코드는 CSS 파일을 생성하여 HTML 파일에 link를 선언하여 외부에서 연결한 프로그램이다.

test_css.css

```
body {color:red; background:yellow;}
```

hello_link_css.html

```
<html>
    <head>
        <meta charset="UTF-8">
        <link rel="stylesheet" type="text/css" href="test_css.css">
        <title>CSS</title>
    </head>
    <body>
        안녕하세요 link를 이용한 HTML와 CSS 연습입니다.
    </body>
</html>
```

test_css.css 코드에서 CSS를 설정하였고 hello_link_css.html 파일의 L4에서 설정된 CSS 파일을 연결하도록 선언하였다. 결과는 다음과 같다.

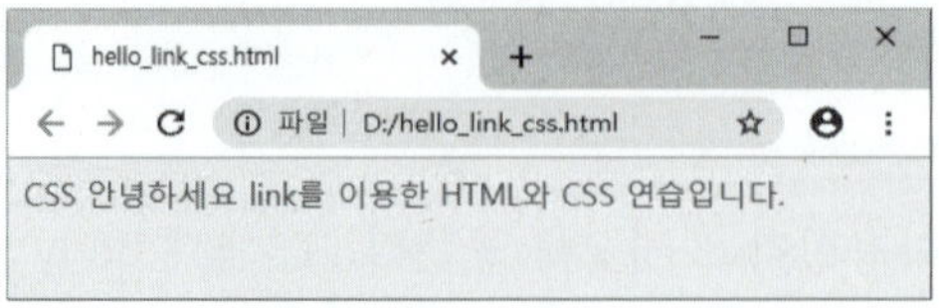

CSS 속성을 태그 내에 삽입하는 것도 가능하다. hello_inline_css.html 코드는 body 태그 내에 스타일을 선언한 프로그램이다.

hello_inline_css.html

```
<html>
    <head>
        <meta charset="UTF-8">
        <title>CSS</title>
    </head>
    <body style="color:red; background:yellow">
        안녕하세요 HTML와 inline CSS 연습입니다.
    </body>
</html>
```

결과는 다음과 같다.

CSS는 선택자로 태그 선택자, 클래스 선택자, 아이디 선택자 등을 지정할 수 있다. 태그 선택자는 HTML 태그의 이름을 이용하며 클래스 선택자와 아이디 선택자는 태그의 class 속성과 id 속성을 이용한다. 클래스 선택자는 이름 앞에 .을 붙이고 아이디 선택자는 이름 앞에 #을 붙인다. css_selector.html 코드는 다양한 선택자를 이용하여 스타일을 적용시킨 프로그램이다.

css_selector.html

```
<html>
    <head>
        <meta charset="UTF-8">
        <style type="text/css">
            body {color:red; background:yellow;}
            .head_line {color:white; font-style:italic;}
            #next {color:blue; text-align:center;}
        </style>
        <title>CSS</title>
    </head>
    <body>
        <h2 class="head_line"> CSS 연습 <h2>
        안녕하세요 HTML와 CSS 연습입니다.
        <p id="next"> 다음 </p>
    </body>
</html>
```

결과는 다음과 같다.

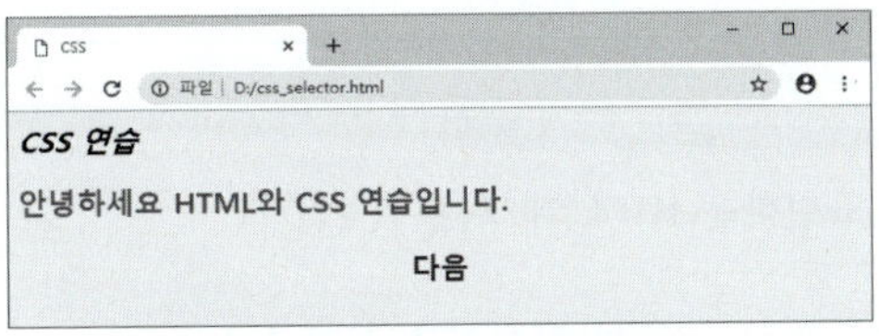

연습문제

1. HTML이란 무엇인가?

2. HTML 파일이 실행되는 곳은 어디인가?

3. HTML에서 공백과 줄 바꿈을 표현할 때 쓰는 것으로 연결된 것은 무엇인가?

   ①   -
 ② <p> - <Tab>

   ③ <body> - <p> ④ <tr> - <td>

   ⑤ <form> - <table>

4. 다음 코드의 출력이 배경은 노란색으로 문자는 초록색이 되도록 빈칸을 작성하시오.

```
<html>
 <body (                          ) >
  Hello
 </body>
</html>
```

5. 가장 큰 헤드라인을 표현하는 HTML 태그는 무엇인가?

6. 입력 폼에서 radio와 checkbox의 차이점을 설명하시오.

7. 입력 폼을 이용하여 ID와 Password를 입력받고 전송하는 프로그램을 작성하시오.

8. 테이블을 이용하여 시간표를 작성하시오. (태그 요소 rowspan과 colspan을 이용하여 가로 셀과 세로 셀을 합할 수 있다.)

9. CSS란 무엇인가?

10. HTML 파일 외부의 style.css 파일을 사용하고 싶을 때 쓰는 코드를 작성하시오.

11. 다음 중 선택자의 설명이 맞은 것을 연결하시오.

① body	•	• 아이디 선택자
② .head_line	•	• 태그 선택자
③ #next	•	• 클래스 선택자

12. CSS를 이용하여 아래 그림의 문자를 파란색으로 표시하고 HTML 문자만 빨간색에 기울여서 출력하시오.

CHAPTER 03

PHP 기초 프로그래밍

PHP Web Programming

contents

03 PHP 기초 프로그래밍

3.1 Hello PHP의 출력

원하는 값을 화면에 출력하는 프로그램에 대해서 알아보자. 웹서버에서 PHP 소스코드를 웹브라우저로 실행시키자.

hello.php

```
L1    <?PHP
L2        print ("Hello PHP");
L3        print "Hello PHP";
L4    ?>
```

hello.php 코드는 웹브라우저 화면에 Hello PHP라고 출력하는 프로그램이며 PHP 프로그램의 형식은 <?PHP로 시작해서 ?>로 끝나도록 구성되어 있다. 위 예를 보면 L1과 L4에서 시작과 끝을 표시한 것을 볼 수 있다. 그런데 PHP 프로그램을 시작하는 표기법인 <?는 ?>와 같이 PHP라는 문자열이 생략된 채 사용될 수 있다. L2의 제일 마지막에 ';' 표시가 있다. 이와 같이 PHP의 모든 문장(statement)은 ';'으로 끝난다. PHP에서 화면에 출력하는 방법으로는 print 문과 echo 문이 있다. 위 프로그램에서는 print 문을 사용하였다. print 문의 ("와 ") 사이에 표시하기 원하는 문자열을 넣으면 그 문자열을 화면에 출력한다. print 문과 echo 문은 L3에서와 같이 괄호를 생략할 수 있다. L2와 L3의 문장은 서로 같은 일을 한다.

이 프로그램의 실행 결과는 다음 그림과 같이 웹브라우저에 Hello PHP라는 문자가 표시된다. 서버를 실행하고 localhost 서버에 hello.php 파일을 저장했을 때 웹브라우저의 주소창에 localhost/hello.php라고 입력하면 다음 그림과 같은 결과를 얻을 수 있다.

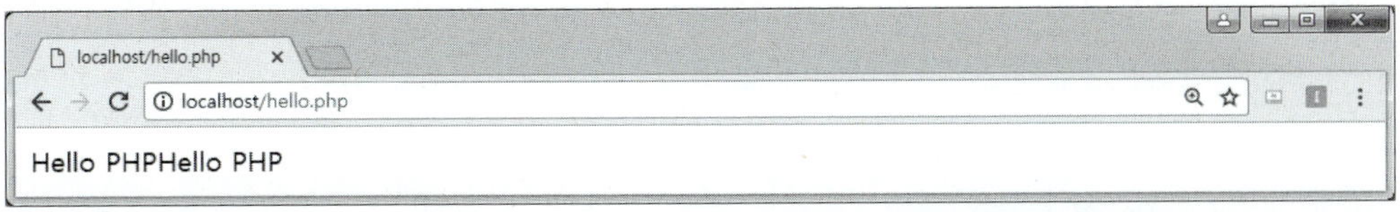

3.2 변수

변수(variable)란 정보를 저장하는 장소를 말한다. 변수에는 이름과 형식(type)이 있다. 예를 들어 $age란 변수에 나이를 저장하고 정수(integer)형의 숫자를 저장하도록 지정한다. age는 변수의 이름이고 $age의 형식은 정수형이다.

```
$age = 21;
```

PHP에서 변수의 이름을 저장하는 방법은 다음과 같다.

- 변수는 '$' 문자로 시작한다.
- 변수의 이름은 영문 대문자(A-Z), 소문자(a-z), 숫자(0-9), '_'로 이루어진다.
- '$' 다음의 첫 문자로 숫자를 사용할 수 없다.

다음은 변수로 사용할 수 있는 것이다.

```
PHP 변수 예
  $age   $id01   $Student_Name   $number_school_bus   $_NUMBER
```

다음은 변수로 사용할 수 없는 것이다.

```
PHP 변수가 아닌 것의 예
  $21c   id03   $student-id   $tiger@sun
```

sum.php 코드는 변수 $sum에 숫자 12와 23을 더한 값을 저장하고 그 저장된 값을 출력하는 프로그램이다. 변수에 어떤 값을 저장할 때는 =의 오른쪽 부분에 특정 숫자를 쓸 수 있지만, 다음 프로그램과 같이 12+23과 같은 계산식(expression)을 쓸 수도 있다. 이와 같이 계산식을 쓸 경우에는 그 계산식의 결과 값이 변수에 저장된다.

sum.php

```
<?PHP
    $sum = 12 + 23;
    print $sum;
?>
```

결과는 다음과 같다.

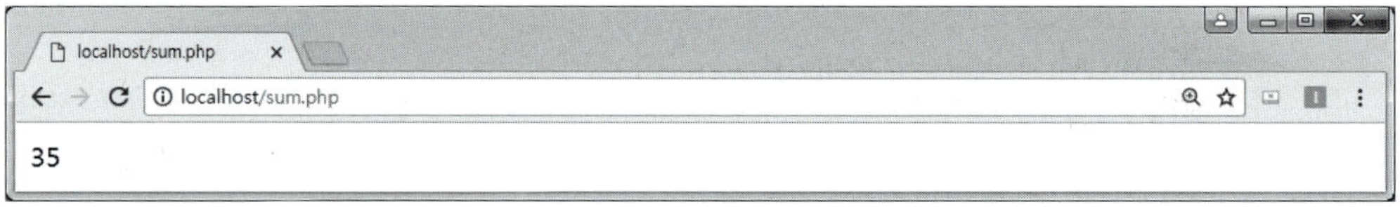

그렇다면 12.3에서 42.72를 뺀 결과를 변수 $sub에 저장하고 싶으면 어떻게 하면 될까? 아래와 같이 코딩하면 된다.

```
$sub = 12.3 - 42.72;
```

PHP 언어에서는 변수에 어느 형식의 값을 저장할 것이라는 선언(declaration)을 하지 않기 때문에 변수가 정수형이거나 실수형이라고 정하지 않는다. 그렇지만 본 절에서는 편의상 변수를 정수형과 실수형으로 구분한다.

value.php 코드는 정수에 값을 1씩 증가시키면서 화면에 출력하는 프로그램이다.

value.php

```
<?PHP
    $value = 999999999997;
```

```
    print $value."<br>";
    $value = $value + 1;            // $value : 999999999998
    print $value."<br>";
    $value = $value + 1;            // $value : 999999999999
    print $value."<br>";
    $value = $value + 1;            // $value : 1000000000000
    print $value."<br>";
    $value = $value + 1;            // $value : 1000000000001
    print $value."<br>";
    $value = $value + 1;            // $value : 1000000000002
    print $value."<br>";
?>
```

위 프로그램의 결과는 다음과 같다.

왜 이런 현상이 발생했을까? PHP 언어에서는 변수에 저장할 수 있는 정수의 표현 범위가 정해져 있기 때문이다. 즉 PHP에서는 999999999999 숫자까지 정수 형식으로 표시하고 그 숫자보다 큰 값에 대해서는 $a \times 10^b$ 형식으로 나타낸다. 여기서 나타난 **1.0E+12**란 **1×10^{12}** 이란 표현이다. 그런데 1×10^{12} 값에 1씩 증가시켜도 계속해서 같은 값을 유지한다. 이러한 현상은 변수의 정밀도(precision)가 정해져 있기 때문이다. 변수의 정밀도란 a를 저장할 때 몇 자리 숫자까지 저장하게 할 것인가를 나타내는 값이다. 따라서 정밀도가 높으면 높을수록 더 정확한 계산을 할 수 있다. 이러한 특성 때문에 컴퓨터에서 수식을 계산할 때 정밀도를 생각하고 프로그래밍해야 정확한 계산을 할 수 있다.[1)]

1) 1.0E+12는 PHP version 5.2 변수 정밀도이며 값의 범위는 PHP version에 따라 다를 수 있다.

변수는 정수형, 실수형, 문자형, 문자열형으로 구분된다. PHP에서는 변수형식을 선언하지 않아도 저장될 값의 형식에 맞게 사용할 수 있다. student.php 코드는 정수형, 문자형, 문자열형식을 저장하고 출력하는 프로그램이다.

student.php

```
<?PHP
    $age = 21;
    $blood_type = 'O';
    $name = "Alice";

    print"나이 : $age <br>";
    print"혈액형 : $blood_type <br>";
    print"이름 : $name <br>";
?>
```

위 프로그램의 결과는 다음과 같다.

3.3 연산자

PHP에서는 계산을 위하여 다양한 연산자를 제공한다. PHP가 제공하는 연산자는 산술 연산자, 증가/감소 연산자, 대입 연산자, 비교 연산자, 비트 연산자, 논리 연산자가 있다.

(1) 산술 연산자

PHP는 다음 표와 같이 덧셈, 뺄셈, 곱셈, 나눗셈 등의 산술 연산자(operator)를 제공한다.

연산자	이름	사용법	의미
+	덧셈	oprd1 + oprd2	oprd1과 oprd2를 더함
-	뺄셈	oprd1 - oprd2	oprd1에 oprd2을 뺌
*	곱셈	oprd1 * oprd2	oprd1과 oprd2를 곱함
/	나눗셈	oprd1 / oprd2	oprd1을 oprd2로 나눔
%	나머지	oprd1 % oprd2	oprd1을 oprd2로 나눈 나머지

arithmetic.php 코드는 사칙 연산자와 나머지(modulo) 연산자를 사용한 프로그램이다.

arithmetic.php

```
L1   <?PHP
L2       $result = 9 + 5;
L3       print "9 + 5 = $result <br>";
L4       $result = 9 - 5;
L5       print "9 - 5 = $result <br>";
L6       $result = 9 * 5;
L7       print "9 * 5 = $result <br>";
L8       $result = 9 / 5;
L9       print "9 / 5 = $result <br>";
L10      $result = 9 % 5;
L11      print "9 % 5 = $result <br>";
L12  ?>
```

이 프로그램의 결과는 다음과 같다.

L10에서 9를 5로 나누었을 때 나머지가 4이므로 $result에 4가 저장되고 L11에서 9 % 5

= 4의 결과가 나왔다.

(2) 증가/감소 연산자

PHP에서는 증가 연산자와 감소 연산자를 제공한다. 증가 연산나는자란 오퍼런드의 값을 1 증가시키는 연산자이고 감소 연산자란 오퍼런드의 값을 1 감소시키는 연산자이다.[2] 증가/감소 연산자는 오퍼런드 앞(prefix)에 표시될 수도 있고 뒤(postfix)에 표시될 수도 있다. 다음은 증가/감소 연산자를 사용한 예이다.

연산자	이름	사용법	의미
++	증가 연산자	oprd++	oprd에 1을 증가시킴
--	감소 연산자	oprd--	oprd에 1을 감소시킴

```
$temp++;        // $temp = $temp + 1;
--$i;           // $i = $i - 1;
$k--;           // $k = $k - 1;
```

(3) 산술대입 연산자

PHP에서는 변수에 산술대입 연산지를 제공한다. PHP에서 제공하는 산술대입 연산자는 다음과 같다.

연산자	사용법	의미
+=	oprd += oprd2	oprd1에 oprd2를 더한 값을 oprd1에 저장
-=	oprd -= oprd2	oprd1에 oprd2를 뺀 값을 oprd1에 저장
*=	oprd *= oprd2	oprd1에 oprd2를 곱한 값을 oprd1에 저장
/=	oprd /= oprd2	oprd1에 oprd2를 나눈 값을 oprd1에 저장
%=	oprd %= oprd2	oprd1에 oprd2를 나눈 나머지 값을 oprd1에 저장

위의 연산자가 사용된 문장의 예는 다음과 같다.

```
$temp += 3;
```

2) 증가 연산자와 감소 연산자는 뒤에 설명할 for 문과 같은 순환문에 많이 사용된다.

이 문장은 $temp = $temp + 3;과 같은 문장이다. 일반적으로 간결한 표현을 사용하여 프로그램하고 싶을 때 산술대입 연산자를 사용한다.

(4) 비교 연산자

PHP에서 두 값을 서로 비교하고 싶을 때 비교 연산자(comparison operators)를 사용한다.[3] PHP에서 제공하는 비교 연산자들은 다음과 같다.

연산자	사용법	의미
==	oprd1 == oprd2	oprd1과 oprd2가 같음(equal)
!=	oprd1 != oprd2	oprd1과 oprd2가 같지 않음(not equal)
<	oprd1 < oprd2	oprd1이 oprd2보다 작음(less than)
>	oprd1 > oprd2	oprd1이 oprd2보다 큼(greater than)
<=	oprd1 <= oprd2	oprd1이 oprd2보다 작거나 같음(less than or equal to)
>=	oprd1 >= oprd2	oprd1이 oprd2보다 크거나 같음(greater than or equal to)
===	oprd1 === oprd2	oprd1과 oprd2가 동일함(값이 같고 데이터 형식(type)이 같음)

(5) 비트 연산자

PHP에서는 이진수 표현을 위한 연산자를 제공하고 있다. 이러한 연산자를 비트 연산자(bitwise operators)라고 한다. PHP에서 제공하는 비트 연산자들은 다음과 같다.

연산자	이름	사용법	의미
&	AND	oprd1 & oprd2	oprd1과 oprd2의 비트 모두 1이면 연산의 결과는 1
|	OR	oprd1 | oprd2	oprd1 또는 oprd2의 비트가 1이면 연산의 결과는 1
^	XOR	oprd1 ^ oprd2	한 오퍼런드의 비트는 1이고 나머지 오퍼런드의 비트는 0이면 연산의 결과는 1
~	NOT	~oprd	oprd의 비트가 0이면 연산의 결과는 1이고 oprd의 비트가 1이면 연산의 결과는 0
<<	shift left	oprd1 << oprd2	oprd1을 왼쪽으로 oprd2번 시프트
>>	shift right	oprd1 >> oprd2	oprd1을 오른쪽으로 oprd2번 시프트

3) 비교 연산자는 if 문이나 while 문 등 조건식을 포함하고 있는 문장에서 많이 사용된다.

다음은 비트 연산자를 이용한 계산을 보여준다. 비트 연산자에서 10진수는 2진수로 변환하여 처리되며 각 연산의 사용한 예는 bitwiseoperators.php 코드와 같다.

bitwiseoperators.php

```
<?PHP
    $oprd1 = 5;
    $oprd2 = 12;

    $result = $oprd1 & $oprd2;
    print "$oprd1 & $oprd2 = $result <br>";
    $result = $oprd1 | $oprd2;
    print "$oprd1 | $oprd2 = $result <br>";
    $result = $oprd1 ^ $oprd2;
    print "$oprd1 ^ $oprd2 = $result <br>";
    $result = ~$oprd1;
    print "~$oprd1 = $result <br>";

    $oprd1 = 16;
    $oprd2 = 2;
    $result = $oprd1 << $oprd2;
    print "$oprd1 << $oprd2 = $result <br>";
    $result = $oprd1 >> $oprd2;
    print "$oprd1 >> $oprd2 = $result <br>";
?>
```

이 프로그램의 결과는 다음과 같다.

위 결과에서 각 연산의 결과 값은 10진수 값으로 나타나지만 실제 연산은 비트단위로 이루

어지기 때문에 아래와 같은 연산이 실행된다. PHP의 정수 값은 -1.0E+12 ~ 1.0E+12 범위로 표현되나 가독성을 위하여 8비트 범위 값으로 표시하였다.

$5_{(10)}$ & $12_{(10)}$ = $4_{(10)}$

0	0	0	0	0	1	0	1	&	0	0	0	0	1	1	0	0	=	0	0	0	0	0	1	0	0

$5_{(10)}$ | $12_{(10)}$ = $13_{(10)}$

0	0	0	0	0	1	0	1	|	0	0	0	0	1	1	0	0	=	0	0	0	0	1	1	0	1

$5_{(10)}$ ^ $12_{(10)}$ = $4_{(10)}$

0	0	0	0	0	1	0	1	^	0	0	0	0	1	1	0	0	=	0	0	0	0	1	0	0	1

NOT 연산의 경우 음수 값이 나온 이유는 PHP에서 양수와 음수를 2의 보수를 이용하여 표현하기 때문이다. PHP는 정수를 표현할 때 첫 자리의 비트 값에 따라 양수와 음수로 나타난다. 2의 보수는 어떤 수에 대한 2진수로 표현한 값으로 맨 첫 자리는 수가 0이면 양수, 1이면 음수를 의미하며 양수에 대비되는 음수를 표현할 때 각 자리의 값이 1이면 0, 0이면 1으로 변환시킨 수에 1을 더한 값을 말한다.

~$5_{(10)}$ = $-6_{(10)}$

~	0	0	0	0	0	1	0	1	=	1	1	1	1	1	0	1	0

비트 시프트 연산의 경우 앞의 숫자의 이진수 비트를 좌측 혹은 우측으로 뒤의 숫자만큼 이동하는 연산을 수행한다.

$16_{(10)}$ << $2_{(10)}$ = $64_{(10)}$

0	0	0	1	0	0	0	0	<<	2	=	0	1	0	0	0	0	0	0

$16_{(10)}$ >> $2_{(10)}$ = $4_{(10)}$

0	0	0	1	0	0	0	0	>>	2	=	0	0	0	0	0	1	0	0

비트 연산자의 값은 다음과 같이 정의된다.

&		oprd2	
		1	0
oprd1	1	1	0
	0	0	0

1		oprd2	
		1	0
oprd1	1	1	1
	0	1	0

^		oprd2	
		1	0
oprd1	1	0	1
	0	1	0

~		
oprd	1	0
	0	1

(6) 논리 연산자

다음은 PHP에서 제공하는 논리 연산자(logical operators)를 설명하는 표이다.

연산자	이름	사용법	의미
&&	AND	oprd1 && oprd2	두 오퍼런드의 값이 모두 TRUE일 때만 연산 결과가 TRUE 그 외에는 연산 결과가 FALSE
||	OR	oprd1 || oprd2	두 오퍼런드의 값이 모두 FALSE일 때만 연산 결과가 FALSE 그 외에는 연산 결과가 TRUE
xor	XOR	oprd1 xor oprd2	하나의 오퍼런드는 TRUE 나머지 오퍼런드는 FALSE일 때 연산 결과가 TRUE 그 외에는 연산 결과가 FALSE
!	NOT	! oprd	오퍼런드의 값이 FALSE이면 연산 결과가 TRUE 오퍼런드의 값이 TRUE이면 연산 결과가 FALSE

논리 연산자의 값은 다음과 같이 정의된다.

&&		oprd2	
		TRUE	FALSE
oprd1	TRUE	TRUE	FALSE
	FALSE	FALSE	FALSE

||		oprd2	
		TRUE	FALSE
oprd1	TRUE	TRUE	TRUE
	FALSE	TRUE	FALSE

xor		oprd2	
		TRUE	FALSE
oprd1	TRUE	FALSE	TRUE
	FALSE	TRUE	FALSE

!		
oprd	TRUE	FALSE
	FALSE	TRUE

(7) ? : 연산자(삼항 연산자)

conditionaloperator.php 코드는 ? : 연산자를 이용한 프로그램이다.

conditionaloperator.php

```
<?PHP
    $num = 5;
    (( $num % 2 ) == 1) ? print "홀수" : print "짝수";
    print "<br>";
    $num = 8;
    (( $num % 2 ) == 1) ? print "홀수" : print "짝수";
?>
```

위 프로그램에서는 ? 연산자 앞의 수식을 계산하여 그 값이 참이면 : 앞에 있는 문장을 수행하고 그렇지 않으면 : 뒤에 있는 문장을 수행하는 것을 보여주고 있다. 위 프로그램의 실행 결과는 다음과 같다.

`logicaloperators.php` 코드는 삼항 연산자를 이용한 논리 연산자의 오퍼런드의 값에 따라 어떤 결과가 출력되는지를 확인하는 프로그램이다.

logicaloperators.php

```
<?PHP
    $t = TRUE;
    $f = FALSE;

    print "NOT <br>";
    print "T  :  ";
    (!$t)? print "T <br>" : print "F <br>";
    print "F  :  ";
    (!$f)? print "T <br>" : print "F <br>";
    print "<br>";

```

```
L12      print "AND <br>";
L13      print "T    T   :  ";
L14      ($t && $t)? print "T <br>" : print "F <br>";
L15      print "T    F   :  ";
L16      ($t && $f)? print "T <br>" : print "F <br>";
L17      print "F    T   :  ";
L18      ($f && $t)? print "T <br>" : print "F <br>";
L19      print "F    F   :  ";
L20      ($f && $f)? print "T <br>" : print "F <br>";
L21      print "<br>";
L22
L23      print "OR <br>";
L24      print "T    T   :  ";
L25      ($t || $t)? print "T <br>" : print "F <br>";
L26      print "T    F   :  ";
L27      ($t ||  $f)? print "T <br>" : print "F <br>";
L28      print "F    T   :  ";
L29      ($f ||  $t)? print "T <br>" : print "F <br>";
L30      print "F    F   :  ";
L31      ($f ||  $f)? print "T <br>" : print "F <br>";
L32      print "<br>";
L33
L34      print "XOR <br>";
L35      print "T    T   :  ";
L36      ($t xor $t)? print "T <br>" : print "F <br>";
L37      print "T    F   :  ";
L38      ($t xor  $f)? print "T <br>" : print "F <br>";
L39      print "F    T   :  ";
L40      ($f xor  $t)? print "T <br>" : print "F <br>";
L41      print "F    F   :  ";
L42      ($f xor  $f)? print "T <br>" : print "F <br>";
L43      print "<br>";
L44   ?>
```

L2-L3에 $t, $f에 논리값 TRUE, FALSE를 각각 선언하였다. L5-L10에서 NOT 연산자를 이용하였고, L12-L21에서 AND 연산자를 이용하였다. 그리고 L23-L32에서 OR 연산자를 이용하였으며, L34-L43에서 XOR 연산자를 이용하였다. 위 프로그램의 실행 결과는 다음과 같다.

(8) 연산자 우선순위

본 장에서 PHP에서 제공하는 여러 가지 연산자들에 대하여 알아보았다. 그런데 이제부터는 연산자들이 한 문장에 섞여 있을 때 어떤 연산자부터 수행을 시킬지에 대하여 알아본다. 예를 들어 다음 문장을 살펴보자.

```
$temp = $i + $j * $k;
```

위 문장을 수행시키면 **$j * $k**를 수행하고 그 결과와 **$i**를 더한 결과를 **$temp**에 저장한다. 이 예에서 알 수 있듯이 곱셈 연산자(*)를 덧셈 연산자(+)보다 우선하여 수행하였다. 이와 같이 모든 연산자 사이에는 연산자 우선순위(precedence)가 있다. 다음 예를 하나 더 살펴보자.

```
$temp = $i + $j + $k;
```

위 문장을 수행시키면 **$i + $j**를 수행하고 그 결과와 **$k**를 더한 후 그 결과를 **$temp**에 저장한다. 이와 같이 같은 연산자 또는 같은 우선순위의 연산자가 여러 개 있을 때에는 왼쪽에 있는 연산자부터 수행할 것인지 오른쪽에 있는 연산자부터 수행할 것인지 정의되어 있어야 한다. 이러한 사항을 정의한 것을 결합성(associativity)이라고 한다. 다음과 같은 식이 계산될 때 ①, ②, ③ 순의 연산자 우선순위를 가지고 시행된다.

```
5 + 3 * 2 % 4 = 7
    ─────
      ①
    ──────────
         ②
─────────────
      ③
```

다음은 PHP에서 제공하는 연산자들에 대한 연산자 우선순위와 결합성을 나타낸 표이다. 이 표에서는 가장 위에 있는 연산자가 가장 높은 우선순위를 가지고 있다.

우선순위	결합성	연산자
높음	non-associative	new
↑	right	[
	right	! ~ ++ -- (int) (double) (string) (array) (object) @
	left	* / %
	left	+ - .
	left	<< >>
	non-associative	< <= > >=
	non-associative	== !=
	left	&
	left	^
	left	|
	left	&&
	left	||
	left	?:
	left	= += -= *= /= .= %= != ~= <<= >>=
	right	print
	left	and
	left	xor
	left	or
낮음	left	,

3.4 에러 처리

프로그램을 작성하다 보면 프로그래머의 실수로 에러가 발생할 수 있다. 이러한 에러를 버그라고 하고 버그를 없애는 일을 디버깅이라고 한다. 프로그램 언어를 잘 사용하게 되려면 많은 디버깅 과정을 거쳐야 한다. 본 절에서는 프로그램이 잘 못 작성되었을 때 어떠한 상황이 발생하는지 알아본다.

error.php

```
L1  <?PHP
L2      prin "Hello PHP";
L3  ?>
```

예를 들어 error.php 코드를 작성하고 수행시켰다고 할 때 잘못된 점은, 두 번째 줄에 print 명령어를 호출했어야 하는데 prin이라고 작성되어 있다. error.php 코드의 프로그램 수행 결과는 다음과 같다.

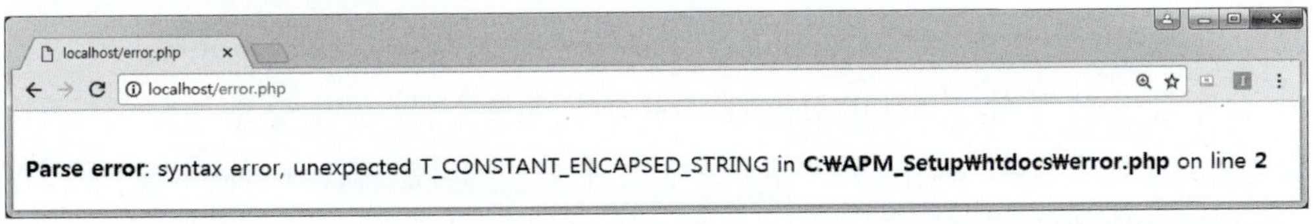

위의 결과에서 error.php 코드의 두 번째 줄에 파스 에러(parse error)가 발생했다고 표시되어 있다. 여기서 파스는 PHP의 명령어를 해석하는 것을 말한다. 명령어 해석과정 중 error.php 코드 내의 문법에서 틀린 문장을 발견하면 프로그래머에게 알려주기 위하여 에러 메시지를 출력한다.

3.5 주석

주석(comments)이란 프로그램을 읽는 사람을 위한 것으로 주로 프로그램에 대한 이해를 돕기 위한 글들을 적어놓는다. 주석은 프로그램이 실행될 때 코드로부터 분리되어 삭제되기 때문에 프로그램의 실행에는 아무런 영향을 미치지 않는다. 다른 사람이 작성한 프로그램을 이해하는 것은 매우 어려운 작업 중에 하나이다. 자신이 직접 작성한 프로그램이라 하더라도 프로그램을 작성한지 오랜 시간이 지난 후에 프로그램을 다시 보면 많은 부분을 이해할 수 없는 경우도 있다. 이와 같이 프로그램 자체만으로는 프로그램을 이해하는데 많은 어려움이 있기 때문에 프로그램 옆이나 위에 프로그램 작성자, 프로그램 작성 의도, 프로그램의 동작형태 등을 적어놓으면 프로그램의 이해를 높이는데 많은 도움을 줄 수 있다.

comments1.php

```
L1  <?PHP
L2      print "Hello PHP";  // 이 문장은 Hello PHP를 출력하는 문장입니다.
L3      # 이 문장은 Hello PHP를 출력하는 문장입니다.
L4      /*  이 문장은 Hello PHP를
L5          출력하는 문장입니다. */
L6  ?>
```

위의 comments1.php 코드는 L2에서 // 표기를 사용하여 주석을 처리하였다. 따라서 // 표기 뒤부터 그 줄의 맨 끝까지 써진 모든 문자는 주석 처리된다. L3의 # 표기는 // 표기와 같이 한 줄을 주석 처리하고 싶을 때 사용한다. PHP에서는 여러 줄을 주석 처리하는 방법을 제공하고 있다. L4와 L5는 여러 줄에 걸쳐 주석 처리한 예를 보여준다. /* 표기와 */ 사이에 있는 모든 문자는 주석 처리가 되며 그 결과는 아래와 같다.

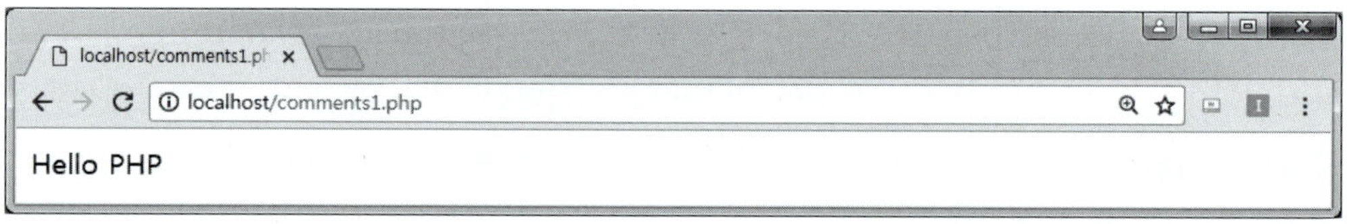

comments2.php 코드는 주석을 중첩(nested)하여 사용하였다. L2와 L5의 첫 번째 주석 사이에 L3와 L4의 두 번째 주석을 포함하고 있다.

comments2.php

```
L1  <?PHP
L2      /* 처음 주석의 시작입니다.
```

```
        /* 두 번째 주석의 시작입니다.
           두 번째 주석 끝입니다. */
        처음주석의 끝입니다.          */
?>
```

comments2.php의 실행 결과는 다음과 같이 파스 에러가 발생한다. 이는 PHP는 여러 줄에 대한 주석의 사용을 허용하지 않기 때문이다.

comments3.php 코드에서는 comments2.php 코드와 같이 주석을 중첩하여 사용하였다. 하지만 이 프로그램에서는 위와 같은 파스 에러가 발생하지 않는다. PHP에서 /* 와 //를 같이 사용하는 것을 허용하기 때문이다.

comments3.php

```
<?PHP
    /* 처음 주석의 시작입니다.
        // 두 번째 주석입니다.
        // 세 번째 주석입니다.
        // 네 번째 주석입니다.
        처음주석의 끝입니다.          */
?>
```

결과는 아무것도 나오지 않는다.

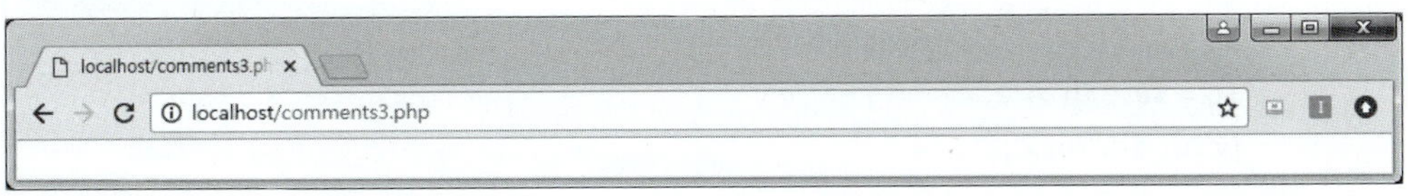

| 연습문제 |

1. 변수란 무엇인가?

2. 다음 중 PHP에서 변수명으로 사용할 수 없는 것은?

   ① $Student_John　② $year　③ $_day_
   ④ $Happy2019　⑤ $Class-01

3. 다음에서 변수로 사용할 수 있는 것을 모두 고르시오.

   ① $abc　② $_abc　③ $abc1
   ④ $1abc　⑤ abc

4. 산술 연산자를 이용하여 1024와 64의 덧셈, 뺄셈, 곱셈, 나눗셈의 값을 출력하는 프로그램을 작성하시오.

5. $i++의 의미는 무엇인가?

6. 산술 연산자를 이용하여 $temp *= 10과 같은 뜻을 가지는 코드를 작성하시오.

7. 변수 $i=2147483647을 선언하고 $i를 ++ 연산자로 값을 증가시킨 것과 += 연산자로 값을 1씩 증가시킨 것 사이에 어떤 차이가 있는지 설명하시오. (참고: 2147483647 = 231-1)

8. 비교 연산자에서 비교되는 대상이 값이 같고 데이터 형식이 같은지를 알아보기 위해 사용되는 연산자는 무엇인가?

9. 비트 연산에서 16<<1의 값은 무엇인가?

10. 다음 프로그램의 출력 결과는 어떻게 표시되는지 적으시오.

```
<?PHP
    $a = 5;
    $b = 4;
    $c = $a * $b >> 2;
    print $c."<br>";
 ?>
```

11. 비트 연산에서 ^ 연산의 연산표를 작성하시오.

<table>
<tr><td colspan="2" rowspan="2">^</td><td colspan="2">y</td></tr>
<tr><td>1</td><td>0</td></tr>
<tr><td rowspan="2">x</td><td>1</td><td>(   )</td><td>(   )</td></tr>
<tr><td>0</td><td>(   )</td><td>(   )</td></tr>
</table>

12. 다음 논리연산 조건표에서 알맞은 논리 연산자를 작성하시오.

<table>
<tr><td colspan="2" rowspan="2">(   )</td><td colspan="2">Y</td></tr>
<tr><td>TRUE</td><td>FALSE</td></tr>
<tr><td rowspan="2">X</td><td>TRUE</td><td>TRUE</td><td>FALSE</td></tr>
<tr><td>FALSE</td><td>FALSE</td><td>FALSE</td></tr>
</table>

<table>
<tr><td colspan="2" rowspan="2">(   )</td><td colspan="2">Y</td></tr>
<tr><td>TRUE</td><td>FALSE</td></tr>
<tr><td rowspan="2">X</td><td>TRUE</td><td>TRUE</td><td>TRUE</td></tr>
<tr><td>FALSE</td><td>TRUE</td><td>FALSE</td></tr>
</table>

<table>
<tr><td colspan="2" rowspan="2">(   )</td><td colspan="2">Y</td></tr>
<tr><td>TRUE</td><td>FALSE</td></tr>
<tr><td rowspan="2">X</td><td>TRUE</td><td>FALSE</td><td>TRUE</td></tr>
<tr><td>FALSE</td><td>TRUE</td><td>FALSE</td></tr>
</table>

<table>
<tr><td colspan="3">(   )</td></tr>
<tr><td rowspan="2">X</td><td>TRUE</td><td>FALSE</td></tr>
<tr><td>FALSE</td><td>TRUE</td></tr>
</table>

13. 삼항 연산자(? :)를 이용하여 변수 $x가 양수이면 +, 음수이면 -를 출력하는 프로그램을 작성하시오.

14. 9의 값이 00001001로 표현될 때 2의 보수법을 이용하여 -9를 작성하시오.

15. 다음 코드의 출력 값은 무엇인가?

```
<?PHP
    $result = 5 + 3 * 2 - (5 + 4) % 2;
    echo($result);
?>
```

16. 다음 프로그램의 출력 결과는 어떻게 표시되는지 적으시오.

```
<?PHP
    $a = 4;
    $b = 3;
    $c = $a * (2 + $b) ^3;
    print $c."<br>";
?>
```

17. 주석 //과 /* */의 차이점은 무엇인가?

18. 다음 소스코드에서 틀린 부분을 수정하시오.

```
<?PHP
    $value = 999991;
    print $value.<BR>;
    $value++;
    /* value 값에 10을 곱한다 */
    $value = $value * 10;
    /** value 값 i출력
        // 9999920 값이 나오면 정상 */
    print "$value <BR>"
?>
```

CHAPTER 04

조건문과 반복문

PHP Web Programming

contents

04 조건문과 반복문

4.1 조건문

(1) if 문

if 문은 주어진 조건에 따라서 서로 다른 문장을 수행시킬 수 있도록 해준다. if 문의 문법은 다음과 같다.

syntax

```
if( condition )
    statement;
```

if 문은 괄호 안의 조건식이 참인 경우 statement를 수행한다. if 문은 else와 같이 사용할 수도 있다. if 문의 조건식이 거짓이면 else에 있는 statement를 수행한다. positive.php 코드는 if 문과 else를 사용한 프로그램이다. 다음 프로그램에서는 변수 result의 값이 양수이면 result 값을 2로 나누고 그렇지 않으면 result 값에 변화를 시키지 않는다.

positive.php

```
<?PHP
    $result = 1;
    if ( $result > 0 )
    {
```

```
        $result = $result / 2;
        print "$result<br>";
        print "Positive<br>";
    }
    else
    {
        print "$result<br>";
        print "Negative<br>";
    }

    $result = -1;
    if ( $result > 0 )
    {
        $result = $result / 2;
        print "$result<br>";
        print "Positive<br>";
    }
    else
    {
        print "$result<br>";
        print "Negative<br>";
    }
?>
```

위 프로그램의 실행 결과는 다음과 같다.

`comparison.php` 코드는 `if` 문과 비교 연산자를 사용한 프로그램이다.

```
comparison.php
L1    <?PHP
L2        $a = 123;
L3        $b = 456;
L4        $c = 123.0;
L5
L6        if ($a == $b)
L7            print "$a 값이 $b 값과 같습니다. <br>";
L8        if ($a != $b)
L9            print "$a 값이 $b 값과 같지않습니다. <br>";
L10       if ($a < $b)
L11           print "$a 값이 $b 값보다 작습니다. <br>";
L12       if ($a > $b)
L13           print "$a 값이 $b 값보다 큽니다. <br>";
L14       if ($a <= $b)
L15           print "$a 값이 $b 값보다 작거나 같습니다. <br>";
L16       if ($a >= $b)
L17           print "$a 값이 $b 값보다 크거나 같습니다. <br>";
L18       if ($a === $b)
L19           print "$a 값이 $b 값과 동일합니다. <br>";
L20
L21       if ($a == $c)
L22           print "$a 값이 $c 값과 같습니다. <br>";
L23       if ($a === $c)
L24           print "$a 값이 $c 값과 동일합니다. <br>";
L25   ?>
```

L2-L4에서 $a, $b, $c에 숫자를 저장하였다. 그 값을 비교 연산자에 적용하여 각각의 결과를 화면에 출력하였다. 위 프로그램의 실행 결과는 다음과 같다.

if 문의 조건식은 연산자 우선순위에 의한 결합을 통하여 만들어질 수 있다. leap_year.php 코드는 윤년을 계산하는 프로그램이다.

leap_year.php

```
L1    <?PHP
L2        $year = 2020
L3
L4        if(($year % 400) == 0 || (($year % 4) == 0 && ($year % 100) != 0) )
L5            print $year . "년은 윤년입니다.<br>";
L6        else
L7            print $year . "년은 윤년이 아닙니다.<br>";
L8    ?>
```

윤년을 계산하는 방식은 다음과 같다.

- 연도가 400으로 나누어지면 윤년이다.
- 연도가 4로는 나누어지고 100으로 나누어지지 않으면 윤년이다.

leap_year.php 코드는 위의 두 가지 조건을 L4에서 검사하여 윤년 여부를 출력한다. 실행 결과는 다음과 같다.

(2) switch 문

switch 문은 여러 개의 if 문이 이어져 있는 것과 비슷한 수행을 하는 것이다. 일반적으로 하나의 변수를 비교하여 그 비교된 값에 따라 서로 다른 코드를 수행하고자 할 경우가 많이 있다. 이런 경우에 switch 문을 사용하면 편리하다.

syntax

```
switch( condition )
    case value:
        statement;
        break;
```

score.php 코드는 $score라는 변수의 값을 이용한 switch하는 프로그램의 예를 보여준다.

score.php

```
<?PHP
    $score = 80;

    switch ($score)
    {
        case 100:
            print "당신의 성적은 A입니다.";
            break;
        case 80:
            print "당신의 성적은 B입니다.";
            break;
        case 60:
            print "당신의 성적은 C입니다.";
            break;
        case 40:
            print "당신의 성적은 D입니다.";
            break;
        case 0:
            print "당신의 성적은 F입니다.";
            break;
    }
?>
```

아래는 위 코드의 실행 결과로 $score에 80이라는 값이 저장되어 switch 문에서는 case

80:에 해당하는 곳에 가서 "당신의 성적은 B입니다"라는 문장을 출력하였다. 일반적으로 switch의 각 case의 실행문 제일 뒤에는 break 문이 오게 된다. 만약 break가 오지 않으면 위 프로그램에서는 case 60:에 해당하는 실행문도 실행하게 된다. 즉 break가 없으면 switch에 지정한 $score 변수의 값에 해당하는 case 문을 실행 후 바로 뒤에 나오는 case 문을 실행한다.

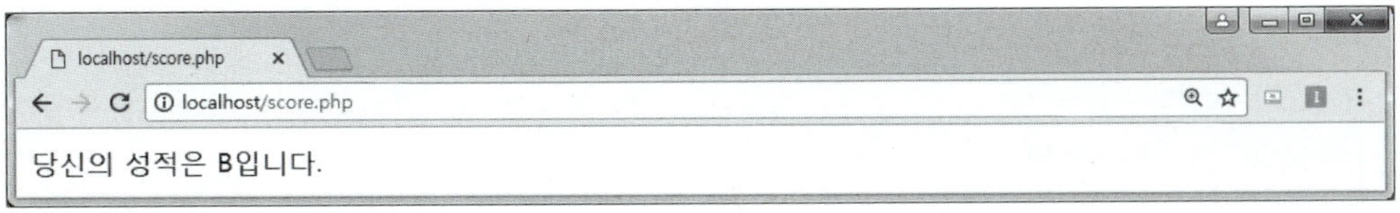

4.2 반복문

(1) while 문

while 문의 구조는 다음과 같다.

syntax

```
while (expr) statement;
```

while 문은 괄호안의 수식(expr)을 계산하여 그 값이 참인 동안 계속해서 statement를 반복 수행한다. sum1to100.php 코드는 while 문을 이용하여 1부터 100까지의 합을 구하는 프로그램이다.

sum1to100.php

```
<?PHP
    $i = 1;
    $sum = 0;
    while ( $i < 101 )
    {
        $sum = $sum + $i;
        $i = $i + 1;
    }
```

```
L9      print "1부터 100까지의 합 = $sum";
L10  ?>
```

위 코드를 실행한 프로그램의 결과는 다음과 같다.

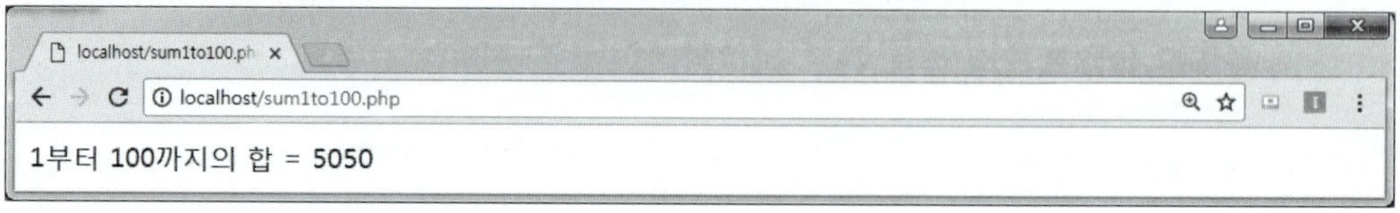

위 프로그램은 L2에서 $i를 1로 초기화 하고 L3에서 합을 누적시켜 보관할 변수 $sum을 0으로 초기화한다. L4에서 while 문을 실행시킨다. while 문의 괄호 안을 보면 $i < 101 이므로 이 순환문은 $i가 1부터 100까지 순환된다. while 문 안을 보면 $sum = $sum + $i;라는 문장이 나온다. 이 문장은 $sum에 $i 값을 합하여 $sum에 저장하는 것이다. 즉 $sum에 계속해서 $i 값을 누적하는 것이다. L7에서 $i = $i + 1은 새롭게 더할 숫자를 만들기 위하여 $i 값을 1 증가시키는 것이다.

while 문의 괄호 안에 TRUE를 넣으면 while 문은 while 문 안에 있는 문장을 무한히 수행하게 된다. infinitelyloop.php 코드는 무한 순회를 하는 while 문 프로그램의 예이다.

infinitelyloop.php

```
<?PHP
    $i = 0;
    $value = 1;
    while(TRUE)
    {
        $value = $value * 3;
        $i = $i + 1;
        if($value > 10000)
            break;
    }
    print $i;
?>
```

변수 $value에 초깃값 1을 넣고 while 문을 이용하여 순회를 하면서 value에 3을 계속 곱한다. 그러다가 $value 값이 10000을 초과하면 while 문을 끝내고 $value 값과 3을 곱한 횟수를 나타내는 $i 값을 출력한다. 이 프로그램에서는 L8에서 $value 값이 10000 보다 큰지 비교하고 비교한 값이 참이면 break 문을 수행하도록 되어 있다. break 문을 수행하게 되면 자신을 감싼 while 문의 블록을 벗어나게 된다. 이와 같이 break 문은 무한 순회 while 문을 종료하는 용도로 많이 사용된다. 위 코드는 아래와 같은 결과를 보여 준다.

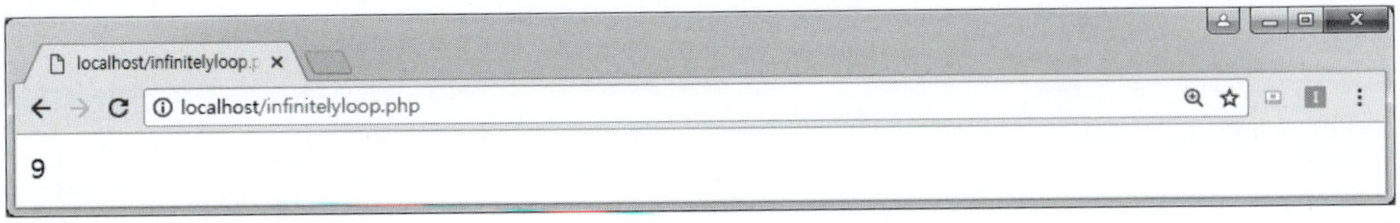

(2) do-while 문

PHP에는 while 문과 유사한 형태의 순환문으로 do-while이 있다. do-while은 먼저 do 부분의 실행문을 한번 실행한 다음 while의 조건식이 참이면 계속 반복되고 거짓이면 반복을 빠져나오는 구조로 되어있다. do-while 문의 구조는 다음과 같다.

syntax

```
do{statement;} while (expr);
```

dowhile.php 코드는 do-while을 이용하여 3부터 99까지 존재하는 3의 배수를 출력하는 프로그램이다.

dowhile.php

```
<?PHP
    $i = 1;
    do
    {
        $j = $i * 3;
        $i = $i + 1;
```

```
        print "$j  ";
    } while ($j < 99);
?>
```

위 코드를 실행한 프로그램의 결과는 다음과 같다.

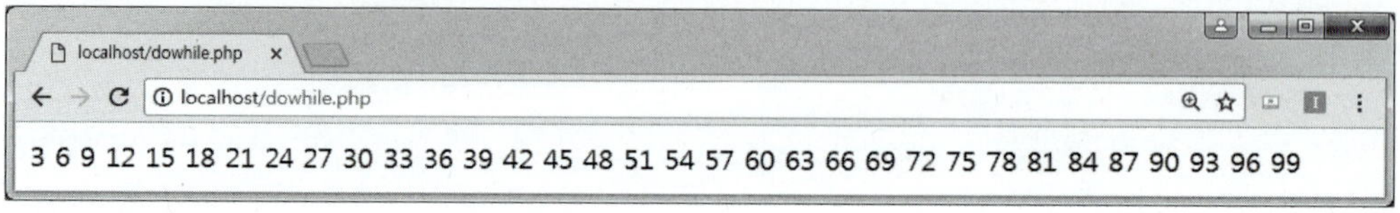

(3) for 문

본 절에서는 앞에 설명한 `while` 외의 반복문인 `for`에 대하여 알아본다. `for` 문은 다음과 같이 이루어져 있다.

syntax

```
for(expr1; expr2; expr3)
   statement;
```

for 문이 시작하면 제일 먼저 첫 번째 expression expr1이 계산된다. 그리고 매 순환의 시작에 두 번째 expression expr2가 계산된다. 이때 계산된 값이 참이면 순환은 계속되며 statement가 수행된다. 계산된 값이 거짓이면 순환은 종료되며 매 순환의 마지막에 세 번째 expression인 expr3가 계산된다. 예를 들어 1to10.php 코드의 L2를 보면 for 문은 처음에 변수 $i에 1이 할당된다. 그리고 $i가 10보다 작거나 같으므로 순환을 계속하며 for 문 안에 있는 print 문이 수행되어 $i 값이 출력된다. 마지막으로 $i 값을 하나 증가시킨 후 조건이 참이면 다음 순환으로 계속 수행한다.

1to10.php

```
L1   <?PHP
L2       for($i=1; $i<=10; $i++)
L3           print "$i  ";
L4   ?>
```

위 코드를 실행한 프로그램의 결과는 다음과 같이 1부터 10까지 출력하는 것을 보여준다.

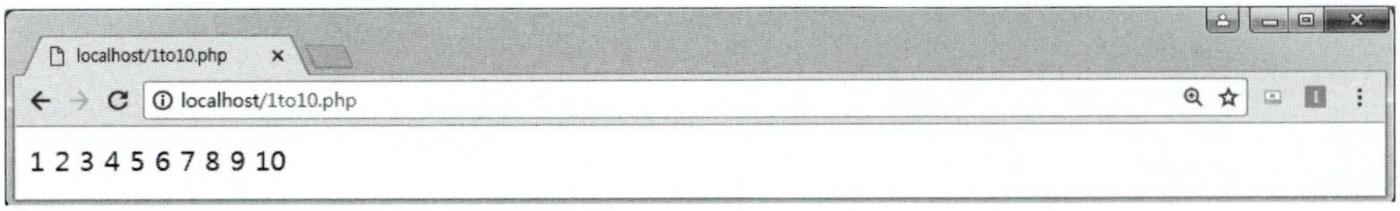

PHP에서는 다음과 같은 형태의 for 문도 제공하고 있다.

syntax

```
for(expr1; expr2; expr3) : statement; ... ; endfor;
```

multiplication.php 코드는 중첩된 for 문을 이용하여 1부터 9까지 수를 서로 곱한 표(구구단 표)를 만드는 프로그램이다.

multiplication.php

```
<html>
<body>
<center>
<table border="1">
<tr>
<td> </td>

<?PHP
   for ( $cols=1; $cols<=9; $cols++ )
         print "<td>$cols</td>";
?>

</tr>

<?PHP
   for ( $rows=1; $rows<=9; $rows++ )
   {
      print "<tr>\n";
```

```
L19         print "<td>$rows</td>";
L20         for ( $cols=1; $cols<=9; $cols++ )
L21         {
L22            print "<td>".$rows * $cols."</td>";
L23         }
L24         print "</tr>\n";
L25     }
L26 ?>
L27
L28 </table>
L29 </center>
L30 </body>
L31 </html>
```

이 프로그램에서는 L16과 L20에서 중첩된 for 문을 사용하고 있다. 즉 각각의 for 문에서 1부터 9까지의 수를 변화시키고 L22에서 $rows와 $cols을 서로 곱하여 그 결과를 표에 출력한다. 위 프로그램의 결과는 다음과 같다.

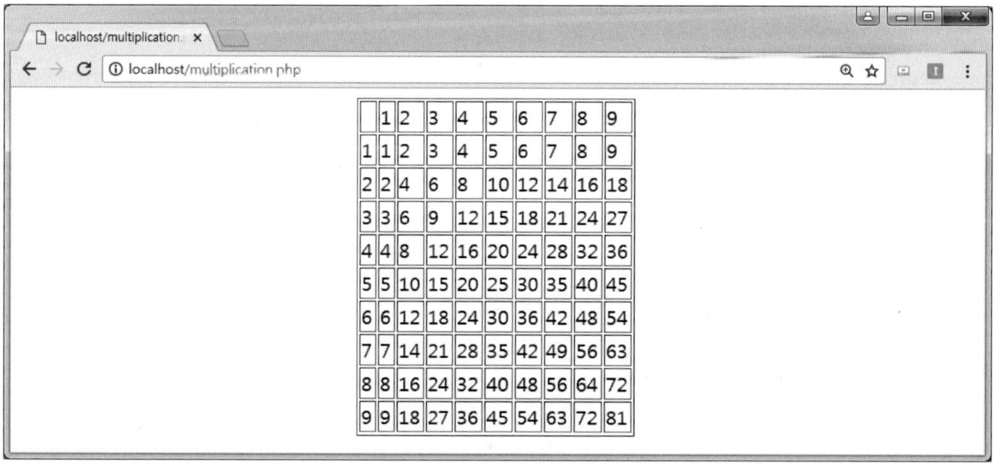

	1	2	3	4	5	6	7	8	9
1	1	2	3	4	5	6	7	8	9
2	2	4	6	8	10	12	14	16	18
3	3	6	9	12	15	18	21	24	27
4	4	8	12	16	20	24	28	32	36
5	5	10	15	20	25	30	35	40	45
6	6	12	18	24	30	36	42	48	54
7	7	14	21	28	35	42	49	56	63
8	8	16	24	32	40	48	56	64	72
9	9	18	27	36	45	54	63	72	81

모든 while 문으로 작성된 프로그램은 for 문으로 작성될 수 있다. for 문에서 괄호 안 수식 중 첫 번째와 세 번째 수식을 생략할 수 있다. 아래 프로그램은 while 문의 예제 프로그램을 for 문으로 변형한 것으로 1부터 100까지 합을 구하는 프로그램이다.

sum1to100.php

```
<?PHP
    $i = 1;
    $sum = 0;
    for( ; $i < 101 ; )
    {
        $sum = $sum + $i;
        $i = $i + 1;
    }
    print "1부터 100까지의 합 = $sum";
?>
```

결과 또한 같다.

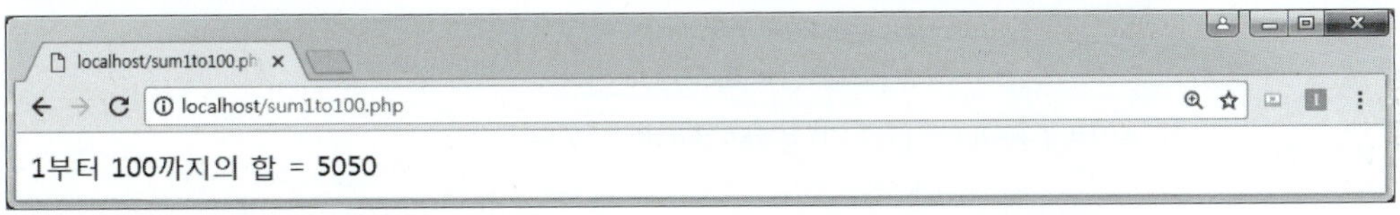

팩토리얼(Factorial)은 1부터 선언된 수까지 차례대로 곱한 값을 말하며 n!과 같이 !로 표현한다. 0!의 경우 1로 정의한다. 반복문을 이용하여 팩토리얼 값을 구현할 수 있다. factorial_10.php 코드는 10!의 값을 출력한 프로그램이다.

factorial_10.php

```
<?PHP
    $f = 1;

    for($i=1; $i<=10; $i++)
        $f = $f * $i;
    print "10! 값은 $f 입니다.";
?>
```

위 코드를 실행한 프로그램의 결과는 다음과 같다.

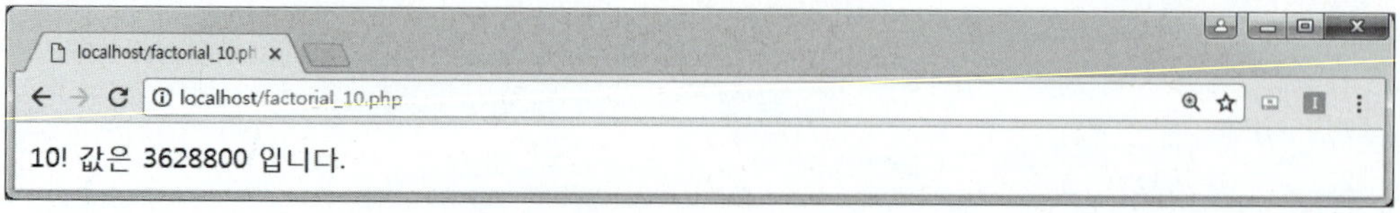

이자를 계산할 때 단리 이자로 계산하는 것과 복리 이자로 계산하는 방식이 있다. interest.php 코드는 100만원을 10년 동안 매년 10%의 단리 이자와 복리 이자로 계산하는 프로그램이다.

interest.php

```
<?PHP
    $money = 1000000;
    $interest_rate = 0.1;

    for($year=1; $year<=10; $year++)
    {
        $simple = $money*(1+$interest_rate * $year);

        $compound = $money;
        for($i=0; $i<$year; $i++)
            $compound *=(1+$interest_rate);
            print "$year 년 단리는 $simple, 복리는 $compound 입니다.";
    }
?>
```

위 코드를 실행한 프로그램의 결과는 다음과 같다.

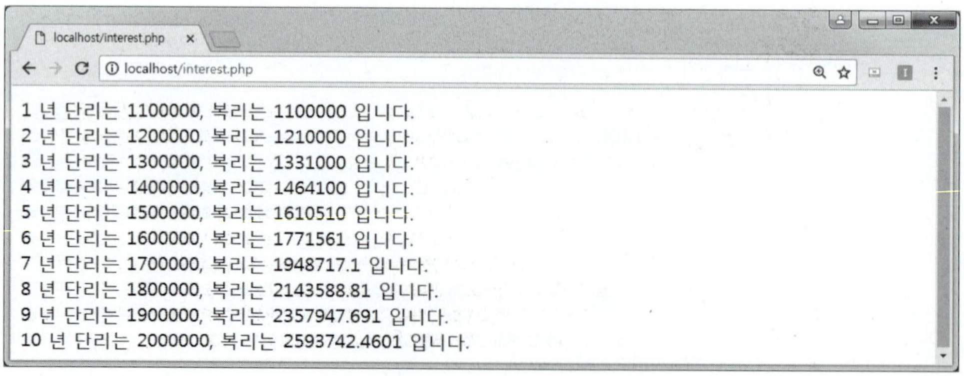

연습문제

1. 조건문이란 무엇인가?

2. 반복문이란 무엇인가?

3. 조건문으로 짝지어진 것을 고르시오.

   ① for, while ② if, for ③ switch, if
   ④ for, switch ⑤ while, if

4. if 문을 사용할 경우 조건에 맞지 않았을 때 문장을 출력하기 위해 사용하는 것은 무엇인가?

5. 반복문 중 조건이 맞지 않더라도 1번은 실행하는 것은 무엇인가?

6. 2개의 숫자를 입력받아 조건문을 이용하여 대소를 비교하는 프로그램을 작성하시오.

7. 반복문과 조건문을 이용하여 1부터 10까지 숫자 중 홀수만 출력하는 프로그램을 작성하시오.

8. 1부터 100까지 숫자 중 소수를 출력하는 프로그램을 작성하시오.

9. 1부터 1000까지 숫자 중 짝수의 합을 출력하는 프로그램을 작성하시오.

10. 2개의 정수를 입력받아 몫과 나머지를 구하는 프로그램을 작성하시오.

11. 반복문을 이용하여 구구단을 출력하는 프로그램을 작성하시오.

12. 다음 if 문과 같은 동작을 하는 switch 문을 작성하시오.

```
<?PHP
    $score = 85;

    if(score > = 90 ) {
        echo("A");
    } else if (score > = 80 && score < 90) {
        echo("B");
    } else if (score > = 70 && score < 80) {
        echo("C");
    } else if (score > = 60 && score < 70) {
        echo("D");
    } else {
        echo("F");
    }

?>
```

13. while 문을 이용하여 factorial 값을 구하는 함수를 선언하시오.

14. $a라는 변수의 값이 홀수이면 그 숫자 다음 숫자인 짝수를 출력하고, $a의 값이 짝수이면 그 수를 출력하는 함수를 작성하시오.

CHAPTER 05

배열

PHP Web Programming

contents

05 배열

5.1 배열

일반적으로 배열(array)이란 같은 형식의 저장 공간이 연속적으로 배치되어 있고 인덱스(index)를 이용하여 배열 내에서의 상대위치에 있는 값을 읽거나 쓸 수 있는 자료구조이다. PHP에서도 일반적인 배열의 구조를 따르나 여러 형식의 자료를 연속적으로 저장할 수 있고 임의로 인덱스 값을 조정할 수 있다. PHP에서 영문자로 일요일부터 토요일까지 $week라는 배열에 저장하기 위해서는 다음과 같이 선언하면 된다.

```
$week = array("Sun", "Mon", "Tue", "Wed", "Thu", "Fri", "Sat");
```

일반적인 배열에서는 다음과 같은 방법으로 배열의 내용을 가져올 수 있다.

```
$result = $week[3];
```

아래는 위의 $week 배열의 구성을 보여준다. index는 배열이 원소가 저장된 위치 값으로 배열에 원소가 저장되면 인덱스 값은 0에서부터 시작하여 순차적으로 증가한다.

인덱스	0	1	2	3	4	5	6
값	Sun	Mon	Tue	Wed	Thu	Fri	Sat

week.php 코드는 위에서 선언한 배열 $week에서 주말에 해당하는 "Sat"와 "Sun"을 배열 $weekend의 원소로 할당하고 출력하는 프로그램이다.

week.php

```
L1  <?PHP
L2      $week = array("Sun", "Mon", "Tue", "Wed", "Thu", "Fri", "Sat");
L3
L4      $weekend = array($week[6],$week[0]);
L5
L6      print $weekend[0].", ".$weekend[1];
L7  ?>
```

week.php 코드 L2에 선언된 배열 $week의 6번째 원소와 0번째 원소를 L4에서 배열 $weekend의 $week[6]은 0번째 원소로, $week[0]은 1번째 원소로 할당하고 L6에서 출력하였다. 결과는 다음과 같다.

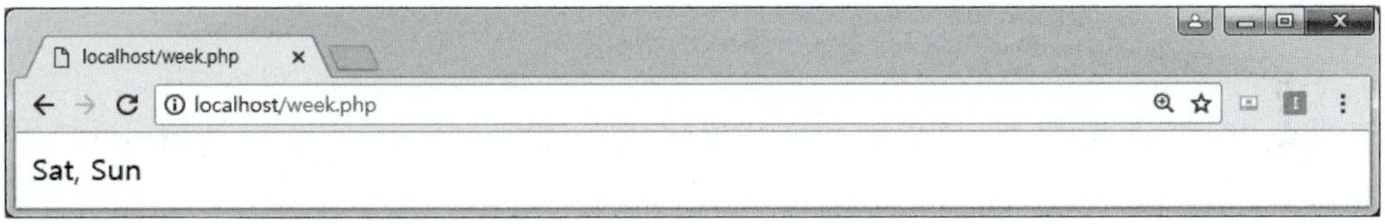

5.2 멀티타입 배열

PHP에서는 하나의 배열에 다양한 형식의 값을 저장할 수 있다. multitype_array.php 코드는 multitype 변수에 정수형(20), 실수형(3.14), 문자형('A'), 문자열("Bob")의 값을 원소로 가지는 배열을 대입한다.

multitype_array.php

```
<?PHP
    $multitype = array(20, 3.14, 'A', "Bob");

    print "$multitype[0] <br> ";
    print "$multitype[1] <br> ";
    print "$multitype[2] <br> ";
    print "$multitype[3] <br> ";
?>
```

아래의 그림은 그 결과를 보여준다.

배열의 내용을 화면에 출력할 때는 print_r 함수를 사용한다.

syntax

```
mixed print_r(mixed expression )
```

array_print.php 코드는 배열을 원소 단위가 아닌 배열의 이름을 이용하여 출력하는 프로그램이다.

array_print.php

```
L1    <?PHP
L2        $numbers = array(10, 20, 30, 40);
L3
L4        print "$numbers <br>";
L5        print_r($numbers);
L6    ?>
```

L4와 같이 print 함수를 사용하여 배열을 직접 출력하면 배열의 내용이 출력되지 않고 "Array" 표시만 출력된다. 반면 L5와 같이 print_r 명령어를 사용하면 배열의 원소들을 모두 출력할 수 있다. 출력된 표현은 아래 그림과 같이 [0] => 10 형태로 표현되며 [] 안에 표시된 값이 배열의 인덱스를 나타내고 => 뒤에는 배열 원소 값이 출력된다.

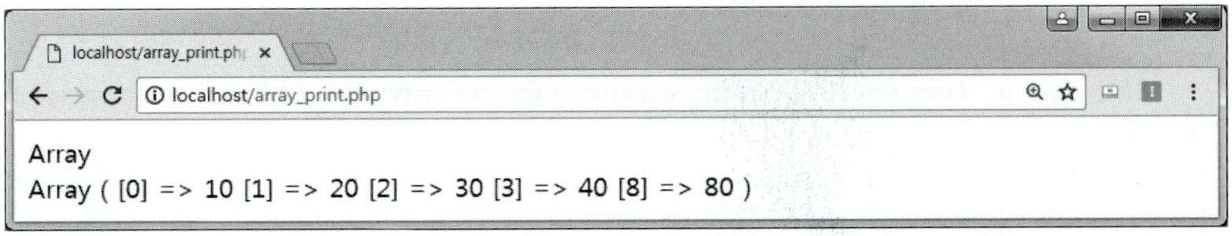

5.3 연상 배열

PHP에서 배열은 연상 배열(associative array)을 제공한다. PHP에서 배열의 관계를 결정하지 않고 순차적으로 배열의 값을 나열했을 때 자동적으로 인덱스 값이 생성된다. 코드와 같이 임의로 인덱스 값을 변경할 수 있다. array_index.php 코드는 배열의 중간에 인덱스 값 5를 삽입하였다.

array_index.php

```
<?PHP
    $numbers = array(10, 20, 5=>30, 40);

    print_r($numbers);
?>
```

아래 결과를 보면 순차적으로 생성되던 배열의 인덱스 값이 변경된 것을 확인할 수 있으며 변경된 인덱스 뒤로는 다시 순차적으로 인덱스 값이 증가하는 것이 확인된다.

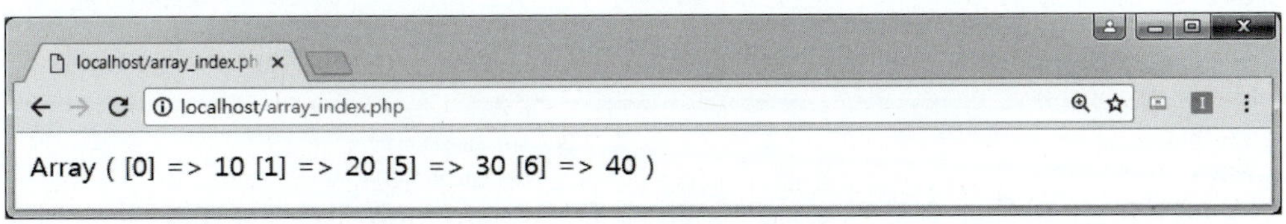

배열의 인덱스는 숫자뿐만 아니라 문자로 나타낼 수 있다. 다음의 표는 사람들의 이름을 인덱스로 전공을 값으로 구성된 배열이다.

인덱스	David	Alice	Elsa	Bob	Chris
값	Computer	Math	Physics	Music	Electronics

이러한 관계를 배열을 이용하여 사용할 수 있다. 숫자를 사용하지 않고 문자를 키(key)로 사용하여 내용을 읽어올 수 있다. 이러한 배열의 형태를 연상 배열이라고 하며 freshman.php 코드는 연상 배열을 사용하여 위의 표를 저장하고 출력한 프로그램이다.

freshman.php

```
<?PHP
    $freshman = array(
                    "David" => "Computer",
                    "Alice"  => "Math",
                    "Elsa"  => "Physics",
                    "Bob"  => "Music",
                    "Chris" => "Electronics"
    );

    print_r($freshman);
?>
```

결과는 다음과 같다.

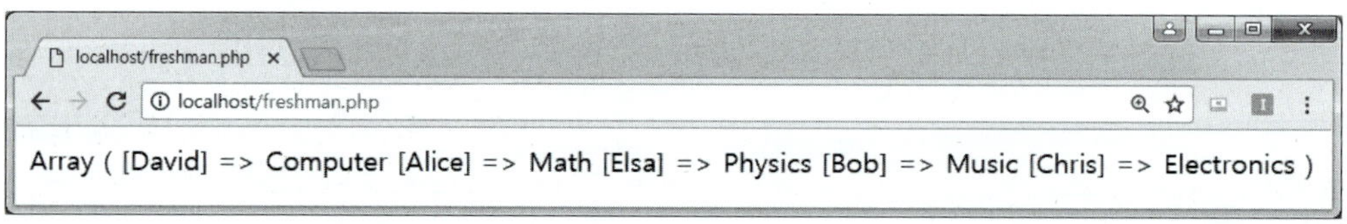

연상 배열의 한 항목을 읽고 출력하고자 할 때 freshman2.php 코드의 L10과 같이 키를 인덱스로 사용하여 출력한다.

freshman2.php

```
<?PHP
    $freshman = array(
                    "David" => "Computer",
                    "Alice"  => "Math",
                    "Elsa"  => "Physics",
                    "Bob"  => "Music",
                    "Chris" => "Electronics"
    );

    print($freshman[David]);
?>
```

결과는 다음과 같다.

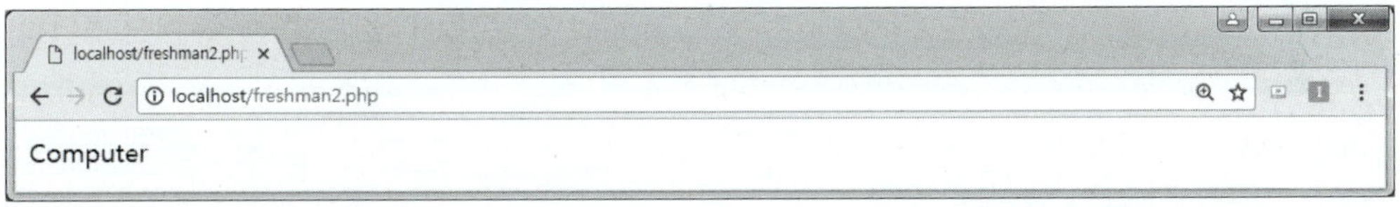

위에 정의된 배열에서 한 항목을 추가하고 싶을 때는 freshman3.php 코드의 L10과 같이 배열의 원소를 생성하고 저장할 수 있다. 연상 배열에서 원소 하나를 입력하거나 출력하고자 할 때 원소의 키를 활용한다.

freshman3.php

```
L1   <?PHP
L2       $freshman = array(
L3                       "David" => "Computer",
L4                       "Alice"  => "Math",
L5                       "Elsa"  => "Physics",
L6                       "Bob"  => "Music",
L7                       "Chris" => "Electronics"
L8       );
L9
```

```
    $freshman[Frank] = "History";

    print_r($freshman);
?>
```

결과는 다음과 같다.

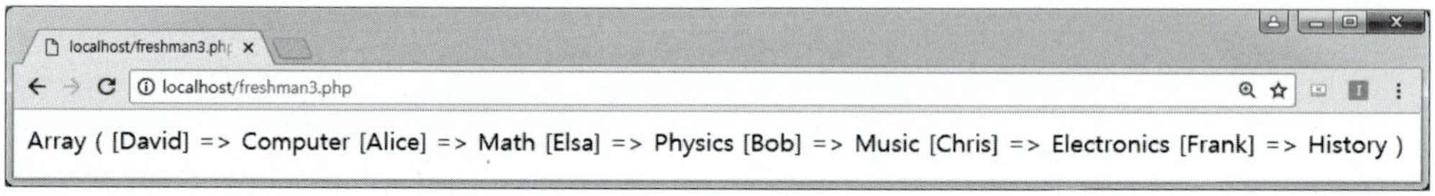

배열에서 한 항목의 원소의 값으로 배열을 사용할 수 있다. freshman4.php 코드의 L7과 같이 배열의 원소를 생성할 때 배열로 저장할 수 있다.

freshman4.php

```
L1   <?PHP
L2       $freshman = array(
L3                   "David" => "Computer",
L4                   "Alice" => "Math",
L5                   "Elsa" => "Physics",
L6                   "Bob" => "Music",
L7                   "Chris" => array( "Electronics", "Statistics" )
L8       );
L9
L10      print_r($freshman);
L11  ?>
```

결과는 다음과 같다.

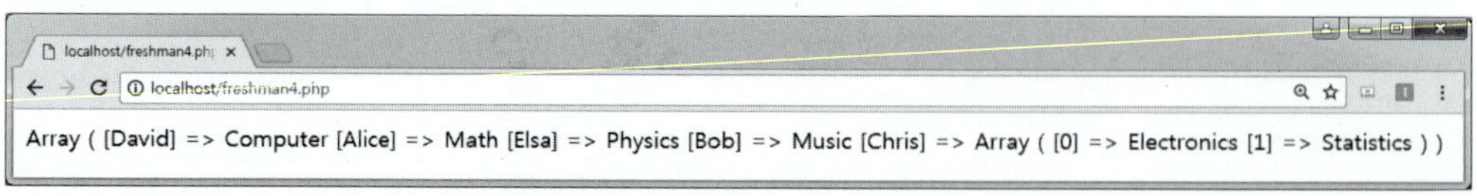

freshman4.php 코드에서 생성된 배열을 표로 나타내면 아래와 같다.

인덱스	David	Alice	Elsa	Bob	Chris
값	Computer	Math	Physics	Music	Electronics Statistics

5.4 다차원 배열

프로그램을 작성할 때 배열은 다양한 용도로 사용될 수 있다. PHP는 배열을 쉽게 활용할 수 있도록 다양한 함수를 제공한다. 배열은 2차원, 3차원 배열과 같이 다차원 배열로 사용할 수 있다. 2차원 배열의 구조는 아래 그림과 같이 표현할 수 있다.

0−0	0−1	0−2	0−3
1−0	1−1	1−2	1−3
2−0	2−1	2−2	2−3

다음은 행렬을 2차원 배열로 구성하였다.

$$\begin{pmatrix} 1, & 2, & 3 \\ 4, & 5, & 6 \\ 7, & 8, & 9 \end{pmatrix}$$

```
$twod_array = array(
                    array (1, 2, 3),
                    array (4, 5, 6),
                    array (7, 8, 9)
                );
```

위의 2차원 배열에서 값이 8인 원소를 $temp 변수에 저장하려고 할 때는 다음과 같이 프로그램 하면 된다. 이때 주의할 점은 배열의 인덱스는 0부터 시작한다는 것이다.

```
$temp = twod_array[2][1];
```

matrix_add.php 코드는 두 2차원 배열 A와 B를 덧셈하여 C에 저장하는 배열의 덧셈연산 프로그램이다. 순차적으로 증가하는 인덱스 값의 특성과 반복문을 활용하여 배열에 대한 출력을 쉽게 할 수 있다. 아래의 코드에는 L17-L20과 같이 for 문을 이용하여 배열을 출력하였다.

matrix_add.php

```
L1    <?PHP
L2        $A = array(
L3                    array (3,2,1),
L4                    array (2,1,2),
L5                    array (1,2,3),
L6                    );
L7
L8        $B = array(
L9                    array (1,2,3),
L10                   array (2,1,2),
L11                   array (3,2,1),
L12                   );
L13       for($i=0;$i<3;$i++)
L14           for($j=0;$j<3;$j++)
L15               $C[$i][$j] = $A[$i][$j] + $B[$i][$j];
L16
L17       for($i=0;$i<3;$i++)
L18       {
L19           for($j=0;$j<3;$j++)
L20               print $C[$i][$j]." "  ;
L21           print"<br>";
L22       }
L23   ?>
```

결과는 다음과 같다.

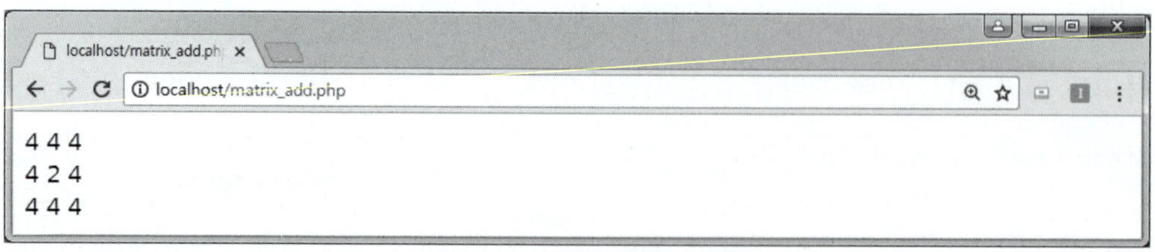

이와 같이 배열 내에 배열을 선언하면 3차원 이상의 다차원 배열을 프로그래밍 하는 것도 가능하다. 예를 들어 3차원 배열의 한 원소는 `$t[0][1][2]`와 같이 표현할 수 있다. 3차원 배열의 구조는 다음과 같다.

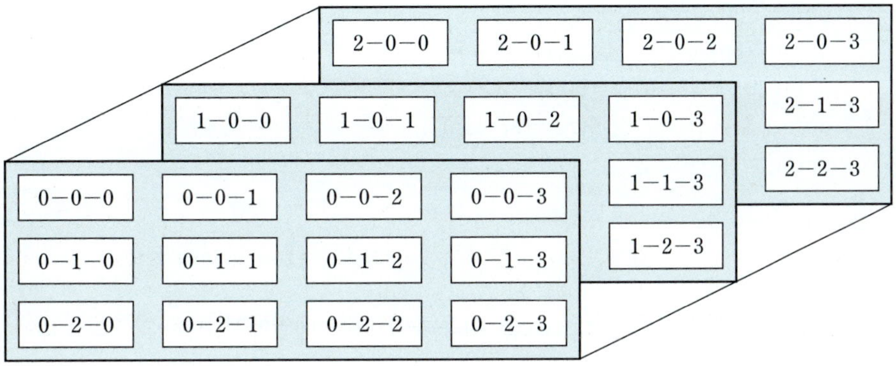

5.5 연상 배열의 원소 삭제

연상 배열에서 한 항목을 지우기 위해서는 unset() 함수를 사용한다. unset() 함수의 문법은 다음과 같다.

syntax

```
void unset(mixed array[mixed index], ...)
```

unset() 함수는 한 개 이상의 변수를 지울 수 있다. array_unset.php 코드는 연상 배열에서 몇 개의 항목을 지우는 예를 보여주고 있다.

array_unset.php

```
<?PHP
    $fruit = array(
                "Apple"  => "Red",
                "Pear"   => array("Brown", "Yellow"),
                "Peach"  => "Pink",
                "Tomato" => array("Red", "Green"),
```

```
L7                  "Banana" => "Yellow"
L8                  );
L9
L10      print "**** BEFORE ****<br>";
L11      print_r($fruit);
L12      print "<br><br>";
L13      print "**** AFTER ****<br>";
L14      unset( $fruit[Pear], $fruit[Banana] );
L15      print_r( $fruit );
L16  ?>
```

이 프로그램은 L14에서 사용된 unset을 이용하여 연상 배열에서 Pear와 Banana에 해당하는 항목을 지우는 것이다. 실행 결과는 다음과 같다.

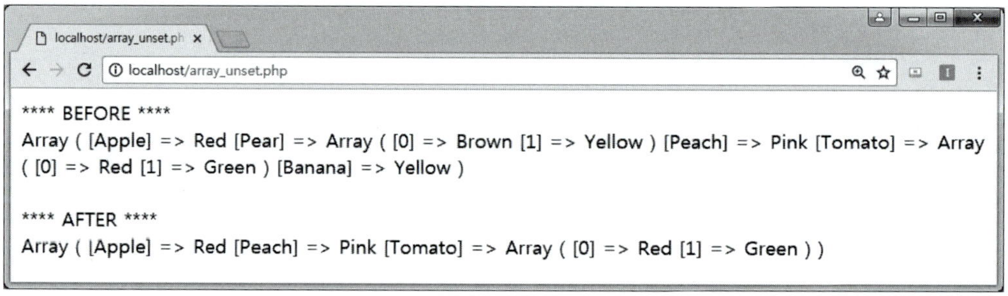

5.6 foreach 문

foreach 문은 반복문의 일종으로 배열에 대한 반복 명령을 수행할 때 주로 사용된다. foreach 문은 다음과 같은 문법을 가지고 있다.

syntax

foreach(*array* array as *mixed* value) statement;

foreach는 반복할 때마다 array에서 하나의 원소를 value에 저장한다. 즉 foreach 문이 수행될 때마다 순차적으로 원소를 value에 저장한다. fruit_colors.php 코드는 연상 배열로 과일과 과일의 색깔을 저장하고 foreach을 이용하여 출력하는 프로그램이다.

fruit_colors.php

```
<?PHP
    $basket = array(
                "Apple"  => "Red",
                "Peach"  => "Pink",
                "Banana" => "Yellow"
                );

    foreach ($basket as $fruit)
    {
        print ($fruit. "<br>");
    }
?>
```

출력 결과는 아래와 같다.

5.7 array_diff 문

둘 이상의 배열을 서로 비교할 때 array_diff 함수를 이용한다. array_diff는 array1에는 있지만 array2에는 없는 값들을 반환한다. 문법에서 알 수 있듯이 array_diff는 둘 이상의 배열을 비교할 수 있다.

syntax

array **array_diff**(*array* array1, *array* array2 [,*array* ...])

array_different.php 코드는 두 개의 배열을 서로 비교한 것이다. L2-L4에서는 array 함수를 사용하여 배열을 만들고 있다. L6에서 array_diff 함수를 이용하여 두 배열 arr1과 arr2를 비교한다. L7에서는 array_diff 함수를 이용하여 세 개의 배열을 비교한다.

array_different.php

```
L1   <?PHP
L2       $arr1 = array("A", "B", "C", "D", "E", "F", "G");
L3       $arr2 = array("A", "B", "D");
L4       $arr3 = array("E", "F", "G", "H");
L5
L6       $results1 = array_diff ($arr1, $arr2);
L7       $results2 = array_diff ($arr1, $arr2, $arr3);
L8
L9       print "results1 = ";
L10      foreach ($results1 as $value)
L11      {
L12          print "$value ";
L13      }
L14      print "<br>";
L15
L16      print "results2 = ";
L17      foreach ($results2 as $value)
L18      {
L19          print "$value ";
L20      }
L21  ?>
```

결과는 다음과 같다.

5.8 배열의 정렬

다음은 배열에 있는 내용을 정렬(sorting)하는 함수에 대하여 알아보고자 한다. array_sort.php 코드는 사람의 이름을 배열 $arrays에 저장하고 sort 함수를 호출함으로써 배열을 사람의 이름을 알파벳 순서로 정렬시킨다.

array_sort.php

```
<?PHP
    $arrays= array("David", "Alice", "Elsa", "Bob", "Chris");

    sort($arrays);

    foreach ($arrays as $ar)
    {
        print "$ar <br>";
    }
?>
```

위 프로그램의 실행 결과는 다음과 같다.

sort() 함수의 문법은 다음과 같다.

syntax

bool **sort**(*array* array)

sort() 함수가 수행을 마치고 나면 array 배열에 있는 원소들이 낮은 것에서 높은 순으로 배치된다. 즉 이 함수는 배열에 있는 내용을 알파벳순으로 정렬하여 원래의 배열에 저장하는 함수이다. 원소가 높은 것에서 낮은 순으로 배치하려고 할 때는 rsort() 함수를 사용한다. rsort() 함수의 문법은 다음과 같다.

syntax

```
bool rsort(array array)
```

sort.php 코드는 L2-L4에 정의된 $arrays 배열을 정렬하여 화면에 출력한다.

sort.php

```
L1   <?PHP
L2       $arrays = array("sample1.php", "sample11.php", "sample21.php",
L3                   "sample2.php", "sample12.php", "sample22.php",
L4                   "sample3.php", "sample13.php", "sample23.php");
L5
L6       sort($arrays);
L7
L8       print "SORT <br>";
L9       foreach ($arrays as $ar)
L10      {
L11          print "$ar <br>";
L12      }
L13  ?>
```

sort() 함수 실행 결과는 다음과 같다.

sort() 함수는 문자를 단지 알파벳 순서로만 정렬하기 때문에 sample2.php보다 sample11.php를 먼저 배치되도록 할 것이다. 위와 같이 정렬된 순서가 사람이 보기에는 부자연스럽다. 사람은 sample2.php가 sample11.php보다 앞에 온다고 생각한다. 그래서 PHP는 새로운 정렬함수 natsort()를 제공한다. natsort 함수의 문법은 다음과 같다.

syntax

bool **natsort**(*array* array)

이 함수는 문자(알파벳, 한글 등)와 숫자가 섞여있는 문자열을 정렬할 때 사용한다. 이 함수는 사람이 정렬하는 것과 같은 방법의 알고리즘을 사용하기 때문에 자연어 처리(natural ordering)이라고 부른다.

natural_sort.php 코드는 natsort() 함수를 이용하여 문자열을 정렬하였다.

natural_sort.php

```
<?PHP
    $arrays = array("sample1.php", "sample11.php", "sample21.php",
                "sample2.php", "sample12.php", "sample22.php",
                "sample3.php", "sample13.php", "sample23.php");

    natsort($arrays);

    print "NATSORT <br>";
    foreach ($arrays as $ar)
    {
        print "$ar <br>";
    }
?>
```

이 프로그램의 실행 결과는 다음과 같다.

연상 배열을 정렬하고 싶을 때는 어떻게 할까? sort() 함수가 배열을 정렬하는 함수지만 연상 배열에 sort()를 적용시키면 연상 배열이 일반 배열로 변환되어 연상 배열의 키가 숫자 형식의 인덱스로 바뀐다. 이러한 문제를 해결하기 위해 연상 배열을 정렬하는 함수는 다음 표와 같이 여러 종류가 있다.

정렬함수	순서	정렬기준
asort()	순방향	값
arsort()	역방향	값
ksort()	순방향	키
krsort()	역방향	키

asort()의 경우에는 연상 배열의 값이 배열이 아닌 것들을 먼저 정렬하고 다음으로 배열인 것들을 정렬한다. 배열인 것들을 정렬할 때에는 제일 앞의 배열 값의 순서로 정렬한다. sort_type.php 코드는 연상 배열을 여러 형식의 정렬함수를 이용하여 정렬하고 출력하는 프로그램이다.

sort_type.php

```
<?PHP
    $fruit1 = array(
                    "Apple"  => "Red",
                    "Peach"  => "Pink",
                    "Banana" => "Yellow"
```

```
                );
    $fruit2 = array(
                "Apple"  => "Red",
                "Peach" => "Pink",
                "Banana" => "Yellow"
                );

    print "<table border=1>";
    print "<tr><td><b>**** ORIGINAL ****</b><br>";
    print_r($fruit1);
    print "<br></td>";

    print "<tr><td><b>**** SORT() ****</b><br>";
    sort($fruit1);
    print_r($fruit1);
    print "<br></td></tr>";

    print "<tr><td><b>**** RSORT() ****</b><br>";
    rsort($fruit1);
    print_r($fruit1);
    print "<br></td></tr>";

    print "<tr><td><b>**** ASORT() ****</b><br>";
    asort($fruit2);
    print_r($fruit2);
    print "<br></td></tr>";

    print "<tr><td><b>**** ARSORT() ****</b><br>";
    arsort($fruit2);
    print_r($fruit2);
    print "<br></td></tr>";

    print "<tr><td><b>**** KSORT() ****</b><br>";
    ksort($fruit2);
    print_r($fruit2);
    print "<br></td></tr>";

    print "<tr><td><b>**** KRSORT() ****</b><br>";
```

```
    krsort($fruit2);
    print_r($fruit2);
    print "<br></td></tr>";

    print "</table>";
?>
```

위 프로그램의 실행 결과는 다음과 같다.

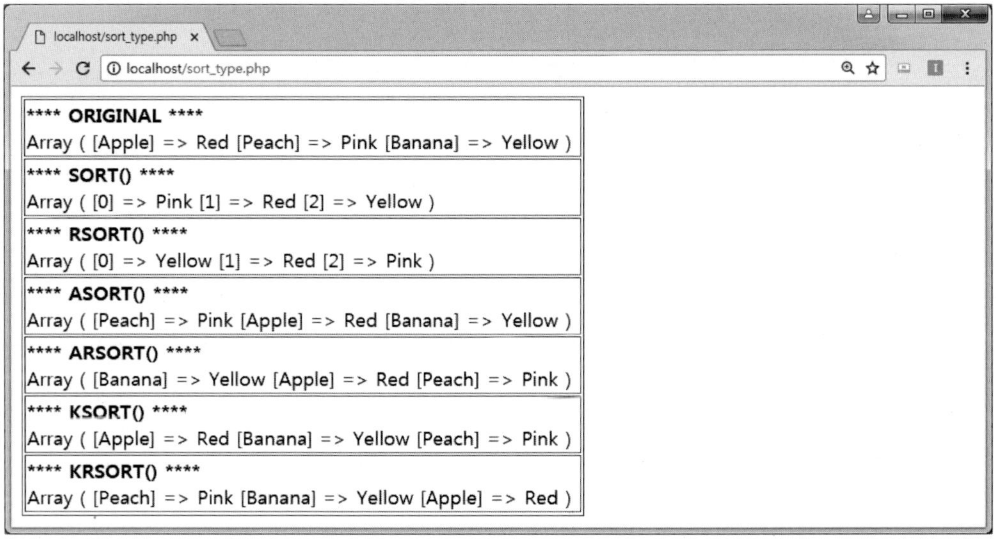

| 연습문제 |

1. 배열이란 무엇인가?

2. 연상 배열이란 무엇인가?

3. 배열 Number1과 Number2에 다음과 같은 숫자들 정수 형태와 문자 형태로 정의되었다. Number1과 Number2 각각에 대하여 sort() 함수를 호출하면 배열은 어떻게 바뀌는가?

   Number = array(2, 17, 23, 5, 9, 15, 1, 3, 7, 22);

   Number2 = array ("2", "17", "23", "5", "9", "15", "1", "3", "7", "22");

4. 배열의 길이를 확인하는 프로그램을 작성하시오.

5. 배열을 내림차순으로 정렬하는 프로그램을 작성하시오.

6. print와 print_r의 차이점을 설명하시오.

7. 크기가 3×3인 두 행렬이 있다. 두 행렬의 곱을 구하는 PHP 프로그램을 작성하시오. (단, 계산 결과를 출력할 때는 foreach 문을 사용하시오.)

$$\begin{pmatrix} 1 & 2 & 3 \\ 3 & 2 & 1 \\ 1 & 2 & 3 \end{pmatrix} \qquad \begin{pmatrix} 1 & 2 & 3 \\ 4 & 5 & 6 \\ 7 & 8 & 8 \end{pmatrix}$$

8. 두 배열의 값을 비교하여 서로 가지고 있지 않은 값을 출력하는 프로그램을 작성하시오.

9. sort와 natsort 차이를 설명하시오.

10. 다음 빈칸에 들어갈 알맞은 정렬함수를 쓰시오.

정렬함수	순서	정렬기준
(　　)	순방향	키
(　　)	역방향	값
(　　)	순방향	값
(　　)	역방향	키

11. 연상 배열을 sort를 이용하여 정렬할 경우 발생하는 문제는 무엇인가?

12. 배열의 구성이 아래 표와 같을 때 Elsa의 값을 지우고 출력하는 프로그램을 작성하시오.

인덱스	David	Alice	Elsa	Bob	Chris
값	Computer	Math	Physics	Music	Electronics

CHAPTER 06

함수

PHP Web Programming

contents

06 함수

6.1 함수

PHP에서 사용자가 정의하는 함수(function)에 대해 알아본다. 함수란 특별한 목적의 작업을 수행하기 위해 독립적으로 설계된 코드의 집합을 말한다. add.php 코드는 두 숫자의 합을 구하는 add() 함수를 정의하고 그 함수를 호출한 프로그램이다.

add.php

```
L1   <?PHP
L2       function add( $x, $y )
L3       {
L4           $sum = $x + $y;
L5           return $sum;
L6       }
L7
L8       $result = add( 3, 5 );
L9       print $result;
L10  ?>
```

PHP 프로그램에서 함수를 정의하려면 L2와 같이 function 키워드를 쓴 후 함수의 이름을 쓴다. add.php 코드에서는 함수의 이름을 add라 정의하였다. 모든 함수는 함수의 이름 뒤에 괄호가 붙으며 괄호 안에는 정의할 파라미터를 나열할 수 있다. 만약 파라미터가 없을 때는 아무것도 안 쓰면 된다. 함수의 body를 보면 L4에서 파라미터 $x와 $y 값을 더하여 $sum에 저장한다. 그리고 L5에서 $sum을 반환한다. 반환한 값은 함수를 호출한 것에게 값을 반환하는 것이다. L8에서 add() 함수를 호출이 완료되면 $result에 반환된 값이 저장된다. 파라미터를 3과 5로 add() 함수의 괄호 안에 삽입하여 add(3, 5)로 호출한 반환 값은 8이며 그 값이 $result에 저장된다.

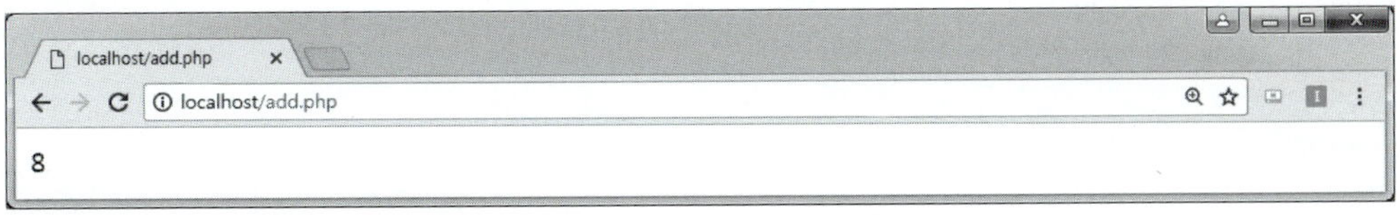

PHP에서 function을 사용자가 정의할 때 default 파라미터를 정의할 수 있다. 파라미터를 전달할 때 default로 선언한 파라미터는 사용자가 값을 할당하지 않으면 default로 미리 정의한 값이 파라미터에 할당된다. function_defult.php 코드는 default 파라미터를 사용한 프로그램이다.

function_defult.php

```
L1   <?PHP
L2       function my_log($arg, $base=2)
L3       {
L4           $result = log($arg)/log($base);
L5           return $result;
L6       }
L7
L8       print "log2(10) = ".my_log(10,2)."<br>";
L9       print "log10(100) = ".my_log(100,10)."<br>";
L10      print "log2(8) = ".my_log(8,2)."<br>";
L11      print "<br>";
L12      print "log2(8) = ".my_log(8)."<br>";
L13
L14  ?>
```

my_log() 함수를 호출할 때 두 개의 파라미터를 전달한다. 그런데 두 번째 파라미터 $base에는 default 값으로 2가 할당되어 있다. L2에서 함수를 정의할 때 파라미터 중 $base에는 2라는 값을 default로 할당하였다. default로 할당된 파라미터에 사용자가 값을 넣어주면 사용자가 default 값을 무시하고 사용자가 할당한 값을 파라미터에 넘겨주고, 사용자가 값을 할당하지 않으면 default 값이 할당되어 L10과 L12는 같은 결과를 보인다.

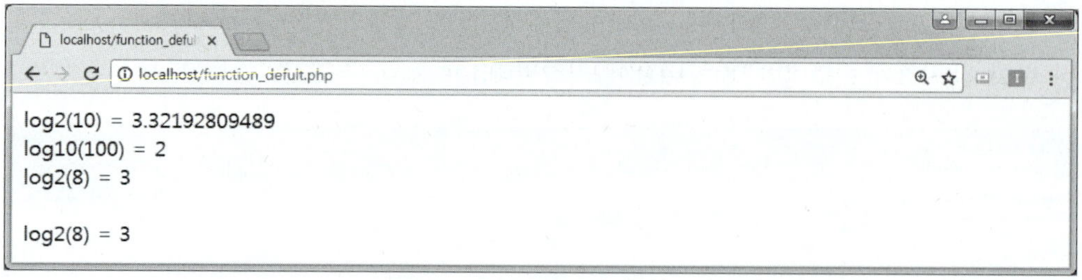

6.2 가변 파라미터 함수 구현

함수 호출 시 몇 개의 파라미터를 할당할지 모르는 경우가 있다. 이 경우에는 함수를 정의하기가 힘들게 된다. 따라서 PHP에서는 func_get_args() 함수를 이용하여 사용자가 전달한 가변 파라미터를 가져올 수 있다. func_get_args()는 함수의 파라미터 목록을 배열형식으로 가져온다.

syntax

array **func_get_args**(*void*)

my_print.php 코드는 func_get_args() 함수를 이용한 가변 파라미터 함수 프로그램이다.

my_print.php

```
<?PHP
    function my_print()
    {
        $args = func_get_args();
        foreach ($args as $arg)
        {
            print "파라미터 : $arg <br>";
        }
    }

    my_print("Apple", "Orange", "Pear", "Banana", "Cherry");
?>
```

L2에서 function my_print() 를 선언할 때 파라미터를 나열하지 않았다. L4에서 func_get_args()를 사용하여 L11에서 파라미터로 넘긴 "Apple", "Orange", "Pear", "Banana", "Cherry"을 알 수 있다. 파라미터의 수만큼 L5-L8에서 화면에 파라미터를 출력하였다.

6.3 재귀함수

재귀호출(recursive call)이란 함수 내에서 자기 자신 함수를 호출하는 것을 의미하며 이러한 함수를 재귀함수라 한다. 재귀함수를 이용하면 큰 문제를 작은 문제로 나누어서 해결할 수 있어서 복잡한 알고리즘의 구현에 많이 사용된다.

(1) 팩토리얼 함수 구현

팩토리얼(Factorial)은 1부터 n까지 차례대로 곱한 값을 말하며 n!로 표현한다. 팩토리얼의 결과 값은 다음 표와 같다.

식	1!	2!	3!	4!	5!	6!	7!	8!	9!	10!
값	1	2	6	24	120	720	5040	40320	362880	3628800

5!의 경우를 보면 다음과 같은 순서로 계산됨과 같다.

$$5! = 5 \times \underline{4!}$$
$$4 \times \underline{3!}$$
$$3 \times \underline{2!}$$
$$2 \times 1$$

팩토리얼의 값은 n! = n × (n-1)!의 특성을 가지며 팩토리얼 함수 factorial(n)는 다음과 같이 정의될 수 있다.

$$factorial(n) = \begin{cases} 1 & \text{if } n=1 \\ n \times factorial(n-1) & otherwise \end{cases}$$

factorial.php 코드는 재귀함수로 팩토리얼 함수를 구현하여 출력한다.

factorial.php

```
<?PHP
    function factorial($n)
    {
        if($n == 1)  return(1);
        return( $n * factorial($n-1) );
    }

    for($i = 1; $i <=10; $i++)
    print "factorial($i) = ".factorial($i)."<br>";
?>
```

결과는 다음과 같다.

(2) 피보나치 함수 구현

피보나치수열(Fibonacci sequence)이란 어떤 수열의 항이 앞의 두 항의 합에 의해 나타나는 것을 말한다. 피보나치수열 함수도 재귀호출을 이용하여 만들 수 있다. 이 수열은 피보나치라는 수학자의 이름을 따서 지었다고 한다. 피보나치수열은 다음과 같이 정의될 수 있다.

$$fibo(n) = \begin{cases} n & \text{if } n = 0 \text{ or } n = 1 \\ fibo(n-1) + fibo(n-2) & otherwise \end{cases}$$

이 수열을 차례로 써보면 다음과 같다.

n	0	1	2	3	4	5	6	7	8	9	10
fibo(n)	0	1	1	2	3	5	8	13	21	34	55

피보나치수열은 이웃한 두 항에서 뒤의 항을 앞의 항으로 나누면 대략 1.618033에 가까운 수이다. 예를 들어 55/34 = 1.6176...이다. 또한 뒤의 항으로 갈수록 1.618033에 접근한다는 것도 알 수 있다. 이때 1.618033...이란 수를 황금비라고 부른다. 황금비는 예술작품과 같이 아름다운 것들을 표현할 때 응용된 비율이다. 예를 들면 피라미드, 파르테논 신전, 엽서, 명함 등의 크기 비율에 황금비가 응용되었다.

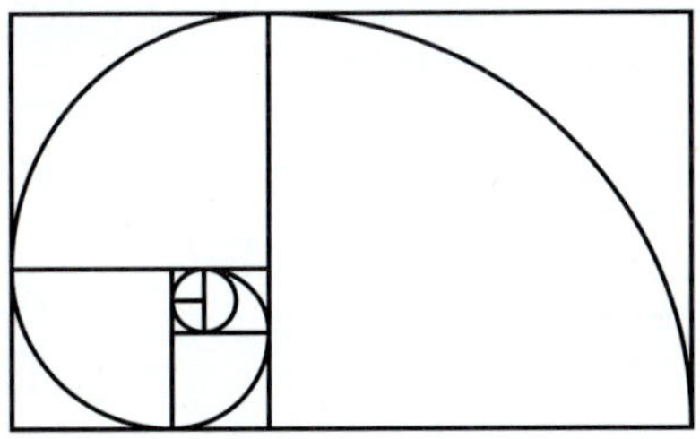

fibo.php 코드와 같이 재귀함수를 이용하여 피보나치수열의 값을 출력하는 프로그램의 구현이 가능하다.

fibo.php

```
<?PHP
    function fibo($num)
    {
        if ($num ==0 || $num == 1)  return ($num);
        return (fibo ($num - 1) + fibo ($num -2));
    }

    for ($i = 0; $i <= 4 ; $i++)
    print "fibo($i) = ".fibo($i)."<br>";
?>
```

fibo.php 코드의 실행 결과는 다음과 같다.

$fibo(4)$ 의 계산의 경우 다음과 같이 동일한 계산의 반복이 이루어져 알고리즘적인 보완이 필요하다.

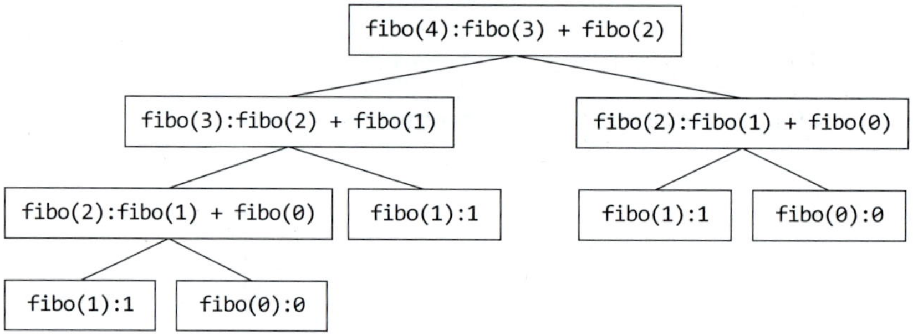

(3) 하노이탑

하노이탑 이야기는 재귀함수에 대한 예로 가장 많이 사용되는 것 중 하나이다. 인도의 한 사원에 세 개의 다이아몬드 기둥이 있고 그 중 하나에 64개의 금 원판이 있어 이 원판을 다른 기둥으로 옮기면 세상이 멸망한다고 한다. 제일 밑에 가장 큰 원판이 있고 크기가 커지는 순서로 아래에 쌓여있다. 원판을 움직일 때 다음과 같은 두 가지 규칙을 따른다. 1) 한 번에 하나의 원판만 움직일 수 있다. 2) 크기가 큰 원판은 작은 원판 밑에 있어야 한다. n 개의 원판을 다른 기둥으로 옮길 때 $2^n - 1$ 번의 이동을 해야 한다.

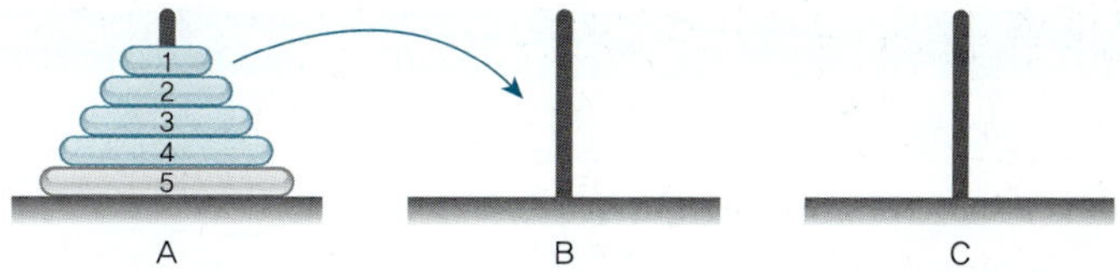

1단계

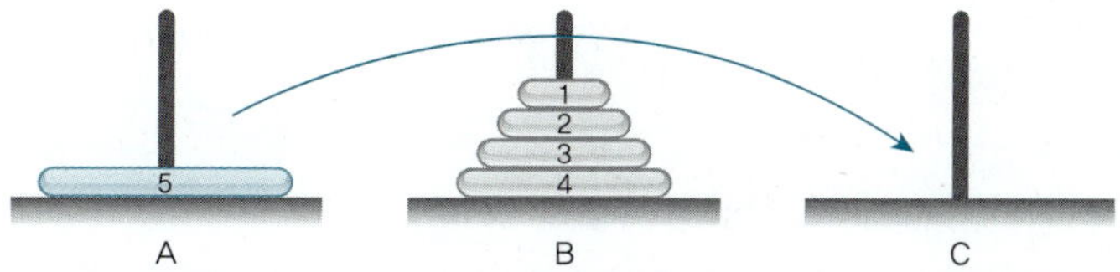

2단계

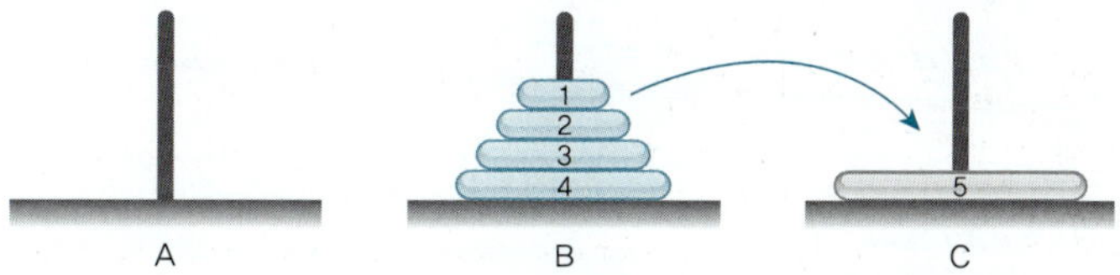

3단계

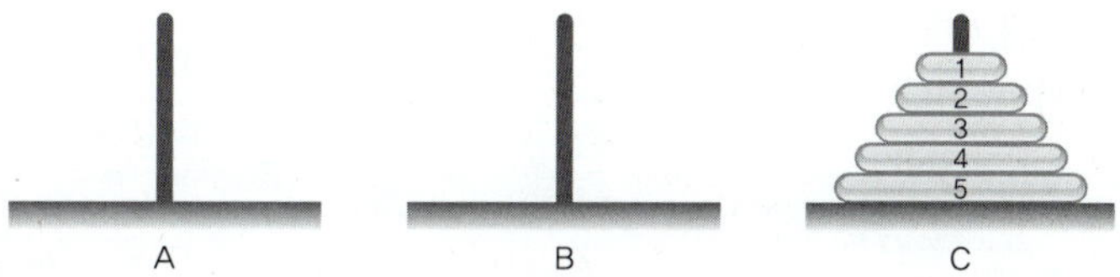

4단계

1단계에서 원판 1, 원판 2, 원판 3, 원판 4를 기둥 B로 옮기고 2단계에서 원판 5를 기둥 C로 옮긴다. 3단계에서 4개의 원판을 기둥 C로 옮긴다. 원판의 이동수를 수식으로 표현하면 다음과 같다.

$$\begin{aligned} hanoi(5) &= honoi(4)+1+hanoi(4) \\ &= 1+2hanoi(4) \\ &= 1+2(1+2hanoi(3)) \\ &= 1+2+4+8+16 = 2^5-1 \end{aligned}$$

hanoi.php는 하노이탑을 재귀함수로 구현한 프로그램이다.

```
hanoi.php
<?PHP
    function hanoi($number, $from, $via, $to)
    {
        if($number == 1)
            print(" move disc $number from $from to $to <br>");
        else
        {
            hanoi($number -1, $from, $to, $via);
            print(" move disc $number from $from to $to <br>");
            hanoi($number -1, $via, $from, $to);
        }
    }

    hanoi(5,'A','B','C');
?>
```

실행 결과는 다음과 같다.

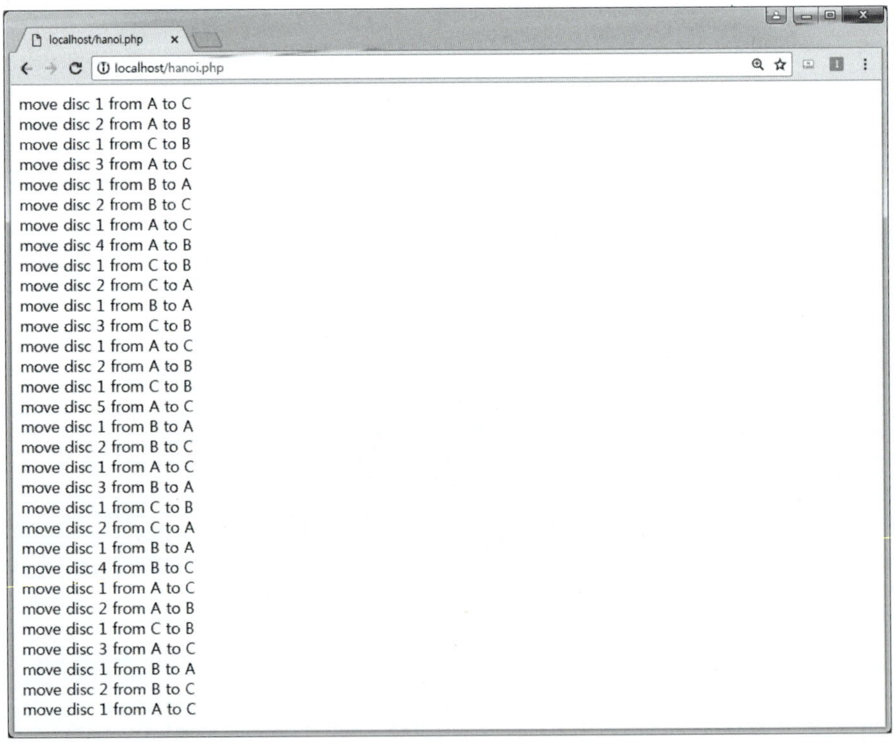

6.4 전역 변수

PHP에서 함수 안에서 정의된 변수는 변수 값의 변화가 함수 밖에서는 적용되지 않는다. 변수는 생명주기와 범위를 가지고 있어 생명주기가 끝나고 범위를 벗어나면 사라진다.

local.php

```
<?PHP
    function make_ten()
    {
        $i = $i + 10;
    }

    $i = 0;
    make_ten();
    print $i;
?>
```

local.php 코드는 ten() 함수를 호출하여 $i 변수에 10을 더하는 것을 예상할 수 있으나 ten() 함수 안에 있는 $i와 함수 밖에서 사용된 $i는 이름만 같을 뿐 별개의 변수이기에 0 값을 출력한다. 이때 함수 내에 있는 변수 $i와 함수 밖에 있는 $i를 지역(local) 변수라 부른다.

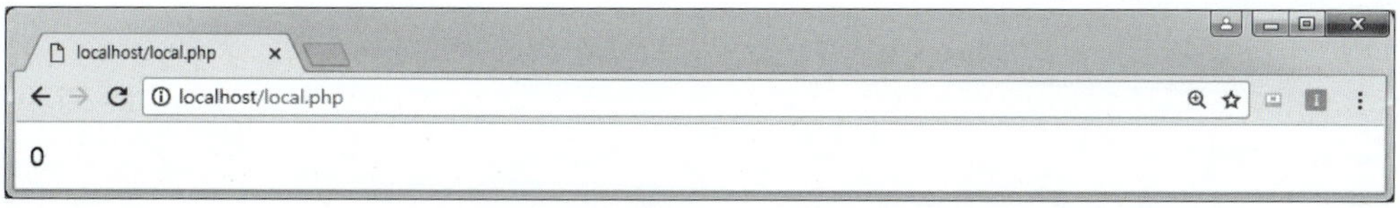

PHP에서는 함수 내에서 함수 영역 밖에 있는 변수를 참조하고 싶을 경우 참조하려는 변수를 global로 선언하고 그 변수를 전역(global) 변수라 부른다. global.php 코드의 L5, L9, L12에서 사용한 $i는 같은 변수를 참조한다. counts() 함수는 10회 호출하며 counts()는 함수 호출시 global 변수 $i를 1씩 증가시키는 일을 한다.

global.php

```
<?PHP
    function counts()
    {
        global $i;
        $i = $i + 1;
    }

    $i = 0;
    while ($i < 10)
    {
        counts();
        print $i."<br>";
    }
?>
```

global.php 코드의 실행 결과는 다음과 같다.

6.5 정적 변수

일반적으로는 함수를 호출했을 때 함수 안에 있는 지역 변수의 내용은 초기화되어 함수가 실행되고 난 후 보존되지 않는다. non_static.php 코드는 inc() 함수를 10회 호출하여 값을 출력한 것이다.

non_static.php

```
L1    <?PHP
L2        function inc()
L3        {
L4            $i = 1;
L5            print $i."<br>";
L6            $i = $i + 1;
L7        }
L8
L9        for ($j=1; $j<=10; $j++)
L10           inc();
L11   ?>
```

non_static.php 코드의 L4에서 $i의 값을 1로 초기화 하였기에 다음과 같이 1이 10회 출력되었다.

함수를 호출할 때마다 이전의 함수 호출 시 가지고 있었던 변수의 내용을 유지하고 싶을 때 정적(static) 변수를 사용한다. static.php 코드는 inc() 함수를 10회 호출하는 프로그램이다.

static.php

```
L1   <?PHP
L2       function inc()
L3       {
L4           static $i = 1;
L5           print $i."<br>";
L6           $i = $i + 1;
L7       }
L8
L9       for ($j=1; $j<=10; $j++)
L10          inc();
L11  ?>
```

L4에서 `$i`의 값을 `1`로 초기화 하였으며 변수 앞에 `static`이라는 것을 붙였다. 이 경우 `L10`처럼 함수를 호출하면 `$i`는 바로 전 호출에서의 값을 기억한다. 그래서 처음 `inc()`를 호출할 때 `$i` 값이 1이지만 다음 `inc()` 호출 시에는 `$i`의 값이 변하게 된다. `static.php` 코드의 실행 결과는 다음과 같다.

6.6 call by value

`swap1.php` 코드는 `swap1()` 함수를 선언한다. L2에 선언된 파라미터 `$a`와 `$b`는 형식 파라미터라 하고 `L13`에서 `swap1()` 함수 호출에 사용한 `$i`와 `$j`는 실제 파라미터라 부른다. `swap1()` 함수는 파라미터 `$a`와 `$b`를 서로 바꾸는 일을 한다.

swap1.php

```php
<?PHP
    function swap1($a, $b)
    {
        $temp = $a;
        $a = $b;
        $b = $temp;
    }

    $i = 3;
    $j = 4;

    print "$i, $j <br>";
    swap1($i, $j);
    print "$i, $j";
?>
```

전체 프로그램이 하는 일을 살펴보면 변수 $i와 $j에 3과 4를 각각 넣고 swap1() 함수를 호출하여 $i에는 4가 $j에는 3이 넣어져 있기를 바란다. 하지만 불행히도 PHP 언어에서 위와 같은 프로그램을 실행하면 아래 결과와 같이 $i와 $j 값은 변함없이 3과 4이다. 그 이유를 이해하기 위해서는 파라미터를 전달하는 방법을 알아야 한다.

파라미터를 전달하는 방법에는 여러 가지 종류가 있지만 일반적으로 많이 사용하는 방법으로는 call by value와 call by reference가 있다. PHP는 기본적으로 call by value를 지원한다. call by value 방법에서는 실제 파라미터 $i와 $j의 값만이 형식 파라미터 $a, $b에게 전달된다. 따라서 위와 같은 swap() 함수에서 $a와 $b에 있는 값이 바뀌었어도 $i와 $j에는 변화가 없는 것이다.

그런 반면 call by reference 방법에서는 파라미터를 전달할 때 $i와 $j의 저장위치가

$a, $b에게 전달되고 $a, $b는 전달된 저장위치에서 값을 읽어올 수 있게 된다. 즉 $i와 $a 값의 저장위치가 서로 같게 된다. 마찬가지로 $j와 $b 값의 저장위치도 서로 같다. 그렇다면 swap1.php 코드가 call by reference 방식으로 동작하였다면 어떻게 될 것인가? $a와 $b의 값이 바뀐 것이 $i와 $j에도 그대로 반영되기 때문에 $i에는 4가 $j에는 3이 저장되어 있고 그 값이 출력될 것이다.

6.7 call by reference

PHP에서 제공하는 call by reference 파라미터 전달방식은 파라미터의 위치를 전달하기 위해 변수 앞에 & 기호를 한다. swap1.php 코드의 swap1() 함수를 call by referece 방식으로 호출하기 위해서는 함수를 선언할 때 파라미터를 &$i, &$j와 같이 사용하여 파라미터의 위치를 전달한다. swap2.php 코드는 swap2() 함수 파라미터에 &를 선언하여 call by reference 방식으로 호출하였다.

swap2.php

```
<?PHP
    function swap2(&$a, &$b)
    {
        $temp = $a;
        $a = $b;
        $b = $temp;
    }

    $i = 3;
    $j = 4;

    print "$i, $j <br>";
    swap2($i, $j);
    print "$i, $j";
?>
```

swap2.php 코드의 결과는 다음과 같다.

L2을 보면 파라미터 $a, $b 앞에 & 기호가 추가되어있다. & 기호를 파라미터에 붙이면 함수 호출시 call by reference 방식으로 파라미터를 전달하게 된다. swap3.php 코드는 swap1.php 코드에서 L13에 파라미터 앞에 & 기호를 추가한 것이다. 이와 같이 수정된 프로그램은 swap2.php 프로그램과 똑같이 동작한다. 함수 선언 시와 함수 호출시 & 기호를 붙여도 call by reference 방식으로 동작한다.

swap3.php

```
L1    <?PHP
L2        function swap3($a, $b)
L3        {
L4            $temp = $a;
L5            $a = $b;
L6            $b = $temp;
L7        }
L8
L9        $i = 3;
L10       $j = 4;
L11
L12       print "$i, $j <br>";
L13       swap3(&$i, &$j);
L14       print "$i, $j";
L15   ?>
```

swap3.php 코드의 결과는 다음과 같다.

swap4.php 코드는 swap1.php 코드에서 L2의 파라미터와 L13에 파라미터 앞에 & 기호를 추가하고 이와 같이 수정된 프로그램은 위의 프로그램과 똑같이 동작한다. 함수 선언 시와 함수 호출시 모두 & 기호를 붙여도 call by reference 방식으로 동작한다.

swap4.php

```
L1   <?PHP
L2       function swap4(&$a, &$b)
L3       {
L4           $temp = $a;
L5           $a = $b;
L6           $b = $temp;
L7       }
L8
L9       $i = 3;
L10      $j = 4;
L11
L12      print "$i, $j <br>";
L13      swap4(&$i, &$j);
L14      print "$i, $j";
L15  ?>
```

swap4.php 코드의 결과는 다음과 같다.

연습문제

1. 다음 프로그램이 하는 일을 설명하시오.

```
<?PHP
   $i = 20;
   $result = X($i);
   print $result."<br>";

   $i = 17;
   $result = X($i);
   print $result."<br>";

   function X($input) {
      if( ($input % 2) == 0 )
         return  $input >> 2;
      else
         return  $input << 1;
   }
?>
```

2. 두 행렬 A와 B의 곱을 반환하는 함수 matrix_mul()을 작성하시오. matrix_mul()은 다음과 같이 구성되어 있다.

   array matrix_mul(array Amatrix, array Bmatrix)

3. 배열의 길이를 반환하는 my_len() 함수를 작성하시오.

4. 재귀함수란 무엇인가?

5. 전역 변수란 무엇인가?

6. 정적 변수란 무엇인가?

7. call by value와 call by reference의 차이점은 무엇인가?

8. 변수 두 개를 선언하고 값을 입력받은 후 함수를 이용하여 두 변수의 값이 교환되는 프로그램을 작성하시오.

9. 함수를 이용하여 나누기 연산과 나머지 연산을 하는 프로그램을 작성하시오. (단, 출력은 함수 밖에서 이뤄짐)

10. 재귀함수를 이용하여 정수를 입력 받아 0부터 입력받은 값까지의 피보나치수열의 결과를 출력하는 프로그램을 작성하시오.

11. 가변 파라미터란 무엇인가?

12. 여러 개의 숫자를 입력받고 그 합을 출력하는 함수를 작성하시오.

13. 두 개의 정수를 입력받아 두수의 차를 구하는 sub() 메서드를 구현하시오.

14. 함수를 이용하여 정수를 입력 받으면 그 수의 10배를 곱해 출력하는 프로그램을 작성하시오.

15. 실수를 입력받아 반올림한 정수 값을 출력하는 프로그램을 작성하시오.

CHAPTER 07

미리 정의된 PHP 함수와 상수

PHP Web Programming

contents

07 미리 정의된 PHP 함수와 상수

7.1 수학 함수

PHP에서는 다양한 수학 함수를 제공한다. 삼각함수 sin(), cos(), tan()와 asin(), acos(), atan()를 제공하고 로그함수 log()와 제곱근 함수 sqrt()를 제공한다. PHP는 삼각함수의 각도 단위로 라디안(radian, radial angle)을 사용한다. 라디안이란 원에서 호의 길이와 반지름의 길이의 비율로 나타낸 것으로 360°는 2π이고 180°는 π이다. sin(), cos(), tan()와 asin(), acos(), atan()의 문법은 다음과 같다.

syntax

```
float sin(float radians)
float cos(float radians)
float tan(float radians)
```

syntax

```
float asin(float radians)
float acos(float radians)
float atan(float radians)
```

sin.php 코드는 sin(), cos(), tan()에 $\pi/6$의 값을 넣고 결과 값을 asin(), acos(), atan() 값에 각각 넣어 출력한 프로그램이다.

sin.php

```
<?PHP
    $result_sin = sin( M_PI / 6 );
    print "sin(30) = $result_sin <br>";
    $result_cos = cos( M_PI / 6 );
    print "cos(30) = $result_cos <br>";
    $result_tan = tan( M_PI / 6 );
    print "tan(30) = $result_tan <br>";

    $result = asin( $result_sin );
    print "asin($result_sin) = $result <br>";
    $result = acos( $result_cos );
    print "acos($result_cos ) = $result <br>";
    $result = atan( $result_tan );
    print "atan($result_tan) = $result <br>";
?>
```

sin.php 프로그램에 사용된 M_PI는 π 값을 나타내는 PHP 상수이다. 이 프로그램에서 역삼각함수 asin(), acos(), atan()의 파라미터는 각 함수의 반환 값이 30°($\pi/6 \fallingdotseq 0.52359$)가 된 것을 볼 수 있다. 프로그램의 결과는 다음과 같다.

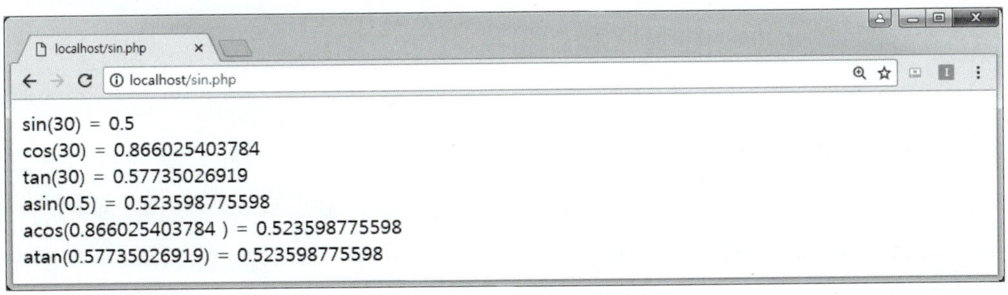

프로그램 작성 시 라디안을 사용하지 않고 각도(degree)를 사용하여 프로그램하고 싶을 때가 있다. 이때 이용하는 함수가 deg2rad()이다. 이 함수는 디그리 각도를 라디안으로 변환하는 함수이다. degree.php 프로그램은 deg2rad()을 사용하여 sin(30°)를 계산한다.

degree.php

```
<?PHP
    $degree = 30;
    $radian = deg2rad( $degree );
    $result = sin( $radian );
    print "sin(30) = $result";
?>
```

위 프로그램의 실행 결과는 다음과 같다.

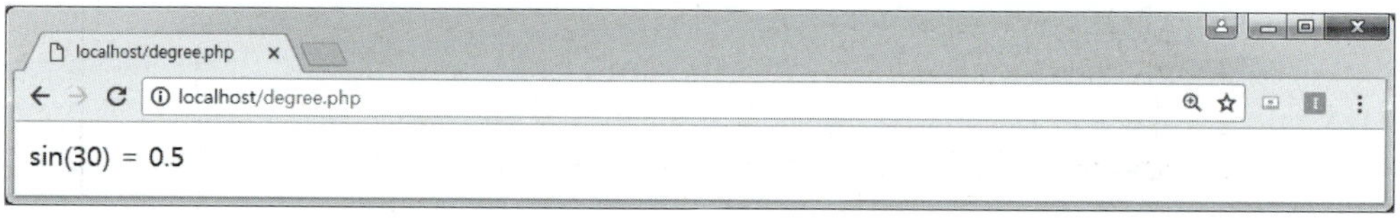

로그함수와 제곱근 함수의 문법은 다음과 같다.

syntax

```
float log(float arg [,float base = M_E ] )
float log10(float arg)
float sqrt(float arg)
```

log() 함수는 base 값에 따라 로그 값이 변하며 base 값을 정의하지 않을 경우 자연 로그(natural log)함수로 적용되고, log10() 함수는 밑이 10인 로그함수이다. sqrt()는 제곱근(square root) 함수를, pow()는 제곱함수를 나타낸다. log.php 코드는 각 함수의 결과 값을 보여주는 프로그램이다.

log.php

```
<?PHP
    $result = log(10);
    print "log(10) = $result <br>";
    $result = log10(10);
```

```
    print "log10(10) = $result <br>";
    $result = sqrt(49);
    print "sqrt(49) = $result <br>";
    $result = pow(10, 2);
    print "pow(10, 2) = $result";
?>
```

위 프로그램의 실행 결과는 다음과 같다.

이외에도 PHP에서는 다양한 수학 함수를 제공한다.

함수	설명	함수	설명
abs	절댓값	fmod	인수 나눗셈의 부동소수점 나머지
acosh	역쌍곡코사인	getrandmax	최대 난수 값을 표시
asinh	역쌍곡사인	hexdec	16진수를 10진수로
atan2	두 변수의 역탄젠트	max	최곳값
atanh	역쌍곡탄젠트	min	최솟값
bindec	2진수를 10진수로	octdec	8진수를 10진수로
ceil	소수점 아래 올림	pi	파이 값을 얻음
cosh	쌍곡코사인	pow	거듭제곱 표현
decbin	10진수를 2진수로	rad2deg	라디안 수를 각도로 변환
dechex	10진수를 16진수로	rand	정수 난수를 생성
decoct	10진수를 8진수로	round	소수 반올림
exp	e의 누승을 계산	sinh	쌍곡사인
floor	소수점 아래 내림	tanh	쌍곡탄젠트

7.2 날짜 출력 함수

getdate()는 timestamp에 해당하는 날짜와 시간으로 변환하여 배열로 반환하는 함수이다. 만일 파라미터가 없으면 현재 로컬 시각을 반환한다. getdate()에서 반환되는 배열의 항목은 다음과 같다.

항목	의미
seconds	초 (0 ~ 59)
minutes	분 (0 ~ 59)
hours	시 (0 ~ 23)
mday	월 단위 날짜를 숫자로 표현 (1 ~ 31)
wday	요일을 숫자로 표현 (0: 일요일 ~ 6: 토요일)
mon	월을 숫자로 표현 (1 ~ 12)
year	연도를 숫자로 표현 (예: 2017)
yday	연 단위 날짜를 숫자로 표현 (0 ~ 365)
weekday	요일을 문자로 표현 (Sunday ~ Saturday)
month	월을 문자로 표현 (January ~ December)

getdate() 함수의 문법은 다음과 같다.

syntax

```
array getdate([int timestamp])
```

getdate.php 코드는 서울의 현재 날짜 및 시간을 출력하는 프로그램이다.

getdate.php

```
<?PHP
    $seoul = getdate();

    print "현재시간 : " .
        $seoul[year]. "년 ".$seoul[mon]."월 ".$seoul[mday]."일 " .
        $seoul[hours]."시 ".$seoul[minutes]."분 ".$seoul[seconds]."초<br>";

?>
```

위 프로그램의 실행 결과는 다음과 같다.

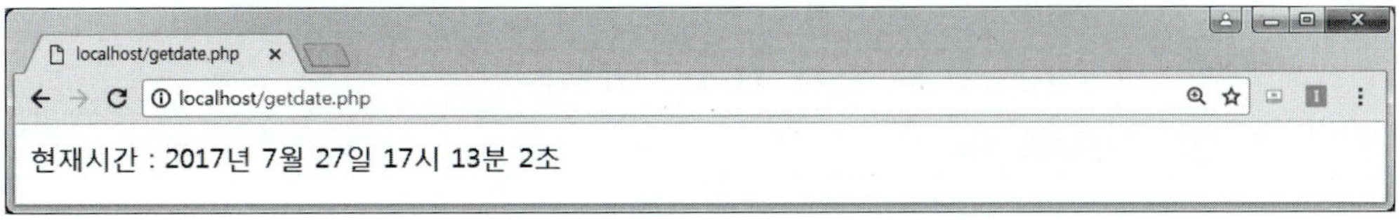

gmdate() 함수는 현재 시스템의 G.M.T.(세계표준시간: Greenwich Mean Time) 시간을 반환한다. gmdate() 함수의 format에 따라서 날짜, 시간 등을 문자열로 반환받을 수 있다. format의 값으로 사용할 수 있는 항목은 아래 표에 나타내었다.

timestamp는 1970년 1월 1일부터 특정 시간까지의 기간을 초로 환산한 것을 말한다. 두 번째 파라미터로 timestamp가 사용되면 gmdate()는 timestamp에 해당하는 시간을 format 형식에 따라 변환하고 그 변환된 문자열을 반환한다.

항목	의미
a	오전/오후 (예: am/pm)
A	오전/오후 (예: AM/PM)
B	스와치 인터넷 타임 (예: 000, 001, …, 999)
d	날짜 (예: 01, 02, …, 30, 31)
D	요일 (예: Mon, Fri)
F	월 (예: January)
g	시 (예: 1, 2, …, 12)
G	시 (예: 0, 1, …, 23)
h	시 (예: 01, 02, …, 12)
H	시 (예: 00, 01, …, 23)
i	분 (예: 00, 01, …, 59)
I	0: 썸머타임 해제, 1: 썸머타임 적용
j	날짜 (예: 1, 2,…, 30, 31)
l	요일 (예: Monday, Friday)
L	0: 평년, 1: 윤년
m	월 (예: 01, 02, …, 12)
M	월 (예: Jan)
n	월 (예: 1, 2, …, 12)

s	초 (예: 00, 01, …, 59)
S	날짜를 서수로 표시 (예: st, nd, rd, th)
t	주어진 달의 날짜 수 (예: 28, 29, 30, 31)
T	타임존 설정
U	1970년 1월 1일 00:00:00부터 경과된 초
w	요일 (예: 0: 일요일, 1: 월요일, …, 0: 토요일)
Y	연도 (예: 2017)
y	연도 (예: 17)
z	연 단위 날짜를 숫자로 표현 (예: 0, …, 365)

gmdate() 함수의 문법은 다음과 같다.

syntax

string **gmdate**(*string* format [, *int* timestamp])

gmdate.php 코드는 PHP로 G.M.T. 시간을 읽고 특정 지역(서울, 뉴욕, 파리)의 날짜 및 시간을 변환한 프로그램이다.

gmdate.php

```
<?PHP
    $year = gmdate("Y");
    $mon = gmdate("m");
    $day = gmdate("d");
    $hour = gmdate("G");
    $min = gmdate("i");
    $sec = gmdate("s");

    $seoul = getdate(mktime($hour+9,$min, $sec, $mon, $day, $year));
    print "Seoul : " .
        $seoul[year]."-".$seoul[mon]."-".$seoul[mday]."@".$seoul[hours].":".
        $seoul[minutes].":".$seoul[seconds]."(24h:min:sec)<br>";

```

```
L14     $ny = getdate(mktime($hour-5,$min, $sec, $mon, $day, $year));
L15     print "New York : " .
L16         $ny[year]."-".$ny[mon]."-".$ny[mday]."@".$ny[hours].":".
L17         $ny[minutes].":".$ny[seconds]."(24h:min:sec)<br>";
L18
L19     $paris = getdate(mktime($hour+1,$min, $sec, $mon, $day, $year));
L20     print "Paris : " .
L21         $paris[year]."-".$paris[mon]."-".$paris[mday]."@".$paris[hours].":".
L22         $paris[minutes].":".$paris[seconds]."(24h:min:sec)<br>";
L23 ?>
```

L9에 있는 mktime() 함수의 문법은 다음과 같다.

syntax

```
int mktime (int hour, int minute, int second,
    int month, int day, int year [, int is_dst])
```

mktime()은 파라미터로 넘겨받은 hour, minute, second, month, day, year를 UNIX 운영체제의 timestamp 값으로 변환시킨 값을 반환하는 함수이다. 파라미터 is_dst는 입력한 시간대가 썸머타임 적용 중이면 1을 그렇지 않으면 0을 입력하여 timestamp 값을 자동으로 맞출 때 사용한다. 썸머타임 적용을 알 수 없는 경우는 -1을 입력한다.

위 프로그램의 실행 결과는 다음과 같다.

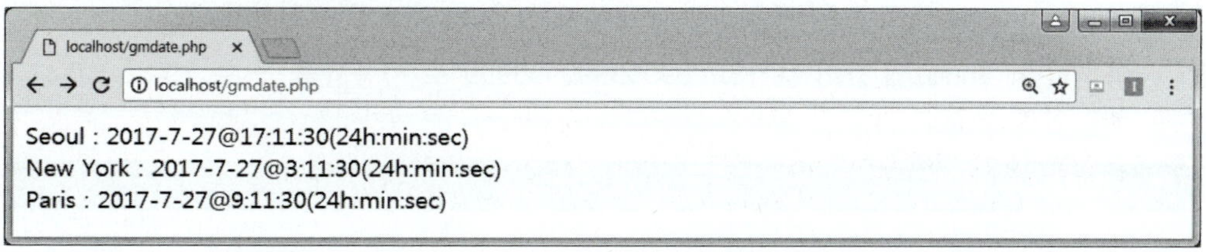

7.3 고정밀도 계산 함수

longnumber.php 코드는 두 정수를 더하는 프로그램이다.

longnumber.php

```
<?PHP
    $num1 = 999999999999;
    $num2 = $num1 + 2;

    print $num2 . "<br>";
?>
```

위 프로그램의 실행 결과는 다음과 같다.

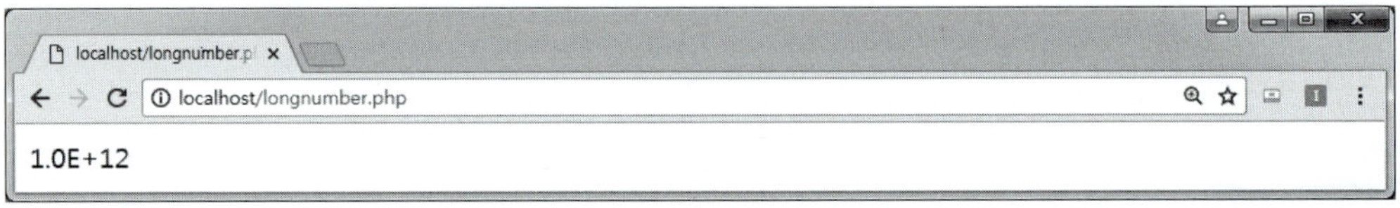

프로그램 결과로 원하는 값은 1000000000001으나 결과는 1.0E+12(1×10^{12})가 나왔다. 이러한 결과가 나온 이유는 PHP에서 숫자 표기의 한계를 12자리까지로 제한했기 때문이다. 위 예에서 계산 결과가 13자리의 수이기 때문에 PHP는 자동으로 결과를 부동소수점 형식인 1.0E+12로 변형시킨다.

위와 같은 문제를 해결하기 위해서 PHP에서는 큰 숫자를 이용하여 계산을 할 수 있는 함수를 제공한다. bcadd()는 두 숫자를 더하는 함수이고, bcsub()는 두 숫자를 빼는 함수이다. 이 함수들은 파라미터로 숫자로 표기된 문자열 두 개를 사용한다. 숫자를 문자열 형식으로 표현하기 때문에 큰 숫자를 사용할 수 있고 고정밀도를 가진 계산을 할 수 있다. stringnumber.php 코드는 위 프로그램과 같은 일을 하는 것으로 + 연산자 대신에 bcadd()를 사용하였다. $num1의 값이 문자열 "99999999999999"로 사용함을 볼 수 있다.

stringnumber.php

```
<?PHP
    $num1 = "9999999999999";
    $num2 = bcadd($num1, "2");

    print $num2 . "<br>";
?>
```

위 프로그램의 실행 결과는 다음과 같다.

L3에 있는 bcadd() 함수의 문법은 다음과 같다.

syntax

```
string bcadd(string left, string right [, int scale])
```

bcadd()는 left와 right를 더하고 결과를 문자열로 반환하는 함수이다. scale은 소수점 아래 몇 자리까지 계산할 것인지를 지정해 준다. bcsub(), bcmul(), bcdiv(), bcmod()도 같은 형태의 문법을 가진다. bcsub() 함수는 left에서 right를 뺀 값을 반환해주며, bcmul() 함수는 left와 right를 곱한 값을 반환해준다. bcdiv() 함수는 left를 right로 나눈 값을 반환한다.

syntax

```
string bcsub(string left, string right [, int scale])
```

syntax

```
string bcmul(string left, string right [, int scale])
```

syntax

```
string bcdiv(string left, string right [, int scale])
```

bcadd.php 코드는 큰 두 실수에 대하여 덧셈, 뺄셈, 곱셈, 나눗셈 연산과 나머지 연산, 제곱근 계산을 하는 함수를 사용하였다.

bcadd.php

```
<?PHP
    $num1 =
    "77777777777777777777777777777777777.555555555555555555555555";
        $num2 =
    "22222222222222222222222222222222222.333333333333333333333333";

    $num3 = "12345678901234567890123456789";
    $num4 = "900000000000000000000000000000";

    $value = bcadd ($num1, $num2, 20);
    print "bcadd: " . $value . "<br>";

    $value = bcsub ($num1, $num2, 20);
    print "bcsub: " . $value . "<br>";

    $value = bcmul ($num2, "2", 20);
    print "bcsub: " . $value . "<br>";

    $value = bcdiv ($num2, "2", 10);
    print "bcdiv: " . $value . "<br>";

    $value = bcmod ($num3, 2);
    print "bcmod: " . $value . "<br>";

    $value = bcsqrt ($num4, 20);
    print "bcsqrt: " . $value . "<br>";
?>
```

bcmod() 함수와 bcsqrt() 함수의 문법은 다음과 같다.

syntax

string **bcmod**(*string* left, *string* modulus)

syntax

```
string bcsqrt(string operand [, int scale])
```

bcmod() 함수는 left를 modulus로 나눈 후 나머지 값을 반환해준다. bcsqrt() 함수는 operand의 값의 제곱근 값을 반환해준다. scale은 소수점 아래 몇 번째 자리까지 계산할 것인지를 지정한다.

위 프로그램의 실행 결과는 다음과 같다.

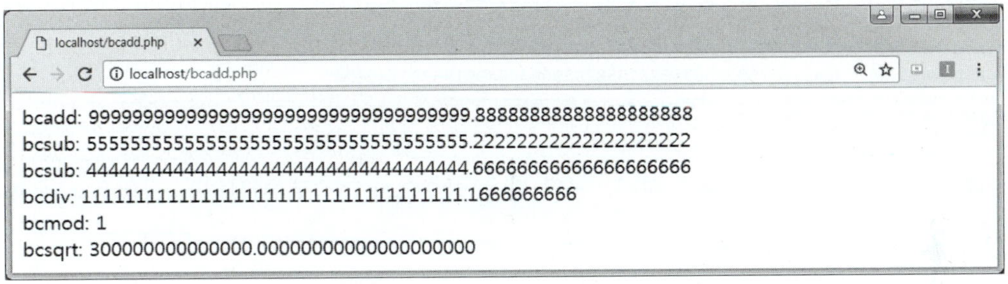


```
  77777777777777777777777777777777777.5555555555555555555555555
+ 22222222222222222222222222222222222.3333333333333333333333333
---------------------------------------------------------------
  99999999999999999999999999999999999.8888888888888888888888888
```

bcpow.php 코드는 2의 거듭제곱 계산 프로그램이다. 이 프로그램에서는 큰 거듭제곱에 대한 계산을 한다.

bcpow.php

```
<?PHP
    for ( $x = 10; $x < 151; $x = $x + 10) {
        print ("bcpow(2," . $x . ") = (" . bcpow(2, $x) . ")<br>");
    }
?>
```

위 프로그램의 실행 결과는 다음과 같다.

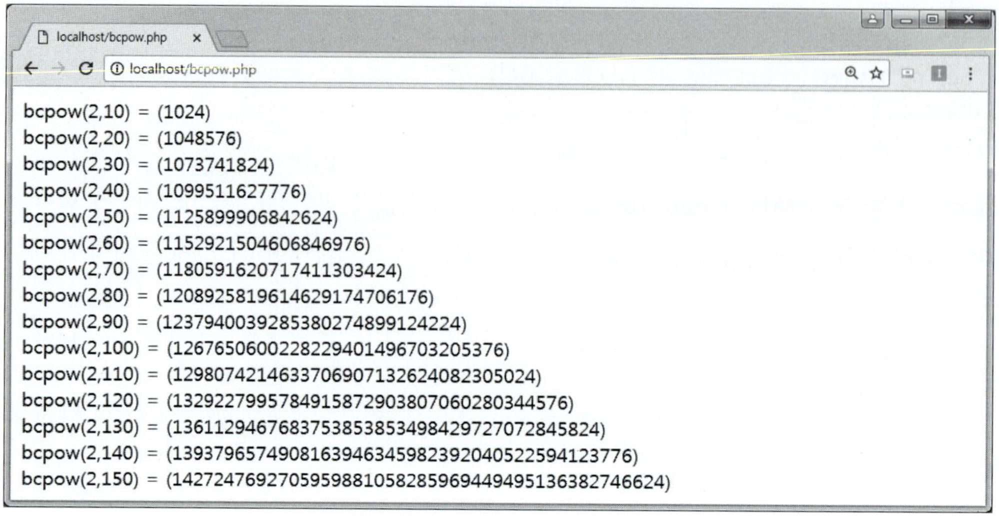

이번에는 π를 계산해 보도록 하자. π의 값을 급수(series)로 계산하는 방법은 다음과 같다.

$$\pi = \sqrt{(12-(12/2^2)+(12/3^2)-(12/4^2)+(12/5^2)-\cdots)}$$

pi.php 코드는 위 식을 프로그램으로 변환하여 출력하는 프로그램이다.

pi.php

```
<?PHP
    function pi_func($iteration, $scale)
    {
        $value = "0";
        for ($i = 1; $i <= $iteration; $i++)
        {
            if(( $i % 2 ) == 0)
            {
                $value = bcsub($value, bcdiv(12, bcpow($i,2), $scale), $scale);
            }
            else
            {
                $value = bcadd($value, bcdiv(12, bcpow($i,2), $scale), $scale);
            }
```

```
        }
        $pi_value = bcsqrt($value, $scale);
        print ("PI : " . $pi_value . "<br>");
    }
    pi_func(10000, 50);
    pi_func(20000, 50);
    pi_func(30000, 50);
?>
```

위 프로그램에서는 scale(소수점 아래로 계산할 범위)을 50으로 하였고 급수를 10000번, 20000번, 30000번 계산한 후 실행 계산 결과를 출력하였다.

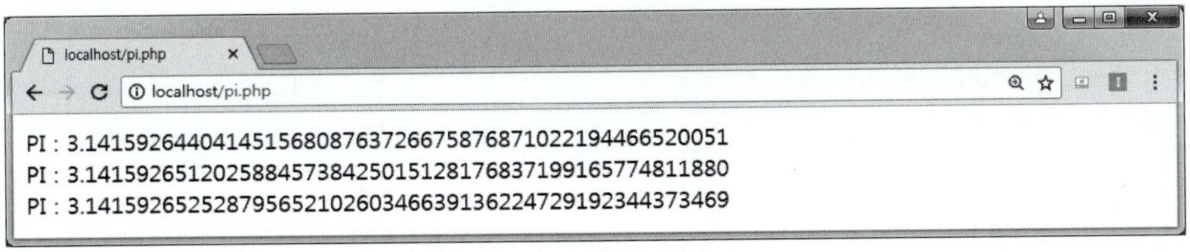

7.4 난수 함수

rand.php 코드는 난수(random number)를 발생시키는 프로그램이다.

rand.php

```
L1   <?PHP
L2       mt_srand((double)microtime() * 1000000);
L3       $random = mt_rand(0, 100000);
L4
L5       print "random : " . $random . "<br>";
L6   ?>
```

위 프로그램의 L2에서 mt_srand 함수의 문법은 다음과 같다.

syntax

```
void mt_srand(int seed)
```

mt_srand() 함수는 난수를 발생시키기 전에 seed 값을 주는 함수이다. seed를 주지 않고 반복하여 난수를 생성하면 난수의 발생순서가 같아진다. L2에서는 seed 값을 microtime() 함수를 사용하여 설정하였다. microtime() 함수는 현재 시간을 microsecond로 표현한 값으로 시간에 따라 값이 변하여 seed 값으로 많이 활용된다.

L3에 있는 mt_rand() 함수의 문법은 다음과 같다.

syntax

```
int mt_rand(void)
int mt_rand(int min, int max)
```

mt_rand() 함수는 난수 생성함수이다. PHP에서 rand() 함수는 libc 난수 생성기를 사용한다. libc 기반의 난수 생성기는 이상하거나, 특성을 알 수 없거나, 느렸다. mt_rand()는 Mersenne Twister를 이용하여 기존의 난수 생성기들의 문제점을 피하며 빠르게 난수를 생성할 수 있다. mt_rand() 값의 파라미터에 아무런 값도 주지 않으면 0부터 mt_getrandmax()까지의 숫자 값을 임의로 선택하여 반환한다. 만일 파라미터에 min, max를 설정하면 min와 max 사이에서 값을 임의로 선택하여 반환한다. rand.php 프로그램의 실행 결과는 다음과 같다.

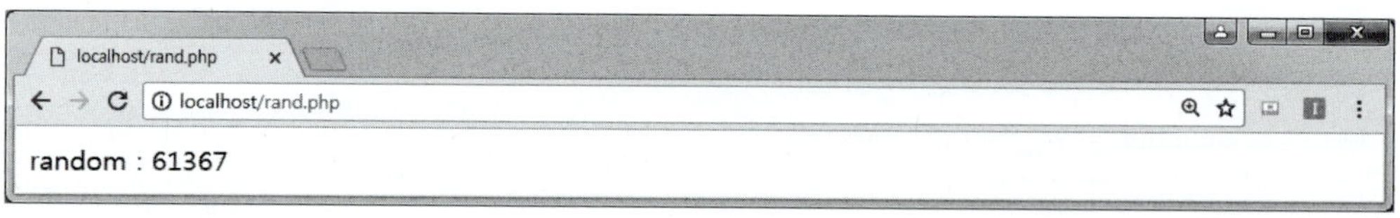

7.5 __FILE__ / __LINE__ 상수

실행되는 PHP 소스 파일의 이름과 줄번호를 넘겨받고자 할 경우 __FILE__과 __LINE__을 사용한다. PHP 프로그램을 실행하면 PHP는 자동으로 __FILE__에는 현재 실행 소스 스크립트 파일의 이름을 저장하고, `__LINE__`에 실행 소스 스크립트 파일의 줄번호를 저장한다.

`sin_file.php` 코드는 삼각함수 `sin.php` 파일에 `L9`에 현재 실행되고 있는 파일의 이름을 출력하고 `L10`에 현재 실행되는 줄을 출력하도록 설정된 프로그램이다.

sin_file.php

```
L1   <?PHP
L2       $result_sin = sin( M_PI / 6 );
L3       print "sin(30) = $result_sin <br>";
L4       $result_cos = cos( M_PI / 6 );
L5       print "cos(30) = $result_cos <br>";
L6       $result_tan = tan( M_PI / 6 );
L7       print "tan(30) = $result_tan <br>";
L8
L9       print __FILE__."<br>";
L10      print __LINE__."<br>";
L11
L12      $result = asin( $result_sin );
L13      print "asin($result_sin) = $result <br>";
L14      $result = acos( $result_cos );
L15      print "acos($result_cos ) = $result <br>";
L16      $result = atan( $result_tan );
L17      print "atan($result_tan) = $result <br>";
L18  ?>
```

이 프로그램의 실행 결과는 다음과 같다.

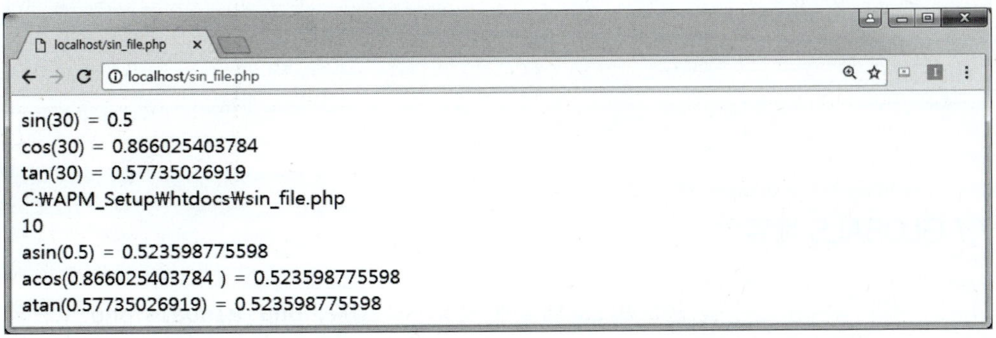

출력 결과를 보면 __FILE__에 들어있는 파일명인 C:\APM_Setup\htdocs\sin_file.php를 L10이 실행되며 출력하였고 다음 줄에 L10에 __LINE__의 값을 출력하도록 설정하였기 때문에 __LINE__이 삽입된 파일의 줄번호인 10이 표시되었다.

7.6 운영체제 / PHP 버전 상수

PHP 프로그램을 작성하여 실행할 때 현재 사용하고 있는 서버의 운영체제(OS: Operating System)가 무엇인지 혹은 PHP 버전(version)이 무엇인지 궁금할 때가 있다. 이를 위해 PHP에서는 PHP_OS와 PHP_VERSION이라는 상수를 제공하고 있다.

info.php 코드는 PHP_OS와 PHP_VERSION을 출력하는 프로그램이다.

info.php

```
<?PHP

    print "OS : ".PHP_OS." Operating System<br>";
    print "PHP : ".PHP_VERSION."<br>";

?>
```

프로그램의 실행 결과는 다음과 같다. 실행된 컴퓨터의 OS는 WINNT 계열을 사용하고 있으며, PHP 종류로는 PHP Ver.5.2.12를 사용함을 알 수 있다.

7.7 GLOBALS 배열

PHP는 미리 정의된 상수를 $GLOBALS 배열에 저장하고 있다. php_globals.php 코드와 같이 출력하면 정의된 상수를 볼 수 있다.

php_globals.php

```
L1   <?PHP
L2       echo("<table border=1>");
L3       while (list($key,$var) = each($_GLOBALS))
L4       {
L5           echo("<tr><td>$key</td>");
L6           echo("<td>");
L7           print_r($var);
L8           echo("</td></tr>");
L9       }
L10      echo("</table>");
L11  ?>
```

$GLOBALS는 배열로서 index와 value 항목을 가지고 있다. index에는 $GLOBALS에 정의된 상수의 이름이 저장되어 있고 value에는 연상배열로 정의된 상수의 이름과 값이 저장되어있다. 예를 들어 USERNAME이 "홍길동"인 경우 USERNAME이 index에 저장되어 있고, "홍길동"이 value에 저장되어 있다.

L3을 보면 'while (list($key, $var) = each($GLOBALS))' 부분에서 each($GLOBALS)는 $GLOBALS 배열에 있는 값을 하나씩 반환하는 함수이고, list($key, $var)는 each($GLOBALS)에서 넘어온 배열 값을 각각의 항목으로 나누어 $key와 $var에 저장하는 역할을 한다. 즉 $key에는 정의된 상수의 이름이 저장되고, $var에는 상수의 값이 저장된다. 이 프로그램의 실행 결과를 살펴보면 아래와 같다. 이 프로그램의 출력 결과는 사용자가 어떤 시스템을 사용하는가에 따라 조금씩 다르게 표시될 수 있다.

표를 살펴보면 USERNAME은 root이고 LANG은 사용 언어를 나타내며 ko(한국어)라는 것을 알 수 있다. 또한 REMOTE_ADDR은 클라이언트의 IP를 표시하고 SERVER_ADDR은 서버의 IP 주소 그리고 SERVER_NAME은 서버의 도메인네임이 무엇인지 나타낸다.

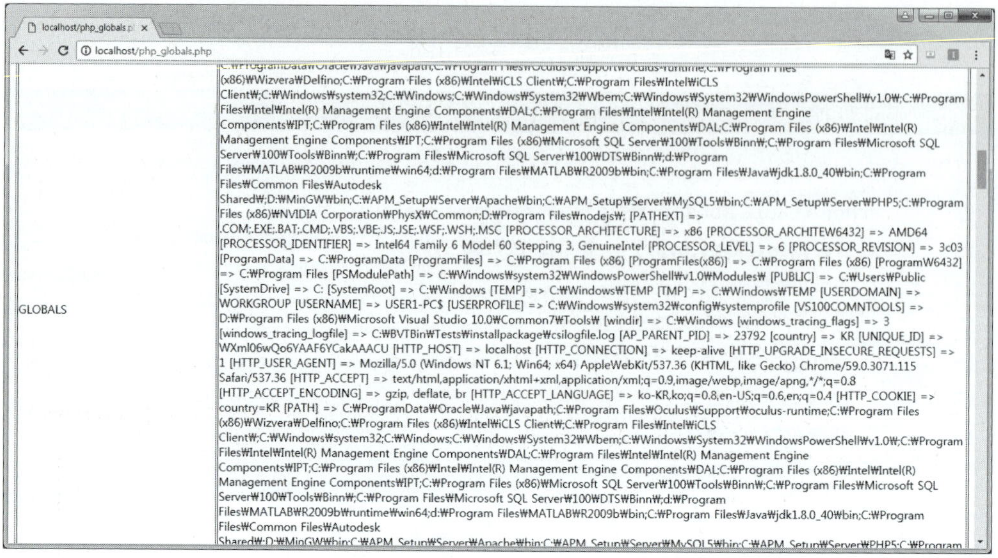

7.8 PHP 정보제공 함수: phpinfo()

PHP 정보 함수 phpinfo()는 PHP에 상태 정보를 표 형식으로 출력하는 것이다.

php_info.php 코드는 한 줄로 작성된 PHP 상태 정보 출력 프로그램이다.

php_info.php

```
<?PHP phpinfo(); ?>
```

출력 결과로는 PHP Core / xml / standard / session / mysql / apache / Apache Environment / HTTP Headers Information / environment / PHP variables / PHP Licence 등이 있다.

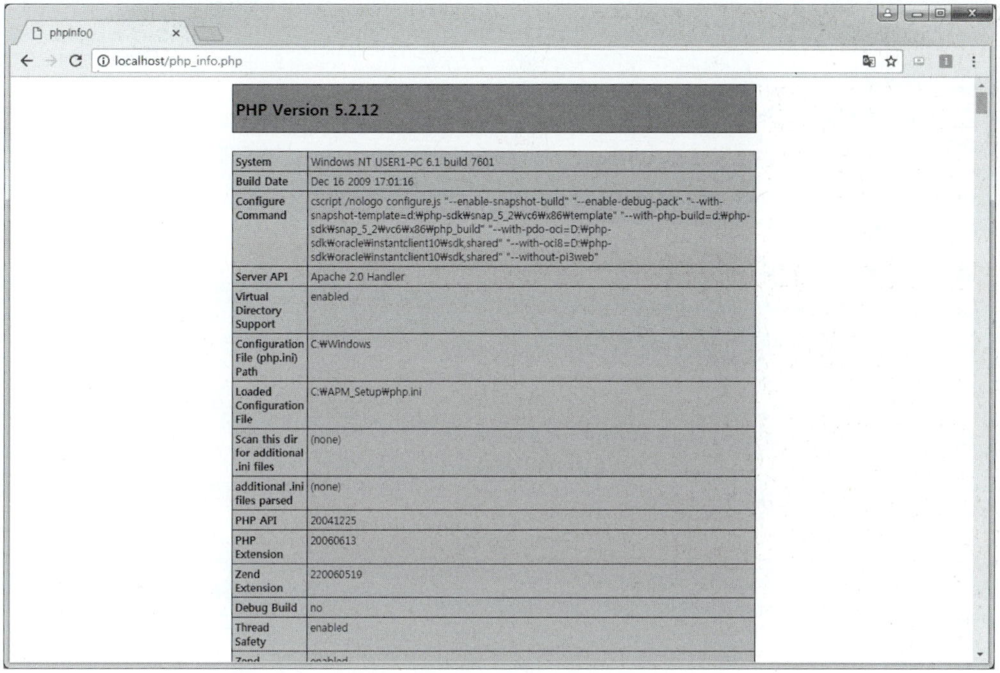

7.9 정의 함수: define()

PHP에는 define()이라는 함수를 사용하여 프로그래머가 상수를 정의할 수 있다. 예를 들어 프로그래머가 $\sqrt{2}$ 의 값인 1.4142135623731 값을 상수로 정의하여 사용할 수 있다. def_func1.php 코드는 $\sqrt{2}$ 를 R2로 $\sqrt{3}$ 을 R3로 정의하는 프로그램이다.

syntax

```
bool define(string name , mixed value )
```

def_func1.php 코드는 define() 함수를 활용한 프로그램으로 L2에서 R2를 1.4142135623731로 정의하였고 L3에서 R3로 1.7320508075689를 정의하였다. 또한 L5에서 R2와 R3의 합을 $sum이라는 변수에 저장하였다. 이때 R2와 R3는 변수가 아님으로 $가 붙어 있지 않음을 볼 수 있다.

def_func1.php

```
<?PHP
    define("R2", 1.4142135623731);
    define("R3", 1.7320508075689);

    $sum = R2 + R3;
    print "R2 : ".R2."<br>";
    print "R3 : ".R3."<br>";
    print "R2+R3 : ".$sum."<br>";
?>
```

이 프로그램의 출력 결과는 다음과 같다.

`define()` 함수를 이용하여 수식도 정의할 수 있다. 피타고라스 정리에서 직각 삼각형의 빗변을 길이는 다른 두 변의 길이를 이용하여 구할 수 있다. `def_func2.php` 코드는 직각삼각형의 빗변을 구하기 위하여 다른 두 변의 길이의 제곱을 `define()` 함수로 정의하였다.

def_func2.php

```
<?PHP
    define("a", 3*3);
    define("b", 4*4);

    $c = a+b;

    print($c);
?>
```

위 프로그램 L2에서 a를 3*3로 정의하였고 L3에서 b를 4*47로 정의하였다. 또한 L5에서 R2와 R3의 합을 $c이라는 변수에 저장하였다. 이 프로그램의 출력 결과는 다음과 같다.

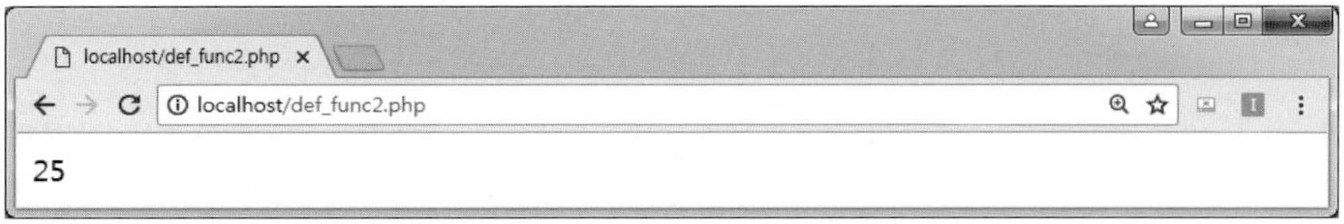

연습문제

1. $\cos(0)$, $\cos\left(\frac{\pi}{6}\right)$, $\cos\left(\frac{\pi}{4}\right)$, $\cos\left(\frac{\pi}{3}\right)$, $\cos\left(\frac{\pi}{2}\right)$의 값을 출력하는 프로그램을 작성하시오.

2. 랜덤 함수를 이용하여 1부터 45까지의 숫자 중 6개의 다른 번호를 뽑는 프로그램을 작성하시오.

3. 난수 함수를 이용하여 컴퓨터와 가위 바위 보를 하는 프로그램을 작성하시오.

4. 자신이 지금까지 살아온 날의 수를 출력하는 프로그램을 작성하시오.

5. 특정일을 입력하고 그날 이후 100일을 출력하는 프로그램을 작성하시오.

6. 10진수를 입력받아 2진수로 변환하는 프로그램을 작성하시오.

7. 20!을 계산하여 출력하는 프로그램을 작성하시오.

8. PI 상수를 define을 이용하여 3.141592로 정의하고 지름이 10인 원의 넓이를 구하는 프로그램을 작성하시오.

9. PHP_OS와 PHP_VERSION 상수를 사용하여 자신의 운영체제와 PHP 버전을 표시하시오.

10. 이차방정식의 근의 공식을 유도하는 프로그램을 작성하시오.

$$x = \frac{-b \pm \sqrt{b^2 - 4ac}}{2a}$$

CHAPTER 08

문자열

PHP Web Programming

contents

08 문자열

8.1 문자열

PHP에서 문자열(string)을 변수에 저장하기 위해서는 다음 예와 같이 사용하면 된다.

```
$str = "PHP 문자열";
```

위에서 선언한 문자열을 출력하고 싶을 때는 string.php 코드와 같이 프로그램한다.

string.php

```
<?PHP
    $str = "PHP 문자열";
    print $str . "<br>";
?>
```

출력 결과는 다음과 같다

또한 문자열의 특정 부분을 선택적으로 출력하려면 string_print.php 코드와 같이 배열의 원소 형태로 출력하는 프로그램을 구현한다.

string_print.php

```
<?PHP
    $str = "PHP 웹프로그래밍";
    print "str[4] . str[5] : " . $str[4] . $str[5] . "<br>";
?>
```

위 프로그램의 실행 결과는 다음과 같다. 한글의 경우 PHP에서 두 개의 문자열 원소를 이용하여 하나의 글자를 완성한다.

8.2 대소문자 변환

upper_lower.php 코드는 주어진 문자열을 대문자 또는 소문자로 바꾸는 프로그램이다.

upper_lower.php

```
<?PHP
    $str = "Apple Orange pEAr";

    $str1 = strtoupper($str);
    print $str1 . "<br>";

    $str2 = strtolower($str);
    print $str2 . "<br>";

    $str3 = ucfirst($str);
    print $str3 . "<br>";

      $str4 = ucwords($str);
    print $str4 . "<br>";
?>
```

L4에 있는 strtoupper() 함수의 문법은 다음과 같다. strtoupper() 함수는 문자열 str을 대문자로 변환한 뒤 변환된 문자열을 반환하는 함수이다.

syntax

```
string strtoupper(string str)
```

L7에 있는 strtolower() 함수의 문법은 다음과 같다. strtolower()는 문자열 str을 소문자로 변환한 뒤 변환된 문자열을 반환하는 함수이다.

syntax

```
string strtolower(string str)
```

L10에 있는 ucfirst() 함수의 문법은 다음과 같다. ucfirst()는 str 문자열의 첫 번째 문자를 대문자로 변환한 뒤 변환된 문자열을 반환하는 함수이다.

syntax

```
string ucfirst(string str)
```

L13에 있는 ucwords() 함수의 문법은 다음과 같다. ucwords()는 str 문자열에서 각각의 단어마다 첫 번째 문자를 대문자로 변환한 뒤 변환된 문자열을 반환하는 함수이다.

syntax

```
string ucwords(string str)
```

위 프로그램의 실행 결과는 다음과 같다.

8.3 URL 다루기

url.php 코드는 문자열에 포함된 URL(Uniform Resource Locator: World Wide Web에서 원하는 정보의 위치를 나타낸다)에서 매개변수를 분리하여 출력하는 프로그램이다.

url.php

```
L1   <?PHP
L2       $str1 = "http://www.php.edu/testurl.html?name=kim&age=28";
L3
L4       $str2 = parse_url($str1);
L5       var_dump($str2);
L6       print "<br>";
L7
L8       parse_str($str2[query]);
L9       print "이름 : " . $name . ", 나이 : " . $age . "<br>";
L10  ?>
```

L4에 있는 parse_url() 함수의 문법은 다음과 같다. parse_url() 함수는 문자열 url에 저장된 값을 배열에 scheme, host, path, query 형식으로 반환하는 것이다.

syntax

```
array parse_url(string url)
```

예를 들어 위 프로그램을 실행시켰을 때 반환되는 값은 다음과 같다.

```
scheme  =>  http
host    =>  www.php.edu
path    =>  /testurl.html
query   =>  name=kim&age=28
```

L5의 var_dump() 함수는 $str2에 들어있는 값의 형식이나 값의 모든 정보를 보여주는 함수이다. 위 프로그램의 L5에서는 parse_url() 함수에 의해 반환된 $str2의 내용이 어떠한 형식과 값으로 변경되었나를 알아보기 위해 var_dump()를 사용하였다. 이때 사용한 var_dump() 함수의 문법은 다음과 같다.

syntax

void **var_dump**(*mixed* $expression [, *mixed* $expression [, ...]])

var_dump()의 파라미터로는 어떠한 형식(mixed)의 expression도 사용될 수 있다. 또한 var_dump() 함수를 여러 개의 변수의 정보를 알고 싶을 때에도 사용할 수 있다. 예를 들어 위 프로그래밍의 L5에서 $str2뿐만 아니라 $str1의 정보도 알고 싶다면 L5를 다음과 같이 수정하면 된다.

```
var_dump($str1, $str2);
```

L8에서 parse_str()의 문법은 다음과 같다.

syntax

void **parse_str**(*string* $str [, *array* $arr])

parse_str() 함수는 str에 저장된 문자열을 변수와 값의 형태로 변환한다. 예를 들어 위 프로그램의 L8에서는 문자열 $str2[query]의 값인 "name=kim&age=28"을 읽어 변수 $name에 "kim"이라는 값을 저장하고 변수 $age에 28을 저장한다. 만일 문자열의 값을 변환시켜서 배열로 저장하고 싶을 때에는 parse_str() 함수의 2번째 파라미터에 변수를 적어준다. 예를 들어 L8에서 $str2[query]의 값을 변환시켜서 변환된 값을 $array에 저장하고 싶을 때에는 다음과 같이 수정한다.

```
parse_str($str2["query"], $array);
```

위 parse_str() 함수에서 $array에 저장된 값은 다음과 같다.

```
array(2) { ["name"]=> string(3) "kim" ["age"]=> string(2) "28" }
```

위 $array에서 name의 값을 얻어 올 때는 "$array[name]"을 이용하여 "kim"이라는 값을 얻어 올 수 있다. url.php 코드의 실행 결과는 다음과 같다.

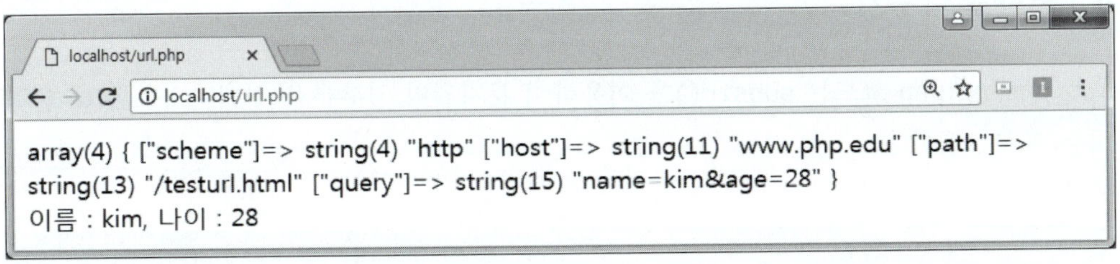

8.4 역순의 문자열

rev_string.php 코드는 문자열을 읽어 각 문자의 순서를 반대로 바꾸는 프로그램이다.

rev_string.php

```
L1 <?PHP
L2     $str = "ABCDEFGHIJKLMNOPQRSTUVWXYZ";
L3
L4     $str1 = strrev($str);
L5     print $str1 . "<br>";
L6 ?>
```

L4에 있는 strrev() 함수의 문법은 다음과 같다. strrev()는 주어진 문자열 str의 순서를 반대로 바꾸고 그 바뀐 문자열을 반환하는 함수이다.

syntax

```
string strrev(string $str)
```

위 프로그램의 실행 결과는 다음과 같다.

8.5 문자열 나누기

sub_string.php 코드는 substr()을 이용하여 문자열의 일부분을 선택적으로 취해 출력하는 프로그램이다.

sub_string.php

```
L1   <?PHP
L2       $str = "1234567890 abcdefghijklmnopqrstuvwxyz";
L3
L4       $str1 = substr($str,2,5);
L5       print $str1 . "<br>";
L6
L7       $str2 = substr($str,8,5);
L8       print $str2 . "<br>";
L9
L10      $str3 = substr($str,12,8);
L11      print $str3 . "<br>";
L12
L13      $str4 = substr($str,-9,8);
L14      print $str4 . "<br>";
L15  ?>
```

sub_string.php 코드의 L4, L7, L10, L13에서 substr() 함수를 사용하였다. substr() 함수의 문법은 다음과 같다.

syntax

```
string substr(string $str, int $start [, int $length])
```

substr()는 str의 start + 1번째 문자부터 length만큼의 문자열을 선택하고 그 선택된 부분 문자열을 반환하는 함수이다. substr() 함수는 두 개 또는 세 개의 파라미터를 가질 수 있다. 예를 들어 substr($str, 4)를 호출하면 문자열 $str의 5번째 문자부터 문자열의 끝 문자까지의 부분 문자열을 반환 받는다. 그런데 L13에서와 같이 start 값으로 음수를 사용할 수 있다. start 값이 음수이면 문자열의 끝에서부터 앞쪽으로 start 번째 문자부터 시작해서 뒤로 length만큼의 문자열을 선택한다. 예를 들어 substr("1234567890", -5, 3)를 호출했을 경우에 반환되는 문자열은 "678"이다. sub_string.php 코드의 실행 결과는 다음과 같다.

8.6 문자열의 빈 공간 지우기

다음은 문자열의 앞뒤에 빈 공간(white space)이 있을 경우에 빈 공간을 지우는 프로그램이다.

white_space.php

```
<?PHP
    $str0 = " Apple Banana Pear ";

    $str1 = chop($str0);
    print "start--" . $str1 . "--end<br>\n";

    $str2 = rtrim($str0);
    print "start--" . $str2 . "--end<br>\n";

    $str3 = ltrim($str0);
    print "start--" . $str3 . "--end<br>\n";
```

```
L12
L13      $str4 = trim($str0);
L14      print "start--" . $str4 . "--end<br>\n";
L15  ?>
```

L4에 있는 chop() 함수는 rtrim() 함수의 별명(alias)이다. 즉 두 함수는 같은 일을 수행한다. rtrim() 함수의 문법은 다음과 같다.

syntax

```
string rtrim(string $str)
```

rtrim() 함수는 str 문자열의 오른쪽에 있는 빈 공간을 삭제한 후 그 삭제된 문자열을 반환한다. 다음 표에서 빈 공간에 속하는 문자를 표시하였다.

문자	ASCII 값	CHAR
" "	32	Space
"\t"	9	Tab(HT)
"\n"	13	Newline
"\r"	10	Return
"\0"	0	NULL
"\x0B"	11	VT

L10에 있는 ltrim()는 rtrim()과 유사한 함수로서 왼쪽에 있는 빈 공간을 삭제하는 함수이다. L13에 있는 trim() 함수도 rtrim()과 유사한 함수로써 문자열의 왼쪽과 오른쪽에 있는 빈 공간을 삭제하는 함수이다. white_space.php 코드의 실행 결과는 다음과 같다.

8.7 문자열 관련 함수

PHP는 문자열과 관련된 다양한 함수를 제공한다. 문자열의 길이는 strlen() 함수를 이용하여 얻을 수 있다. strlen() 함수의 문법은 다음과 같다.

syntax

```
string strlen(string $str)
```

주어진 문자열 $str의 길이를 반환한다. 주어진 문자열이 비어있을 경우 0을 반환한다. strlen.php 코드는 문자의 길이를 출력하는 프로그램이다.

strlen.php

```
<?PHP
    $str = "Hello World!!";

    print "문자열 의 길이: " . strlen($str);
?>
```

결과는 다음과 같다.

문자열의 출력을 형식화된 문자열로 출력할 경우 printf() 함수를 사용한다. printf() 함수의 문법은 다음과 같다. 참고로 PHP의 printf() 함수는 C 언어의 printf() 함수와 유사하다.

syntax

```
int printf( string $format [, mixed $args [, mixed $... ]] )
```

printf() 함수에 주어진 문자열 $format에 따라 출력 형태가 결정된다. printf() 함수의 형식은 아래 표와 같다.

문자	인수	표현
"%b"	정수	2진수
"%c"	정수	문자
"%d"	정수	10진수
"%e"	실수	부동소수점 지수 표현
"%u"	정수	부호 없는 10진수
"%f"	실수	부동소수점 실수 표현
"%F"	실수	부동소수점 실수 표현
"%o"	정수	8진수
"%s"	문자열	문자열
"%x"	정수	16진수(소문자)
"%X"	정수	16진수(대문자)

printf.php 코드는 하나의 변수를 다른 형태를 이용하여 출력한 프로그램이다.

printf.php

```
L1  <?PHP
L2      $num = 3.141592;
L3
L4      printf("정수형식= %d, 실수형식 = %0.2f",$num, $num);
L5  ?>
```

L4에서 %d와 %0.2f를 이용하여 변수를 정수형식과 실수형식(소수점 2자리까지)을 출력하였다. 실수를 표현할 때 L4의 %0.2f와 같이 소수점 자리수를 결정할 수 있다. 위 코드의 결과는 다음과 같다.

문자열을 주어진 문자열로 분리하고자 할 때 sscanf() 함수를 사용할 수 있다. sscanf() 함수의 문법은 다음과 같다.

syntax

```
mixed sscanf ( string $str , string $format [, mixed &$... ] )
```

주어진 문자열 $str을 $format 형식에 맞추어 분리하여 지정된 변수에 저장한다. sscanf.php 코드는 날짜가 표시된 문자열을 받아 연, 월, 일 형식으로 변경하는 프로그램이다.

sscanf.php

```
<?PHP
    $date = "September 30 2017";
    sscanf($date, "%s %d %d",$month, $day, $year);

    printf("%d/%s/%d", $year, $month,$day);
?>
```

결과는 다음과 같다.

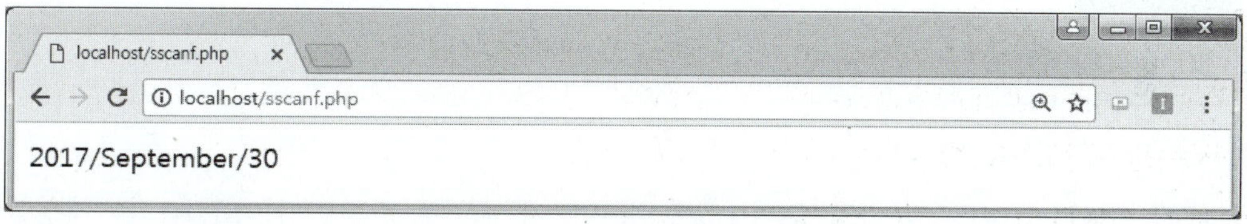

주어진 문자열을 반복하여 반환할 때 str_repeat() 함수를 사용한다. str_repeat() 함수의 문법은 다음과 같다.

syntax

```
string str_repeat( string $input , int $multiplier )
```

지정된 문자열 **$input**에 반복할 횟수 **$multiplier**를 지정하면 반복된 문자열을 반환한다. **str_repeat.php** 코드는 문자열을 반복하여 저장하고 이를 출력하는 프로그램이다.

str_repeat.php

```
<?PHP
    $str = "Hello World!! ";

    printf(str_repeat($str, 5));
?>
```

출력 결과는 다음과 같다.

문자열을 구분자를 지정하여 주어진 문자열을 분리할 때 **explode()** 함수를 사용한다. **explode()** 함수의 문법은 다음과 같다.

syntax

```
array explode( string $delimiter , string $string [, int $limit ] )
```

구분자 **$delimiter**로 문자열 **$string**을 분리하여 배열로 반환한다. **$limit**를 지정할 경우 반환하는 배열의 최대 원소 개수를 정하고 마지막 원소에 남은 문자열의 값을 모두 저장한다. **explode.php** 코드는 문자열을 구분자 **'/'**로 나눈 후 배열 **$value**에 저장하는 프로그램이다.

explode.php

```
L1   <?PHP
L2       $str = 'one/two/three/four';
L3
L4       $value = explode('/', $str);
L5       foreach( $value as $val)
L6           print $val."<br>";
L7
L8       print "<br>";
L9
L10      $value = explode('/', $str, 2);
L11      foreach( explode('/', $str, 2) as $val)
L12          print $val."<br>";
L13  ?>
```

L4에서는 `$limit` 값을 정하지 않아 문자열이 구분자 '/'로 나눈 후 4개 원소를 가진 배열을 생성하였다. L10에서는 `$limit` 값을 2로 정하여 2개의 원소를 가진 배열로 나누어졌다. 결과는 다음과 같다.

배열 원소를 결합하여 문자열 하나로 만들고 싶을 때 `implode()` 함수를 사용한다. `implode()` 함수의 문법은 다음과 같다.

syntax

```
string implode( array $array )
```

$array로 선언 된 배열을 하나의 문자열로 만들어 저장한다. **implode.php** 코드는 배열 {1, 2, 3, 4}를 문자열로 저장하여 출력하는 프로그램이다.

implode.php

```
L1  <?PHP
L2      $numbers = array(1,2,3,4);
L3
L4      $string = implode($numbers );
L5
L6      printf("%s",$string);
L7  ?>
```

결과는 다음과 같다.

L6에서 선언된 **$string** 변수는 문자열 1234로 출력되는 것을 확인할 수 있다.

연습문제

1. 문자열을 입력받아 문자열의 길이의 출력하는 프로그램을 작성하시오.

2. 문자열을 입력받아 입력받은 문자열을 모두 대문자로 변경하는 프로그램을 작성하시오.

3. 다음 문장을 입력하고 문장 중 "Hello"을 "Happy"로 바꾸어 출력하는 프로그램을 작성하시오.

```
I am always Hello.
```

4. 문자열로 된 숫자 2개를 정수로 변환하여 더한 후 다시 문자열로 변환하여 출력하는 프로그램을 작성하시오.

```
String num1 = "314";
String num2 = "615";
```

5. 반복문을 이용하여 다음과 같이 출력되는 프로그램을 작성하시오.

```
!
!!
P!!
HP!!
PHP!!
 PHP!!
o PHP!!
lo PHP!!
llo PHP!!
ello PHP!!
Hello PHP!!
```

6. 영어 문장을 입력받아 대문자는 소문자로 소문자는 대문자로 변환하는 프로그램을 작성하시오.

7. prtinf로 문자열을 출력할 때 포맷에 맞도록 빈칸을 작성하시오.

문자	표현
( )	2진수
( )	문자
( )	10진수
( )	부동소수점 지수 표현
( )	부호 없는 10진수
( )	부동소수점 실수 표현
( )	8진수
( )	문자열
( )	16진수(소문자)
( )	16진수(대문자)

8. 다음 중 문자열 함수의 설명이 맞은 것으로 선을 연결하시오.

① strrev() •　　　　• 문자열을 일부분 선택하여 나누는 함수

② substr() •　　　　• 문자열의 역순으로 반환하는 함수

③ trim() •　　　　• 문자열의 앞 뒤 빈 공간을 지우는 함수

9. 아래의 문자열을 -을 구분자로 하여 각각을 저장하는 배열로 만드시오.

$str = 'SUN-MON-TUE-WED-THU-FRI-SAT';

10. 아래의 배열을 하나의 문자열로 저장하여 출력하시오.

인덱스	David	Alice	Elsa	Bob	Chris
값	Computer	Math	Physics	Music	Electronics

CHAPTER 09

클래스

PHP Web Programming

contents

09 클래스

객체(object)란 데이터와 함수가 결합되어 있는 것이다. 객체지향(object oriented) 분야의 용어로는 데이터를 멤버 변수(attribute)로 부르고 함수를 멤버 함수(method)로 부른다. 객체지향 프로그램(OOP: object-oriented programming)에서 동종의 객체들을 하나의 그룹으로 묶어 정의하는데 이를 클래스(class)라 한다. 클래스가 필요한 이유는 비슷한 객체들을 쉽게 생성할 수 있기 때문이다.

9.1 접근제어 지시자

PHP에서 class를 선언할 때 class_student1.php 코드와 같이 프로그래밍 할 수 있다. 멤버 변수와 함수를 선언할 때 변수와 함수 앞에 public 선언을 했다. 이것은 클래스 멤버들의 접근을 결정하는 접근제어 지시자이다. PHP에서는 public, protected, private 세 개의 키워드를 제공한다. public은 클래스 멤버 변수와 함수를 어디서든 접근할 수 있도록 허용한 지시자이고, protected는 클래스 자신과 클래스를 상속받은 클래스에서만 접근할 수 있도록 선언한 것이며 private은 클래스 내에서만 접근할 수 있도록 허용한 지시자이다.

class_student1.php

```
<?PHP
    class Student
    {
```

```
L4          public $studentId;
L5          public $studentName;
L6
L7          public function printStudent($id, $name)
L8          {
L9              print "ID : ". $id . "<br>";
L10             print "Name : ". $name . "<br>";
L11         }
L12     }
L13
L14     $object = new Student;
L15     $object->studentId = 20171234;
L16     $object->studentName = Alice";
L17
L18     $object->printStudent($object->studentId, $object->studentName);
L19 ?>
```

클래스를 선언할 때 L2와 같이 class라고 쓰고 클래스 이름을 선언한다. 클래스 내에서는 멤버 함수와 멤버 변수를 선언한다. L4-L5에서 멤버 변수 $studentId와 $studentName을 선언하였고 L7에서 멤버 함수를 선언하였다. 멤버 함수는 클래스의 멤버 변수를 access하는 함수이다. 멤버 함수를 선언할 때 일반 함수와 같은 방법을 사용하면 된다. class_student1.php 코드에서는 printStudent() 함수를 선언하였고 함수에서 파라미터 $id와 $name을 출력한다. L14에서는 $object 객체를 선언한다. 객체를 선언할 때 사용하는 클래스 이름 앞에 new 키워드를 사용한다. L15-L16에서는 선언된 객체의 멤버 변수에 값을 지정하는 것을 보여준다. $object->StudentID는 $object 객체 내에 있는 StudentID 멤버 변수를 가리킨다. L18에서 멤버 함수 printStudent()를 호출하여 멤버 변수들의 값을 출력하였다.

9.2 this 포인터

class_student2.php 프로그램은 클래스 내에서 멤버 변수를 접근할 수 있는 방법을 설명한다.

class_student2.php

```
L1  <?PHP
L2      class  Student
L3      {
L4          public $studentId;
L5          public $studentName;
L6
L7          public function printStudent()
L8          {
L9              print "ID : ". $this->studentId . "<br>";
L10             print "Name : ". $this->studentName . "<br>";
L11         }
L12     }
L13
L14     $object = new Student;
L15     $object->studentId = 20171234;
L16     $object->studentName = "Alice";
L17
L18     $object->printStudent();
L19 ?>
```

L9-L10에서 선언된 $this 키워드는 클래스 내부의 멤버를 접근할 수 있게 해준다.

class_student2.php 코드에서 멤버 변수와 함수를 모두 public으로 설정하였기 때문

에 외부에서 접근이 가능하였다. 객체지향 프로그램에서는 안정적인 프로그램의 생산을 위하여 멤버 변수의 경우 private으로 선언하도록 제안한다. class_student3.php 코드는 class_student2.php 코드에서 L4-L5의 멤버 변수의 접근제어 지시자를 private으로 선언한 프로그램이다.

class_student3.php

```
L1   <?PHP
L2      class Student
L3      {
L4          private $studentId;
L5          private $studentName;
L6
L7          public function printStudent()
L8          {
L9          print "ID : ". $this->studentId . "<br>";
L10         print "Name : ". $this->studentName . "<br>";
L11         }
L12     }
L13
L14     $object = new Student;
L15     $object->studentId = 20171234;
L16     $object->studentName = "Alice";
L17
L18     $object->printStudent();
L19  ?>
```

결과는 다음과 같다.

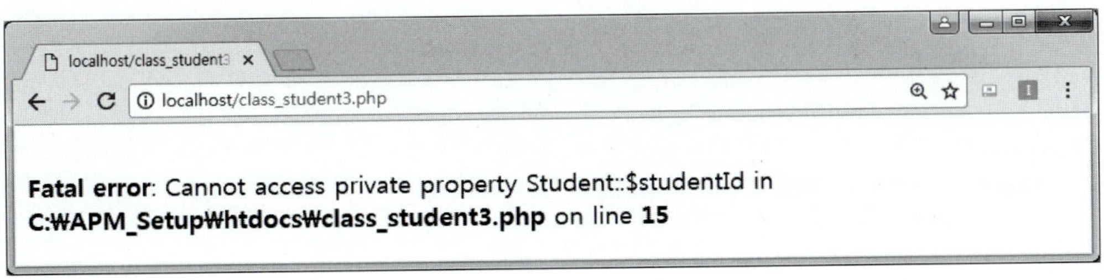

L15를 보면 클래스 외부에서 클래스 내부의 멤버 변수 $StudentID에 접근하려는 시도를 하여 오류를 발생한다. 그렇다면 private으로 선언된 클래스 내부의 멤버 변수 값에 접근하기 위해서는 어떻게 해야 할까? private으로 선언된 멤버 변수에 접근할 수 있도록 클래스 내부에 public으로 멤버 함수를 이용하는 것이다. class_student4.php 코드는 멤버 함수를 이용하여 private으로 선언된 멤버 변수에 접근한다.

class_student4.php

```
<?PHP
    class  Student
    {
        private $studentId;
        private $studentName;

        public function printStudent()
        {
            print "ID : ". $this->studentId . "<br>";
            print "Name : ". $this->studentName . "<br>";
        }
        public function setStudentId($id)
        {
            $this->studentId = $id;
        }
        public function setStudentName($name)
        {
            $this->studentName = $name;
        }
    }
    $object = new Student;
    $object->setStudentId(20171234);
    $object->setStudentName("Alice");

    $object->printStudent();
?>
```

class_student4.php 코드의 결과는 다음과 같다.

9.3 생성자

생성자(constructor)는 클래스를 이용하여 객체를 생성할 때 사용된다. constructor.php 코드는 클래스에서 생성자를 사용한 프로그램이다. class_student.php 코드와 같이 생성자를 정의하지 않았을 때는 디폴트 생성자가 선언되며 생성자를 생성할 때는 __construct() 함수를 생성자로 이용한다. 생성자 __construct()는 자동으로 선언되며 객체를 생성할 때 new 키워드 뒤에 클래스의 이름과 동일한 이름으로 사용된다. L22-L25에서 클래스의 이름인 Fruit로 생성자가 선언된 것을 확인할 수 있다. __construct() 함수가 없을 경우 클래스의 이름과 동일한 이름의 함수를 생성자로 인식할 수 있다. constructor.php 프로그램은 Fruit 클래스를 생성하고 __construct() 함수로 생성자의 파라미터를 받아 이 파라미터 값을 클래스 변수에 할당한다. 클래스의 멤버 함수의 경우 접근제어 지시자 선언을 하지 않았을 때 public 선언으로 간주한다.

constructor.php

```
L1   <?PHP
L2       class Fruit
L3       {
L4           private $fruit_name;
L5           private $price;
L6           private $color;
L7
L8           function __construct($name, $price, $color)
L9           {
L10              $this->fruit_name = $name;
L11              $this->price = $price;
L12              $this->color = $color;
L13          }
```

```
        function print_fruit()
        {
            print "Fruit name  : $this->fruit_name <br>";
            print "Fruit price : $this->price <br>";
            print "Fruit color : $this->color <br>";
        }
    }

    $Apple = new Fruit('Apple', 1000, 'red');
    $Orange = new Fruit('Orange', 2000, 'orange');
    $Banana = new Fruit('Banana', 500, 'yellow');
    $Pear = new Fruit('Pear', 3000, 'gray');

    $Apple->print_fruit();
    $Orange->print_fruit();
    $Banana->print_fruit();
    $Pear->print_fruit();
?>
```

위 프로그램의 실행 결과는 다음과 같다.

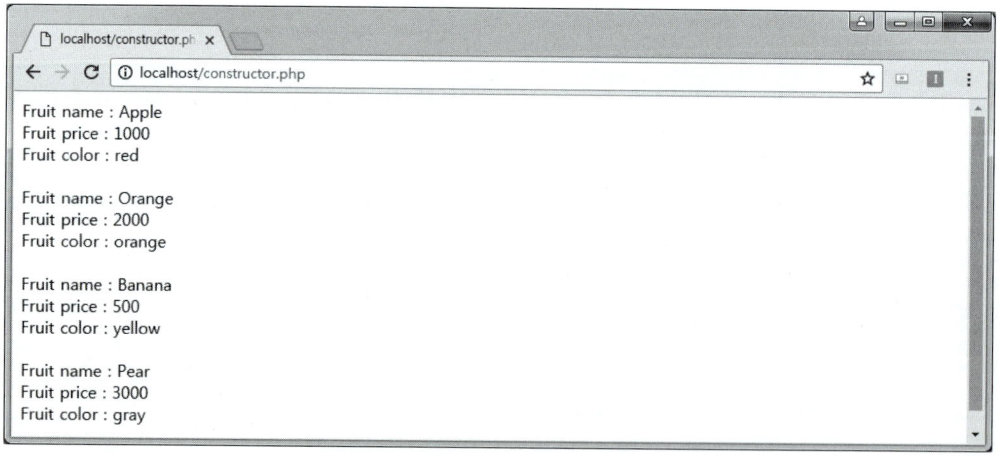

constructorName.php 프로그램은 Fruit 클래스를 선언하고 Fruit 생성자로 선언한 프로그램이다.

constructorName.php

```
L1   <?PHP
L2       class Fruit
L3       {
L4           private $fruit_name;
L5           private $price;
L6           private $color;
L7
L8           function Fruit($name, $price, $color)
L9           {
L10              $this->fruit_name = $name;
L11              $this->price = $price;
L12              $this->color = $color;
L13          }
L14          function print_fruit()
L15          {
L16              print "Fruit name  : $this->fruit_name <br>";
L17              print "Fruit price : $this->price <br>";
L18              print "Fruit color : $this->color <br>";
L19          }
L20      }
L21
L22      $Apple = new Fruit('Apple', 1000, 'red');
L23      $Orange = new Fruit('Orange', 2000, 'orange');
L24      $Banana = new Fruit('Banana', 500, 'yellow');
L25      $Pear = new Fruit('Pear', 3000, 'gray');
L26
L27      $Apple->print_fruit();
L28      $Orange->print_fruit();
L29      $Banana->print_fruit();
L30      $Pear->print_fruit();
L31  ?>
```

L22와 같이 세 개의 파라미터 'Apple', 1000, 'red'를 Fruit 생성자가 받아 $Apple 객체를 생성하였다. 위 프로그램의 실행 결과는 다음과 같다.

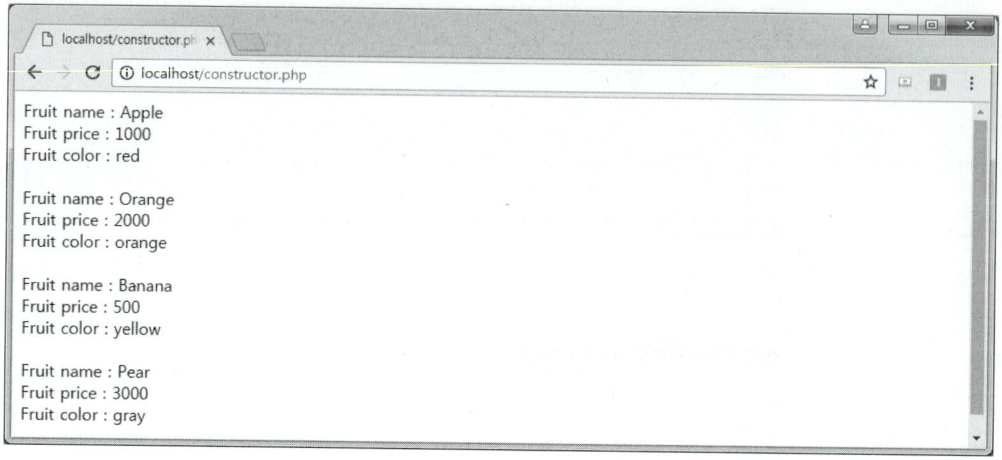

9.4 상속

상속(inheritance)이란 부모 클래스로부터 자식 클래스가 특성(property)을 계승받는 것을 말한다. 즉 부모 클래스에서 선언되었던 멤버 변수와 함수를 자식 클래스에서 그대로 사용할 수 있는 것을 말한다. inheritance.php 코드에서는 People 클래스와 People 클래스의 자식 클래스로 Student 클래스, Professor 클래스, Staff 클래스가 있다. People 클래스가 L2-L12 같이 선언되었을 때 자식 클래스들은 name, age 멤버 변수와 printPeople 멤버 함수를 새로이 선언하지 않더라도 자신의 멤버 변수와 함수인 것처럼 사용할 수 있다. 이와 같이 동작하기 위해서는 Student, Professor, Staff 클래스가 People 클래스의 자식 클래스라는 것을 선언하여야 한다. PHP는 extends 키워드를 사용하여 자식 클래스는 어느 부모 클래스로부터 상속받는지를 명시한다. 다음 그림은 클래스의 상속 구조를 보여주고 있다.

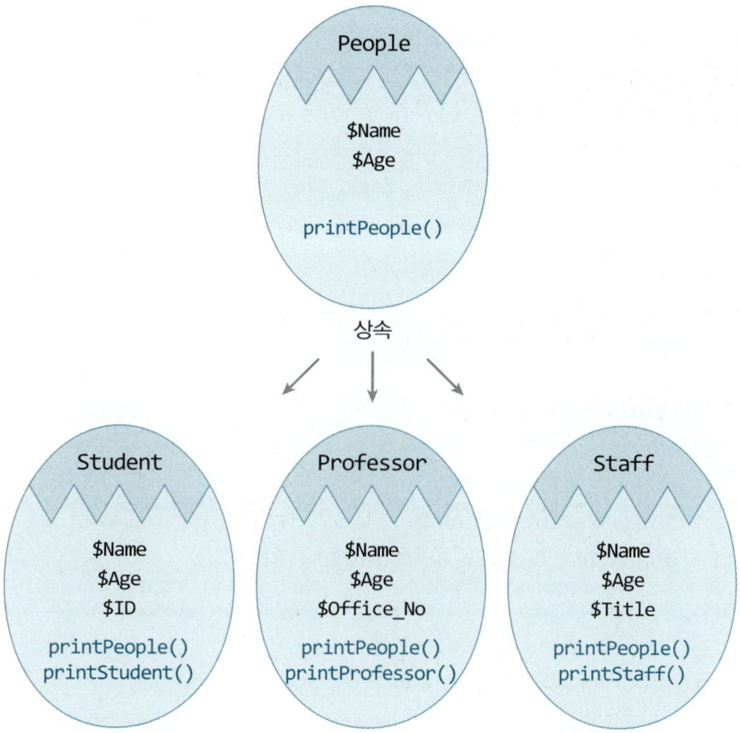

inheritance.php 코드는 상속 구조를 선언한 프로그램이다.

inheritance.php

```
<?PHP
    class People
    {
        protected $name;
        protected $age;

        function printPeople ()
        {
            print "Name : ". $this ->name . "<br> ";
            print "Age : ". $this ->age . "<br> ";
        }
    }

```

```
class Student extends People
{
    private $studentId;

    function __construct($name, $age, $id)
    {
        $this->name = $name;
        $this->age  = $age;
        $this->studentId   = $id;
    }
    function printStudent()
    {
        print "- Student - <br>";
        $this -> printPeople ();
        print "Id : ". $this -> studentId . "<br> ";
    }
}

class Professor extends People
{
    private $office_No;

    function __construct($name, $age, $no)
    {
        $this->name = $name;
        $this->age  = $age;
        $this->office_No   = $no;
    }
    function printProfessor()
    {
        print "- Professor - <br>";
        $this -> printPeople ();
        print "Office_No : ". $this -> office_No . "<br> ";
    }
}

class Staff extends People
{
```

```
L52         private $title;
L53
L54         function __construct($name, $age, $title)
L55         {
L56             $this->name = $name;
L57             $this->age  = $age;
L58             $this->title   = $title;
L59         }
L60         function printStaff()
L61         {
L62             print "- Staff - <br>";
L63             $this -> printPeople ();
L64             print "Title : ". $this -> title . "<br> ";
L65         }
L66     }
L67
L68     $object1 = new Student("Lee", "21", "20170123");
L69     $object2 = new Professor("Kim", "42", "107");
L70     $object3 = new Staff("Park", "37", "Chief");
L71
L72     $object1->printStudent();
L73     print "<br>";
L74     $object2->printProfessor();
L75     print "<br>";
L76     $object3->printStaff();
L77     print "<br>";
L78 ?>
```

inheritance.php 코드 L4-L5에서 접근제어 지시자가 protected로 선언된 것을 볼 수 있다. 이는 상속 받은 자식 클래스에서 상속한 부모 클래스의 멤버 변수를 접근하기 위해서이다. 자식 클래스인 Student와 Professor, Staff 클래스는 멤버 변수로 studentId, office_No, title만 각각 선언하였지만 부모 클래스인 People 클래스의 멤버 변수인 name과 age와 printPeople() 함수를 사용하였다. 결과는 다음과 같다.

9.5 함수 오버라이딩

클래스 상속 시 부모 클래스에서 정의한 함수를 동일한 이름과 다른 동작으로 자식 클래스에서 재정의 하는 것을 함수 오버라이딩(method overriding)이라 한다. PHP는 함수 오버라이딩 시 자식 클래스에서 재정의 할 함수를 선언하면 된다. 부모 클래스의 함수에 접근하려면 parent 키워드를 사용해야 한다.

override.php 코드는 앞 절에서 설명한 inheritance.php 코드에서 Student와 Professor, Staff 클래스의 출력 함수를 부모 클래스의 출력 함수인 printPeople()와 동일한 이름으로 선언한 프로그램이다.

override.php

```
<?PHP
    class People
    {
        protected $name;
        protected $age;

```

```
    function printPeople()
    {
        print "Name : ". $this ->name . "<br> ";
        print "Age : ". $this ->age . "<br> ";
    }
}

class Student extends People
{
    private $studentId;

    function __construct($name, $age, $id)
    {
        $this->name = $name;
        $this->age  = $age;
        $this->studentId   = $id;
    }
    function printPeople()
    {
        print "- Student - <br>";
        parent::printPeople ();
        print "Id : ". $this -> studentId . "<br> ";
    }
}

class Professor extends People
{
    private $office_No;

    function __construct($name, $age, $no)
    {
        $this->name = $name;
        $this->age  = $age;
        $this->office_No   = $no;
    }
    function printPeople()
    {
        print "- Professor - <br>";
```

```
            parent::printPeople ();
            print "Office_No : ". $this -> office_No . "<br> ";
        }
    }

    class Staff extends People
    {
        private $title;

        function __construct($name, $age, $title)
        {
            $this->name = $name;
            $this->age  = $age;
            $this->title   = $title;
        }
        function printPeople()
        {
            print "- Staff - <br>";
            parent::printPeople ();
            print "Title : ". $this -> title . "<br> ";
        }
    }

    $object1 = new Student("Lee", "21", "20170123");
    $object2 = new Professor("Kim", "42", "107");
    $object3 = new Staff("Park", "37", "Chief");

    $object1->printPeople();
    print "<br>";
    $object2->printPeople();
    print "<br>";
    $object3->printPeople();
    print "<br>";
?>
```

결과는 다음과 같다.

localhost/override.php
localhost/override.php
- Student -
Name : Lee
Age : 21
Id : 20170123
- Professor -
Name : Kim
Age : 42
Office_No : 107
- Staff -
Name : Park
Age : 37
Title : Chief

연습문제

1. 객체지향이란 무엇인가?

2. 클래스와 객체의 관계를 설명하시오.

3. 접근제어 지시자와 맞는 설명을 연결하시오.

   ① private •　　　　• 해당 클래스에서만 접근 가능

   ② public •　　　　• 상속받은 외부 패키지 클래스에서 접근 가능

   ③ protected •　　　　• 어느 클래스에서라도 접근 가능

4. 생성자란 무엇인가?

5. 클래스에 생성자를 선언하지 않으면 어떻게 되는가?

6. this 포인터는 무엇인가?

7. 상속이란 무엇인가?

8. 메소드 오버라이드란 무엇인가?

9. 상속을 실행하는 키워드는 무엇인가?

10. 다음과 같은 상속 관계에 있을 때 자식 클래스인 Student 클래스에서 사용할 수 있는 멤버 변수와 멤버 함수는 무엇인가?

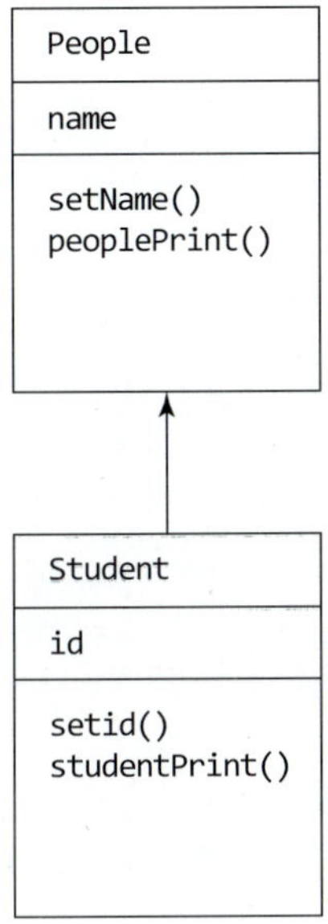

11. 클래스의 멤버 변수를 private로 선언하는 것을 장려하는 이유는 무엇인가?

CHAPTER 10

파일

PHP Web Programming

contents

10 파일

10.1 파일 읽기

PHP를 이용하여 파일을 다루는 법을 설명한다. PHP 프로그램에서 파일을 사용한다는 것은 파일을 열고 읽거나 쓰고, 파일을 닫는 행위를 말한다. 파일을 열 때 사용하는 함수는 fopen()이고 다음과 같은 문법으로 사용된다.

syntax

```
int fopen(string filename, string mode)
```

fopen()은 filename에 같은 이름의 파일을 여는 함수이다. 이 함수는 파일 포인터를 return한다. 만약 파일을 여는 것을 실패하면 FALSE를 return한다. fopen() 함수의 두 번째 파라미터인 mode는 다음과 같은 종류가 있다.

모드	설명	파일 포인터 위치
'r'	읽기 전용으로 파일 열기	파일의 시작
'r+'	읽고 쓰기로 파일 열기	파일의 시작
'w'	쓰기 전용으로 파일 열기 (파일이 존재하면 내용을 삭제, 파일이 존재하지 않으면 파일을 생성)	파일의 시작
'w+'	읽고 쓰기로 파일 열기 (파일이 존재하면 내용을 삭제, 파일이 존재하지 않으면 파일을 생성)	파일의 시작
'a'	쓰기 전용으로 파일 열기 (파일이 존재하지 않으면 파일을 생성)	파일의 끝
'a+'	읽고 쓰기로 파일 열기 (파일이 존재하지 않으면 파일을 생성)	파일의 끝

파일 사용을 마친 후 파일을 닫는 함수는 fclose()이고 문법은 다음과 같다.

syntax

```
bool fclose(int filepointer)
```

fclose()는 파일 포인터가 가리키는 파일을 닫는 함수이다. 파일을 닫는 것을 성공하면 TRUE를 반환하고 그렇지 않으면 FALSE를 반환한다.

다음은 세익스피어가 쓴 희곡 로미오와 줄리엣의 대사 중 일부를 저장한 텍스트파일이다.

juliet.txt

```
JULIET:
'Tis but thy name that is my enemy;
Thou art thyself, though not a Montague.
What's Montague? it is nor hand, nor foot,
Nor arm, nor face, nor any other part
Belonging to a man. O, be some other name!
What's in a name? that which we call a rose
By any other name would smell as sweet;
So Romeo would, were he not Romeo call'd,
Retain that dear perfection which he owes
Without that title. Romeo, doff thy name,
And for that name which is no part of thee
Take all myself.
```

PHP를 활용하여 juliet.txt 파일을 웹브라우저 상에서 표시해보려고 한다. 파일의 내용을 읽는 함수는 fgets()가 있고 문법은 다음과 같다.

syntax

```
string fgets(int filepointer, int length)
```

fgets()는 filepointer가 가리키고 있는 곳에서 문자열을 읽어 반환하는 함수이다. 이 함수는 length 크기만큼 문자열을 읽는다. fget() 함수가 파일을 읽는 중에 줄이 바뀌거나 파일의 끝(EOF, End Of File)을 만나면 수행을 멈추고 읽은 문자열을 반환한다. 이 함수에서 문자열을 읽는 중에 오류가 발생하면 FALSE를 반환한다. fileread.php 코드는 juliet.txt 파일을 읽고 출력하는 프로그램이다.

fileread.php

```
L1   <?PHP
L2       $filep = fopen("./juliet.txt","w");
L3
L4       if (!$filep)  die ("파일을 열수 없습니다.");
L5
L6       while ($line = fgets ($filep, 1024))
L7           print $line."<br>";
L8
L9       fclose ($filep);
L10  ?>
```

L4에서 fopen()의 반환 값인 $filep이 FALSE인지 검사하여 문자열을 읽는 중 오류가 발생하였는지 검사해 본다. L6-L7에서는 파일에서 한 줄씩 읽으면서 fget()가 읽고 반환하는 내용을 $line에 저장하고 읽은 내용을 출력한다. 결과는 다음과 같다.

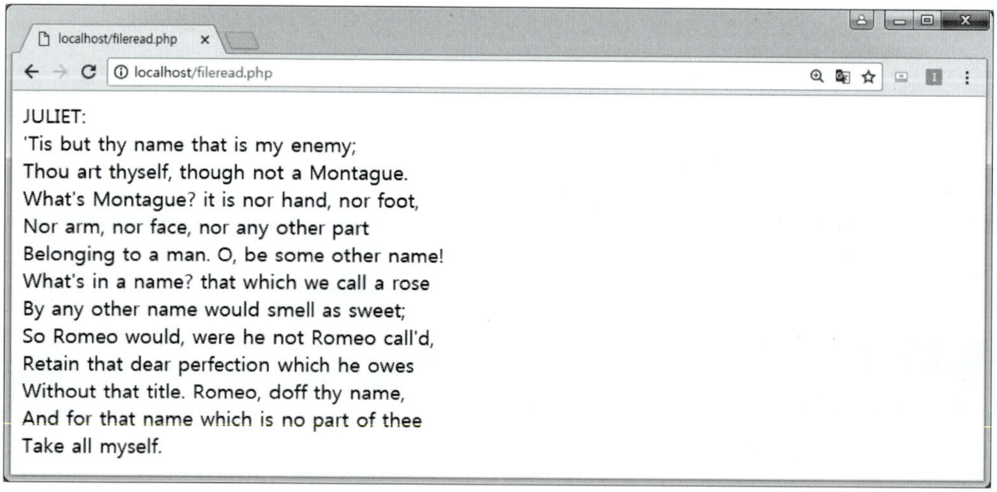

10.2 파일 쓰기

PHP를 활용하여 새로운 파일을 쓰고 싶을 때 fopen() 함수에서 w 모드를 활용한다. w 모드는 쓰기 전용 모드로 파일에 데이터를 쓸 때 활용된다. 만약 열고자 하는 파일이 없을 경우에는 새로운 파일을 생성한다. 파일에 데이터를 쓰는 함수는 fputs()이고, 문법은 다음과 같다.

syntax

```
int fputs(int filepointer, string str)
```

fputs()는 filepointer가 가리키는 곳에 str 내용을 쓰는 함수이다. 이 함수는 fwrite()와 동일하게 수행된다. filewrite.php 파일은 juliet.txt에 로미오의 대사를 새롭게 쓰고 난 뒤 그 결과를 읽어서 출력하는 프로그램이다.

filewrite.php

```
<?PHP
    $filep = fopen("./juliet.txt","w");

    if (!$filep)  die ("파일을 열수 없습니다.");

    fputs ($filep, "ROMEO:
                        I take thee at thy word:
                        Call me but love, and I'll be new baptized;
                        Henceforth I never will be Romeo.");

    fclose ($filep);


    $filep = fopen("./juliet.txt","r");

    while ($line = fgets ($filep, 1024))
        print $line."<br>";

    fclose ($filep);
?>
```

결과는 다음과 같다.

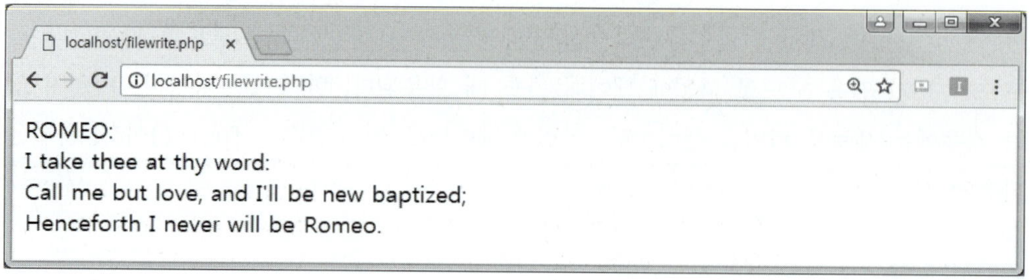

파일에서 줄리엣의 대사에 해당하는 텍스트가 지워지고 로미오의 대사가 파일 `juliet.txt`에 덮어 써진다.

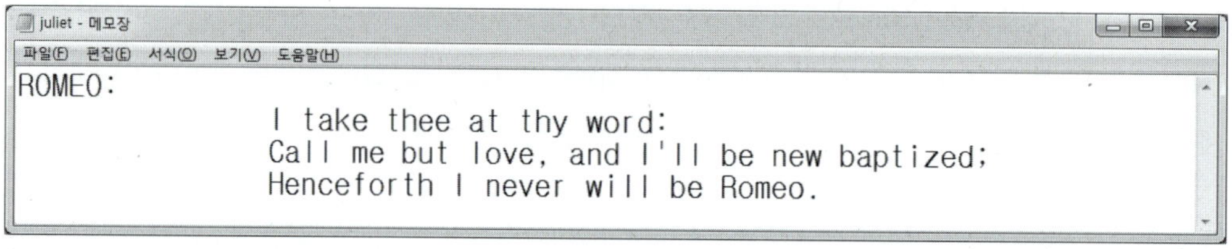

10.3 파일에 내용 추가

`10.2`절에서 사용한 파일 쓰기는 기존 파일 내용을 모두 지우고 새로운 내용을 저장한다. 파일의 내용을 유지하면서 이어서 파일에 내용을 추가하고 싶은 경우는 `fopen()` 함수에서 a 모드를 사용한다. `fileappend.php` 코드는 기존의 `juliet.txt` 파일을 뒤에 새로운 내용을 추가하는 프로그램이다.

fileappend.php

```
<?PHP
    $filep = fopen("./juliet.txt","a");

    if (!$filep)  die ("파일을 열수 없습니다.");

    fputs ($filep, "\n ROMEO:
                        I take thee at thy word:
```

```
                         Call me but love, and I'll be new baptized;
                         Henceforth I never will be Romeo.");

            fclose ($filep);


        $filep = fopen("./juliet.txt","r");

        while ($line = fgets ($filep, 1024))
            print $line."<br>";

        fclose ($filep);
?>
```

파일에 내용을 추가하는 프로그램의 결과는 다음과 같다.

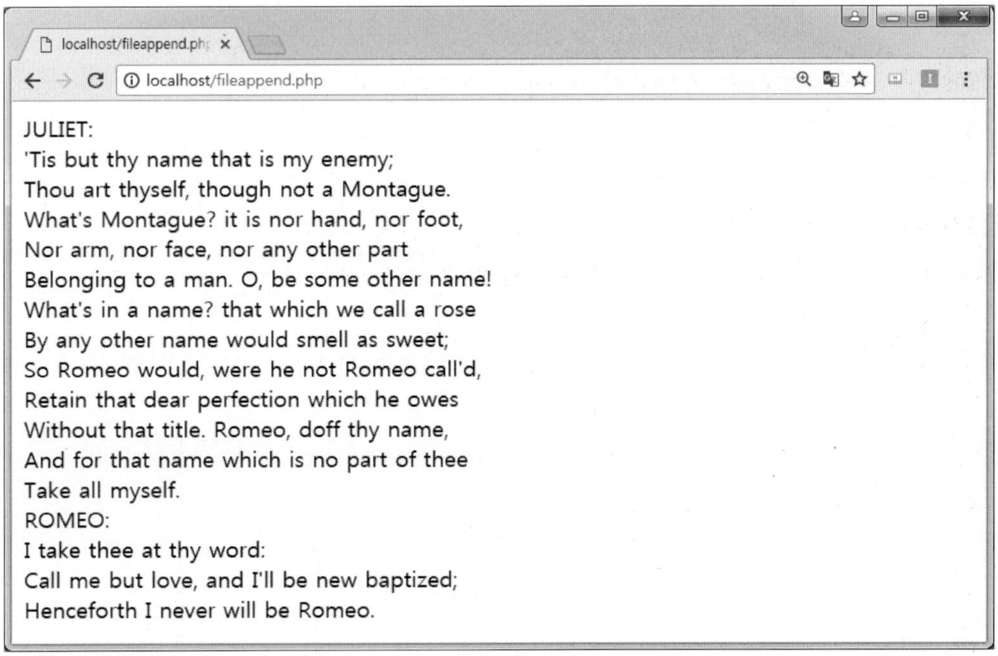

결과에서 보는 것과 같이 기존의 파일 내용인 줄리엣의 대사가 그대로 유지되고, 새로운 로미오의 대사가 추가되었다.

10.4 접속 이벤트 로그파일 만들기

사용자가 서버에 접속했을 때마다 서버에서 그 기록을 남기고 싶을 때가 있다. 사용자의 접속 정보와 같은 이벤트 상황이나 사용자의 메시지를 기록하여 저장한 파일을 로그파일 (log file)이라 한다. PHP에서 사용자의 접속이 있을 때 접속 시간을 파일에 저장하는 프로그램을 생성해 보자. event_log.php 파일은 사용자가 페이지를 호출했을 때 사용자가 접속한 시간을 저장하는 프로그램이다.

event_log.php

```
<?PHP
    $filep = fopen("./logfile.txt","a");

    if (!$filep)  die ("파일을 열수 없습니다.");

    $time = date("Y-m-d H:i:s",time());
    fputs ($filep, $time);

    fclose ($filep);

    print "connect service";
?>
```

프로그램을 실행하면 아래 그림과 같이 결과가 실행되고, logfile.txt 파일에는 접속 시간이 기록된다.

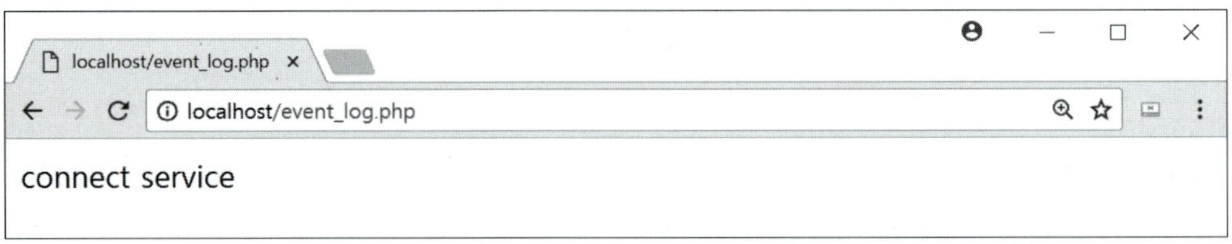

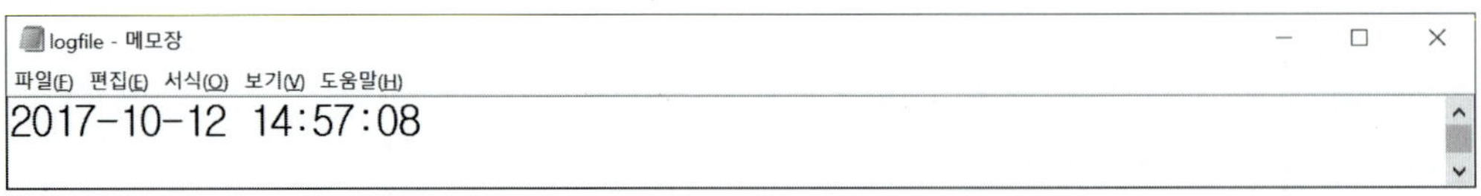

10.5 파일을 읽어 배열로 만들기

파일에 저장된 데이터를 읽어 프로그램에서 정보를 사용하려고 할 때 함수 **file()** 함수를 이용하고 문법은 다음과 같다. **file()**은 파일을 읽고 한 줄의 데이터를 원소로 하는 배열로 변환하여 저장하는 함수이다.

syntax

```
array file( string $filename [, int $flags = 0 [, resource $context ]] )
```

name.txt 파일은 다음과 같은 데이터로 이루어진 문서이다

name.txt

```
Alice
Bob
Chris
David
Elsa
```

readName.php 파일은 name.txt 파일을 읽어 원소별로 데이터를 출력하는 프로그램이다.

readName.php

```
<?PHP
    $data = file("name.txt");

    foreach($data as $name)
    {
        print "Name : ".$name."<br>";
    }
?>
```

결과는 다음과 같다.

만약 아래의 major.txt 파일처럼 구성된 파일에서 한 줄의 데이터를 이름과 전공으로 나누어하여 표현할 때는 explode()를 사용하면 된다.

major.txt

```
Alice Math
Bob Music
Chris Electronics
David Computer
Elsa Physics
```

readMajor.php 파일은 major.txt 파일을 읽고 이름과 전공을 분리하여 출력한 프로그램이다.

readMajor.php

```
<?PHP
    $dataset = file("major.txt");

    foreach($dataset as $data)
    {
        $str = explode(" ", $data);
        print "Nmae : ".$str[0].", Major : ".$str[1]."<br>";
    }
?>
```

결과는 다음과 같다.

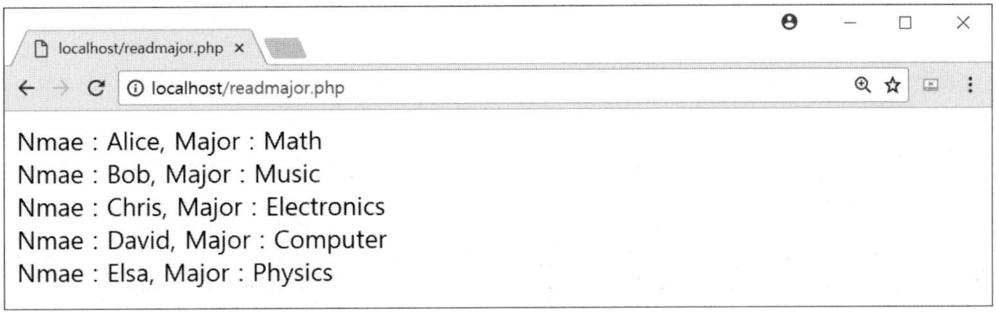
localhost/readmajor.php
localhost/readmajor.php
Nmae : Alice, Major : Math
Nmae : Bob, Major : Music
Nmae : Chris, Major : Electronics
Nmae : David, Major : Computer
Nmae : Elsa, Major : Physics

연습문제

1. 데이터를 파일에 저장할 때 파일의 데이터 입출력을 동시에 할 수 있는가? 없다면 그 이유는 무엇인가?

2. 다음 코드에서 test.txt 파일에 데이터를 저장할 때 기존의 데이터를 유지하고 그 뒤에 새로운 데이터를 삽입하기 위해서는 어떻게 해야 하는가?

```
$filep = fopen(                );
```

3. 빈칸에 알맞은 모드를 쓰시오.

모드	설명	파일 포인터 위치
( )	읽기 전용으로 파일 열기	파일의 시작
( )	읽고 쓰기로 파일 열기	파일의 시작
( )	쓰기 전용으로 파일 열기 (파일이 존재하면 내용을 삭제, 파일이 존재하지 않으면 파일을 생성)	파일의 시작
( )	읽고 쓰기로 파일 열기 (파일이 존재하면 내용을 삭제, 파일이 존재하지 않으면 파일을 생성)	파일의 시작
( )	쓰기 전용으로 파일 열기 (파일이 존재하지 않으면 파일을 생성)	파일의 끝
( )	읽고 쓰기로 파일 열기 (파일이 존재하지 않으면 파일을 생성)	파일의 끝

4. 사용자가 입력한 문장을 파일로 저장하는 프로그램을 작성하시오.

5. fgets와 fputs에 대하여 설명하시오.

6. 다음 파일을 읽고 소문자를 모두 대문자로 변환하여 다른 이름으로 저장하는 프로그램을 작성하시오.

```
I take thee at thy word.
Call me but love, and I'll be new baptized.
Henceforth I never will be Romeo.
```

7. 사용자가 입력한 파일명을 이용하여 파일을 읽고 출력하는 프로그램을 작성하시오.

결과

```
파일명을 입력하시오:
Poetry.txt

Poetry.txt 파일의 내용
죽는 날까지 하늘을 우러러
한 점 부끄럼이 없기를,
잎새에 이는 바람에도
나는 괴로워했다.
별을 노래하는 마음으로
모든 죽어 가는 것을 사랑해야지
그리고 나한테 주어진 길을
걸어가야겠다.

오늘 밤에도 별이 바람에 스치운다.
```

8. 접속하면 현재 시간을 파일에 저장하고 읽고 출력하는 프로그램을 작성하시오.

9. 아래의 텍스트를 읽고 다음과 같은 결과를 출력하는 프로그램을 작성하시오.

```
Alice 10 25 30
Bob 6 10 20
Chris 20 50 70
```

결과

```
Alice Level:10 HP:25 MP:30
Bob Level:6 HP:10 MP:20
Chris Level:20 HP:50 MP:70
```

10. 존재하지 않는 파일을 읽으려고 할 때도 프로그램이 실행되며 "없는 파일입니다."라고 출력하려면 어떻게 해야 하는가?

CHAPTER 11

세션

PHP Web Programming

contents

11 세션

11.1 세션 변수

많은 인터넷 쇼핑몰 사이트에 장바구니 기능이 있다. 장바구니란 인터넷 쇼핑몰에서 구매할 물품의 리스트를 가지고 있는 것을 말한다. 인터넷 쇼핑몰에서는 사용자가 페이지를 이동하더라도 장바구니에 있는 구매 물품 리스트의 내용은 계속적으로 유지되어야 한다. 그런데 PHP에서 사용하는 일반적인 변수는 수행이 끝나면 없어지기 때문에 페이지 이동시 변수의 값을 유지할 수가 없다. 이러한 문제점을 해결하기 위해 PHP에서는 세션(session) 변수를 제공한다.

그럼 일반 변수와 세션 변수의 차이점을 살펴보도록 하자. PHP의 변수는 적용범위(scope)에 따라서 지역(local), 전역(global), 세션 변수로 나뉜다. 지역 변수는 가장 제한적인 범위에서 사용되는 변수로서 그 범위를 함수 내부로 제한한다. 반면 전역 변수는 그 변수가 속하는 스크립트가 실행되는 동안 값을 유지하다가 스크립트가 끝나면 소멸된다. 세션 변수는 명시적으로 변수를 없애지 않는 한 그 값을 유지하는 변수이다. 세션은 PHP ver.4부터 지원한다.

scope.php 코드는 전역 변수 $n과 지역 변수 $m의 차이를 보여 주는 프로그램이다.

scope.php

```
<?PHP
    function A()
    {
        global $n;
```

```
L5          $n = "A";
L6          $m = "A";
L7
L8              print "$n, $m<br>";
L9      }
L10
L11     $n = "M";
L12     $m = "M";
L13
L14     print "$n, $m<br>";
L15     A();
L16     print "$n, $m<br>";
L17  ?>
```

이 프로그램의 실행 결과는 다음과 같다.

이 프로그램에서는 함수 A() 내에서 변수 $n을 전역 변수로 사용하고 $m을 지역 변수로 사용하여 두 변수의 차이점을 알아보고자 한다. 결과 화면의 첫 번째 라인은 L14를 실행한 결과이다. L11과 L12에서 $n, $m에는 각각 "M", "M"이 대입되었다. 그래서 $n, $m의 출력 결과도 M, M이다. 다음으로 L15에서 A()가 호출되었다. A()는 전역 변수 키워드인 global을 사용하여 $n을 전역 변수로 선언을 하였다. 즉 $n은 함수의 밖에 있는 $n을 참조하게 된다. 함수 내에서 전역 변수 $n에 "A"를 대입하고 지역 변수 $m에도 "A"를 대입했다. 이 부분이 주목해야 할 부분이다. $m은 함수 밖에 있는 $m이 아니라 함수 내부에 새롭게 선언된 $m이다. 즉 함수 안에서 함수 밖의 변수와 똑같은 이름으로 변수를 선언해도 global이라는 키워드를 사용하지 않으면 새로운 지역 변수가 선언이 되는 것이다. 그러므로 함수 A()를 호출하고 난 후 $n은 변했지만 $m은 변하지 않은 것이다.

static_scope.php 코드는 PHP에서 사용하는 정적 적용범위(static scope) 규칙을 설

명하기 위한 프로그램이다.

static_scope.php

```
L1   <?PHP
L2       function A()
L3       {
L4           global $n;
L5           print $n. "<br>";
L6       }
L7
L8       function B()
L9       {
L10          $n = "B";
L11          A();
L12      }
L13
L14      $n = "M";
L15      A();
L16      B();
L17  ?>
```

이 프로그램의 구조를 그림으로 표시하면 다음과 같다. 이 그림에서 사각형은 함수와 스크립트를 나타낸다. L15에서 A()를 호출하면 함수 A()에서는 전역 변수로 선언된 $n의 값 M을 출력한다. 다음으로 L16에서 B()를 호출하면 함수 B()에서는 $n에 B를 설정한 후 A()를 호출한다. 그러면 A()에서는 전역 변수로 선언된 $n의 값을 출력한다. 그런데 이때 $n의 값으로 B와 M 중 어느 것을 참조할까? PHP와 같이 정적 적용범위 규칙을 따르는 언어에서는 프로그램 구조상 A()를 감싸고 있는 곳에서 $n을 찾아 참조하므로 M을 참조하게 된다. 반면 동적 적용범위 규칙을 따르는 언어에서는 B() 함수가 A()를 호출하였으므로 B()에 있는 값 B를 참조하게 된다.

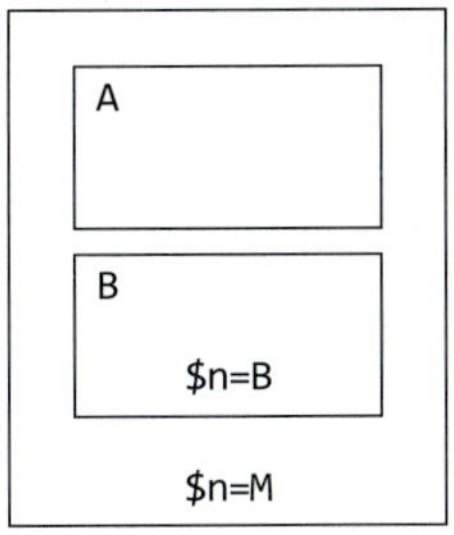

이 프로그램의 실행 결과는 다음과 같다.

다음으로 전역 변수와 세션 변수에 대한 예를 살펴보도록 하자. 먼저 page1.php, page2.php 코드를 다음과 같이 생성한다.

page1.php

```
<?PHP
    $G = "This is a Global variable";
?>
<a href="./page2.php">Next Page</a>
```

page2.php

```
<?PHP
    print $G;
?>
```

위의 프로그램을 보면 page1.php 파일에서 변수 $G에 "This is a Global variable" 문자열을 대입하고 page2.php 파일에서 그 값을 출력하려고 한다. 그런데 이 프로그램의 실행 결과로는 아무것도 출력되지 않는다. 전역 변수는 한 스크립트가 끝이 나면 그 스크립트에서의 변수는 소멸이 되기 때문에 다음 페이지에서 사용하는 $G는 앞의 페이지와는 관련이 없는 새로운 전역 변수가 되어 아무런 값을 가지지 않게 된다.

그렇다면 $G를 page2.php 파일에서 출력되게 할 수 있는 방법이 없을까? 물론 HTML의 POST나 GET를 사용하여 값을 전달하는 넘기는 방법도 있겠지만 본 절에서는 세션을 이용하여 $G를 다음 페이지에서 참조하고 그 값을 출력해 보도록 한다. 세션을 사용하기 위해서는 php.ini 파일에 register_globals = On 설정을 해주어야 한다. 세션을 적용한 page3.php, page4.php 코드를 다음과 같이 생성한다.

page3.php

```
<?PHP
    $_SESSION['G'] = "This is a Global variable";
?>
<a href="./page4.php">Next Page</a>
```

page4.php

```
<?PHP
    print $_SESSION['G'];
?>
```

수정한 프로그램의 실행 결과는 어떻게 될까? $G의 값이 출력된다.

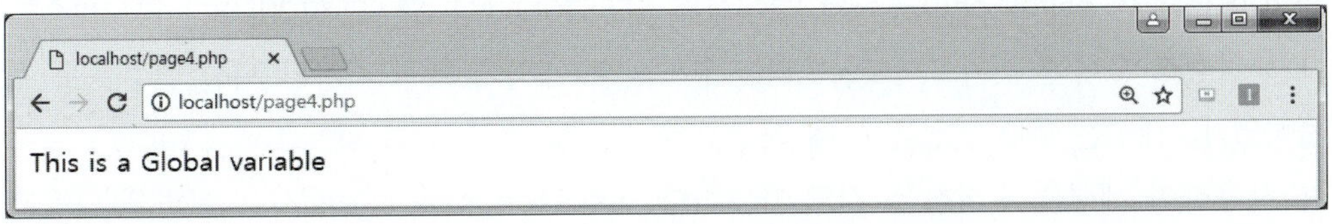

즉 page3.php의 L2에서 변수를 $_SESSION[]을 이용하여 세션으로 선언하였기 때문에 사용자가 페이지를 이동하더라고 $_SESSION['G']의 값을 유지될 수 있었다.

11.2 세션 변수 선언

세션 변수는 $_SESSION[]을 사용하여 선언을 한다. page5.php 코드는 A와 B 두 개의 세션 변수를 설정한 것이고 page6.php 코드에서 변수를 출력한다.

page5.php

```
<?PHP
    $_SESSION['A'] = 10;
    $_SESSION['B'] = 20;
    $C = 30;
    echo $_SESSION['A'],' ', $_SESSION['B'],' ', $C, '<br>';
?>
<a href="./page6.php">Next Page</a>
```

page6.php

```
L1  <?PHP
L2      echo $_SESSION['A'],' ', $_SESSION['B'],' ', $C, '<br>';
L3  ?>
```

위의 예를 보면 page5.php 코드의 L2에서 $_SESSION['A'], $_SESSION['B']라는 변수를 세션 변수로 등록한 것이고, page6.php 코드의 L2에서 앞에서 저장된 세션 변수들을 호출하였다. 세션은 PHP 설정을 통해 자동으로 실행할 수도 있고 session_start() 함수를 사용하여 세션을 시작하는 것도 가능하다. session_start()의 사용 문법은 다음과 같다.

syntax

```
bool session_start(void)
```

세션이 자동으로 실행되도록 선언되어 있지 않을 경우 세션을 시작하기 위해서는 우선 session_start()나 session_register() 함수를 호출하면 된다. 세션이 시작되면 그 세션의 존재 여부에 따라서, 만약 세션이 존재하면 세션 저장소에 있는 모든 세션 변수는 전역 변수로 선언되어진다. 세션이 존재하지 않을 경우에는 새로운 세션 저장소가 만들어진다. page6.php에서 $C 변수가 존재하지 않기 때문에 다음과 같은 결과를 보인다.

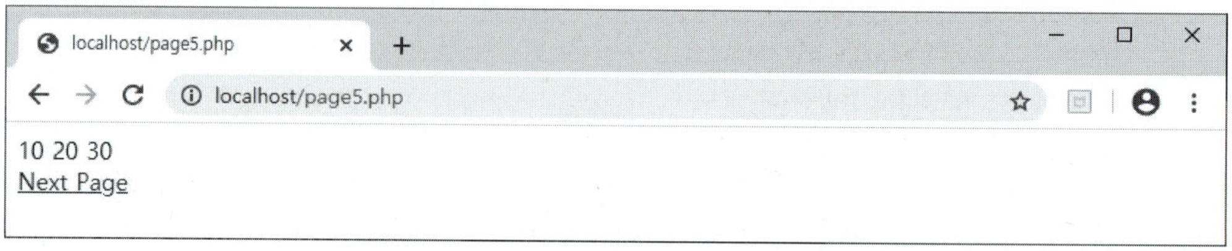

세션은 사용자에게 유일한 값인 세션ID를 부여하여 각각의 사용자에게 쿠키나 URL을 이용하여 저장하고 서버에서는 그 사용자의 세션ID를 이용하여 다른 사용자와 구분할 수 있다. session_id() 함수를 호출하면 현재 사용자의 세션ID를 알아낼 수 있다. session_id()의 문법은 다음과 같다.

syntax

```
string session_id([string id])
```

id의 값을 지정하면 현재의 세션ID 값을 id 값으로 변경한다.

session_id.php 코드는 session_id() 함수를 사용하여 현재의 세션ID를 출력하는 프로그램이다.

session_id.php

```
<?PHP
    print "Session ID : ".session_id();
?>
```

이 프로그램의 실행 결과는 다음과 같다.

그럼 세션 변수는 어디에 저장되는가? 세션이 저장되어 있는 파일의 위치는 session_save_path() 함수를 호출하면 알 수 있다. session_save_path()의 문법은 다음과 같다.

syntax

string **session_save_path**([*string* path])

여기서 path의 값이 존재하는 경우 세션의 저장 경로는 path로 바뀌고 바뀌기 전의 값을 반환한다. path 값이 존재하지 않을 경우에는 현재의 값을 반환한다.

session_save_path.php 코드는 현재 세션이 저장되는 곳을 session_save_path() 함수를 사용하여 설정하고 확인해 보는 프로그램이다.

session_save_path.php

```
<?PHP
    session_save_path('C:/APM_Setup/temp');
    print "Session_save_path : ".session_save_path();
?>
```

이 프로그램의 결과는 다음과 같다.

세션 변수로 사용할 수 있는 변수 타입은 클래스나 배열 등을 포함한 PHP에서 제공하는 모든 타입의 변수들이다. 아래의 arr_session.php 코드는 배열형 변수를 세션 변수로 등록한 프로그램이다. view_arr_session.php 코드를 통해 화면에 출력한다.

arr_session.php

```
<?PHP
    $_SESSION['fruit'] = array( "Apple", "Banana", "Pear", "Orange" );
?>
<a href="./view_arr_session.php">Next Page</a>
```

view_arr_session.php

```
<?PHP
    foreach( $_SESSION['fruit'] as $fr )
    {
        print "$fr<br>";
    }
?>
```

이 프로그램의 결과는 다음과 같다.

위의 예를 살펴보면 배열을 $_SESSION['fruit']에 저장하도록 arr_session.php 파일의 L2에서 세션 변수로 선언하고 view_arr_session.php 파일에서 그 변수를 출력한 것을 볼 수 있다. 다음은 complex.inc 코드로 클래스를 선언하고 class_session.php 코드에 변수 $complex을 세션 변수로 등록하여 사용한 프로그램이다. view_class_session.php 코드를 통해 화면에 출력한다.

complex.inc

```
<?PHP
    class Complex
    {
        private $real;
        private $imaginary;

        function Complex( $real, $imaginary )
        {
            $this->real = $real;
            $this->imaginary = $imaginary;
        }

        function printComplex()
        {
            if ( $this->imaginary > 0 )
                return $this->real."+".$this->imaginary."i";
            else if( $this->imaginary == 0 )
                return $this->real;
            else
                return $this->real.$this->imaginary."i";
        }
    }
?>
```

class_session.php

```
<?PHP
    include( "./complex.inc" );

```

```
    $complex = new Complex( 2, 3 );
    $_SESSION['complex1'] = serialize($complex);
?>
<a href="./view_class_session.php">Next Page</a>
```

view_class_session.php

```
<?PHP
    include( "./complex.inc" );

    $complex = unserialize($_SESSION['complex1']);
    echo $complex->printComplex();
?>
```

위의 프로그램은 복소수를 클래스로 구현한 것을 세션을 이용하여 다음 페이지로 넘기는 예를 보인 것이다. PHP에서는 serialization이라는 기법을 사용하여 클래스나 배열을 파일로 저장할 수 있다. serialize 함수를 이용하여 클래스를 직열화하여 세션 변수에 저장하고 이를 활용할 때는 unserialize 함수를 이용해야 한다. 위 예제와 같이 클래스형 변수를 세션 변수로 사용하고자 할 때 주목해야할 점은 클래스가 먼저 선언되어 있어야 한다는 것이다. 위의 예에서는 클래스를 사용하는 class_session.php 파일과 view_class_session.php 파일에서 complex.inc 파일을 include() 문을 사용하여 프로그램에 포함시킨 것을 볼 수 있다.

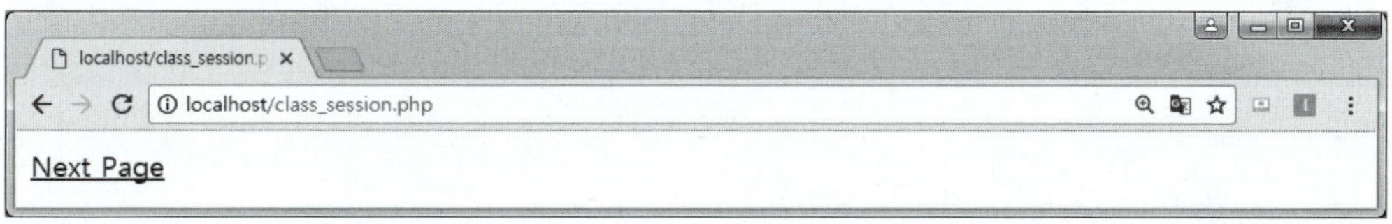

11.3 세션 초기화

등록된 세션 변수를 등록 취소하거나 모든 세션 변수의 값을 지우거나 또는 초기화하는 것을 배워보도록 하자. 등록된 변수를 등록 취소하고자 할 때 사용하는 함수는 unset()이다. unset()의 문법은 다음과 같다.

syntax

void **unset**(*mixed* name)

name 파라미터는 등록을 취소하고자하는 변수의 이름이다. 이 함수는 변수의 명이 name인 이미 등록된 세션 변수를 등록 취소하는데 사용된다. register.php 코드는 unset() 함수를 사용하여 등록된 세션 변수를 등록 취소하는 프로그램이다.

register.php

```
<?PHP
    $_SESSION['var1'] = "variable1";
    $_SESSION['var2'] = "variable2";

    unset( '$_SESSION['var2']' );
?>
<a href="./viewvar.php">Next Page</a>
```

viewvar.php

```
<?PHP
    echo $_SESSION['var1'], '<br>';
    echo $_SESSION['var2'];
?>
```

이 프로그램의 실행 결과는 다음과 같다.

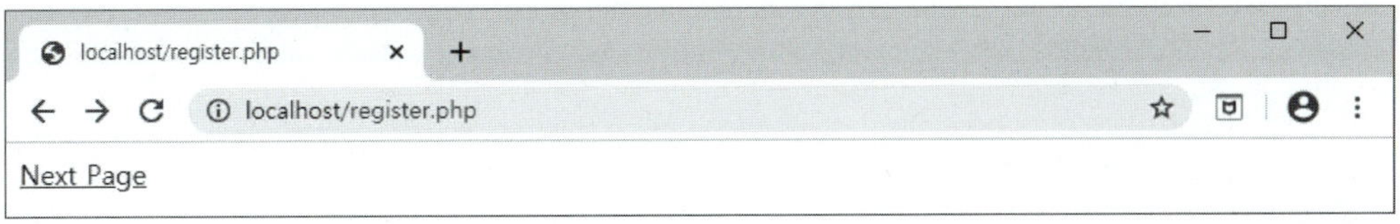

실행 결과를 보면 var2의 값이 정의되지 않았다. 그 이유는 register.php 파일에서 unset() 함수를 사용하여 변수 $_SESSION['var2']를 제거했기 때문이다.

등록된 변수들의 값을 모두 초기화하는 함수는 session_unset()이다. session_unset()의 문법은 다음과 같다.

syntax

void **session_unset**(*void*)

등록된 변수를 파괴하는 함수는 session_destroy()이다. session_destroy()의 문법은 다음과 같다.

syntax

bool **session_destroy**(*void*)

session_unset() 함수와 session_destroy() 함수의 차이점은 다음 예에서 쉽게 살펴볼 수 있다.

manage.php

```
<?PHP
    $_SESSION['apple'] = 4;
?>
<a href="./unset.php">session_unset() Function</a><br>
<a href="./destroy.php">session_destroy() Function</a><br>
```

unset.php

```
<?PHP
    session_unset();
    print $_SESSION['apple'];
?>
```

destroy.php

```
<?PHP
    session_destroy();
    print $_SESSION['apple'];
?>
```

이 프로그램의 결과를 보면 unset.php 파일로 이동했을 때는 출력 값이 없지만 destroy.php 파일로 이동했을 때는 4라는 값이 출력된다. 그 이유는 session_unset() 함수를 호출했을 때는 현재 전역 변수로 선언된 세션 변수의 값이 초기화되고, session_destroy() 함수를 호출했을 때는 현재 전역 변수로 선언된 세션 변수의 값은 유지되기 때문이다. 또한 두 가지 방법에서 세션이 저장되어 있는 파일의 내용이 서로 다르다는 것을 주목해야 한다.

먼저 manage.php 파일의 요청이 끝났을 때 세션에 저장된 파일의 내용이다.

```
apple|i:4;
```

unset.php 파일의 요청이 끝났을 때 세션 저장 파일의 내용이다.

```
!apple|
```

destroy.php 파일의 요청이 끝났을 때는 세션이 저장되어 있던 파일이 사라진다. 두 함수를 사용했을 때 결과가 각각 다른 이유는 session_unset() 함수를 사용했을 때는 세션 변수의 값을 초기화되기 때문에 변수의 이름만 남아있게 되고 session_destroy() 함수를 사용했을 때는 세션 데이터가 파괴되기 때문이다.

11.4 쿠키

쿠키(cookie)는 브라우저에서 정보(예: 사용자 ID)를 저장하여 다시 해당 사용자를 추적하거나 식별하는 기술이다. PHP에서 setcookie() 함수를 사용하여 쿠키의 값을 지정할 수 있다. setcookie()의 문법은 다음과 같다.

syntax

```
bool setcookie(string $name , string $value = "" , int $expire = 0 ,
               string $path = "" , string $domain = "" ,
               bool $secure = false , bool $httponly = false )
```

$name는 쿠키의 이름이고, $value는 쿠키의 값이다. 값을 지정하지 않았을 때 null 값이 설정된다. $expire는 쿠키의 만료시간을 지정할 수 있고 time() 함수를 이용하여 초 단위로 설정할 수 있다. 설정하지 않거나 0을 넣을 경우 브라우저를 닫을 때 만료되게 되며 1을 넣을 경우 해당 쿠키를 제거하지 않는 이상 만료되지 않는다. $path는 쿠키가 적용될 도메인의 경로를 의미하여 $domain은 쿠키가 적용될 도메인을 뜻한다. 특별히 도메인이나 경로를 지정하지 않을 경우 값을 넣지 않아도 된다. $secure가 true로 설정되어

있을 경우 HTTPS 상에서만 쿠키를 사용할 경우이고 $httponly가 true로 설정되어 있을 경우 HTTP 상에서만 쿠키를 사용한다는 의미이나 모든 브라우저에서 지원되지 않는다. 쿠키는 브라우저에 저장되기 때문에 브라우저의 보안 상태에 따라 저장되지 않을 수 있다.

지정된 쿠키의 값은 $_COOKIE[]를 이용하여 읽을 수 있으며 unset() 함수로 $_COOKIE[]의 값을 삭제할 수 있다. 하지만 쿠키의 값을 변경하거나 삭제할 때는 setcookie() 함수를 사용한다.

cookie1.php 코드는 저장하고 cookie2.php에서 저장된 쿠키 값을 읽어오는 프로그램이다. 쿠키는 HTTP 헤더의 일부분이기 때문에 브라우저에 출력이 이루어지기 전에 setcookie() 함수를 호출해야 한다. cookie1.php 코드의 L2의 setcookie()는 L4의 HTML 태그가 나오기 전에 선언되었다. 선언된 쿠키는 cookie2.php 코드의 L5처럼 $_COOKIE[] 값에 다른 값을 넣을 수 있으며 L9 처럼 unset()을 이용하여 제거할 수 있다.

cookie1.php

```
L1   <?PHP
L2       setcookie("country","KR");
L3   ?>
L4   <a href="./cookie2.php">Next Page</a>
```

cookie2.php

```
L1   <?PHP
L2       print "Country: ".$_COOKIE['country'];
L3       print "<br>";
L4
L5       $_COOKIE['country'] = "UK";
L6       print "Country: ".$_COOKIE['country'];
L7       print "<br>";
L8
L9       unset($_COOKIE['country']);
L10      print "Country: ".$_COOKIE['country'];
L11  ?>
```

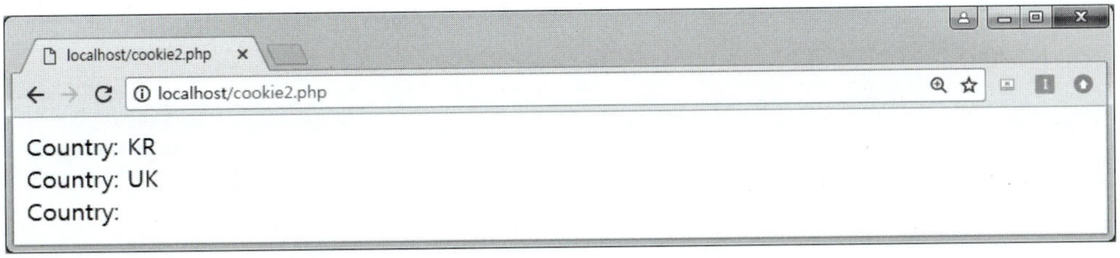

쿠키는 사용자의 데이터를 브라우저에 저장하기 때문에 동일한 컴퓨터에 다른 종류의 브라우저에 저장된 쿠키 값은 읽을 수 없다.

cookie_id_add.php

```
<?PHP
    setcookie("user", "", time()+3600, "/", "localhost");
?>

<form method='post' action='cookie_id_check.php'>
    <input type='text' name='name' size='4'>
    <input type='submit' value='입력'>
</form>
```

cookie_id_check.php

```
<?PHP
    if($name)
        $_COOKIE['user'] = $name;
        print "Hello ".$_COOKIE['user']."!";
?>

<form method='post' action='cookie_id_check.php?code=del'>
    <input type='submit' value='삭제'>
```

```
</form>

<?PHP
    if($code == del)
        unset($_COOKIE['user']);
?>
```

11.5 간단한 쇼핑카트 구현

세션을 사용하여 간단한 쇼핑몰에서 사용할 수 있는 쇼핑카트를 만들어 보자. 구현할 장바구니는 단순히 쇼핑카트에 사고자 하는 물건의 이름을 저장하고 쇼핑카트에 있는 모든 물건 값의 총합을 보여주는 기능과 쇼핑카트에 담은 물건을 삭제하는 기능을 가지고 있다.

쇼핑카트 프로그램은 cart_products.inc, cart_class.inc, cart_product_list.php, cart.php로 구성되어 있다.

cart_products.inc 파일은 상품의 목록을 담고 있는 배열을 저장한 파일로서 아래의 cart_product_list.php 파일과 cart.php 파일에 포함된다. 이 프로그램은 상품관리 부분을 배열을 사용하여 구현하였다. 뒤에 데이터베이스 연동 부분을 배우고 난 후에는 데이터베이스를 사용함으로써 상품을 등록, 삭제, 편집할 수 있는 기능을 추가할 수 있다.

cart_products.inc

```
<?PHP
    $fruit = array  ("사과" => 10,
                    "배" => 20,
                    "복숭아" => 30,
                    "수박" => 40,
                    "감" => 50,
                    "토마토" => 60,
                    "바나나" => 70,
                    "키위" => 80,
                    "파인애플" => 90,
                    "대추" => 100);
?>
```

cart_product_list.php 코드는 상품의 목록을 보여주는 프로그램이다.

cart_product_list.php

```
<html>
<body>
    <p><font size="6">과일 목록</font></p>
    <p><a href="cart.php">To 쇼핑카트</a></p>
    <table width="420" border="1" cellpadding="1">
        <tr align="center">
            <td width="200"> 이름 </td>
            <td width="80">  가격 </td>
            <td width="140"> 수량 </td>
```

```
L10         </tr>
L11 <?PHP
L12     include( "./cart_products.inc" );
L13     while( list( $name ,$price ) =  each( $fruit ) )
L14     {
L15 ?>
L16     <form name="insert_form" method="post"
L17     action="./cart.php?code=insert&name=<?=$name?>">
L18         <tr>
L19             <td width="200"> <?=$name?></td>
L20             <td width="80" align="right"><?=$price?> 원 </td>
L21             <td width="140" align="center">
L22                 <select name="amount">
L23                     <option value=1>1</option>
L24                     <option value=2>2</option>
L25                     <option value=3>3</option>
L26                     <option value=4>4</option>
L27                     <option value=5>5</option>
L28                 </select>
L29                 <input type="submit" name="submit" value="선택">
L30             </td>
L31         </tr>
L32     </form>
L33 <?PHP
L34     }
L35 ?>
L36     </table>
L37 </body>
L38 </html>
```

L16의 form 태그를 살펴보면 action 필드에서 다음 페이지인 cart.php로 code, name, amount의 값을 넘겨주고 있다. code와 name을 GET 방식으로 넘겨주고 amount를 POST 방식으로 넘겨주고 있다. code 값으로 insert를 넘겨줌으로써 cart.php에서는 상품을 장바구니에 담는 부분을 실행하게 되며, 장바구니에 담을 상품의 이름으로 name의 값이 들어가고, 그 양으로 amount의 값이 들어간다.

cart_products_list.php의 실행 결과 화면은 다음 그림과 같다. 그림에서 왼쪽부터 상품의 이름, 가격, 그리고 장바구니에 담을 수량을 나타내는 리스트와 버튼이 있다. 수량을 결정하고 추가 버튼을 누르면 쇼핑카트 페이지(cart.php)로 이동하게 된다.

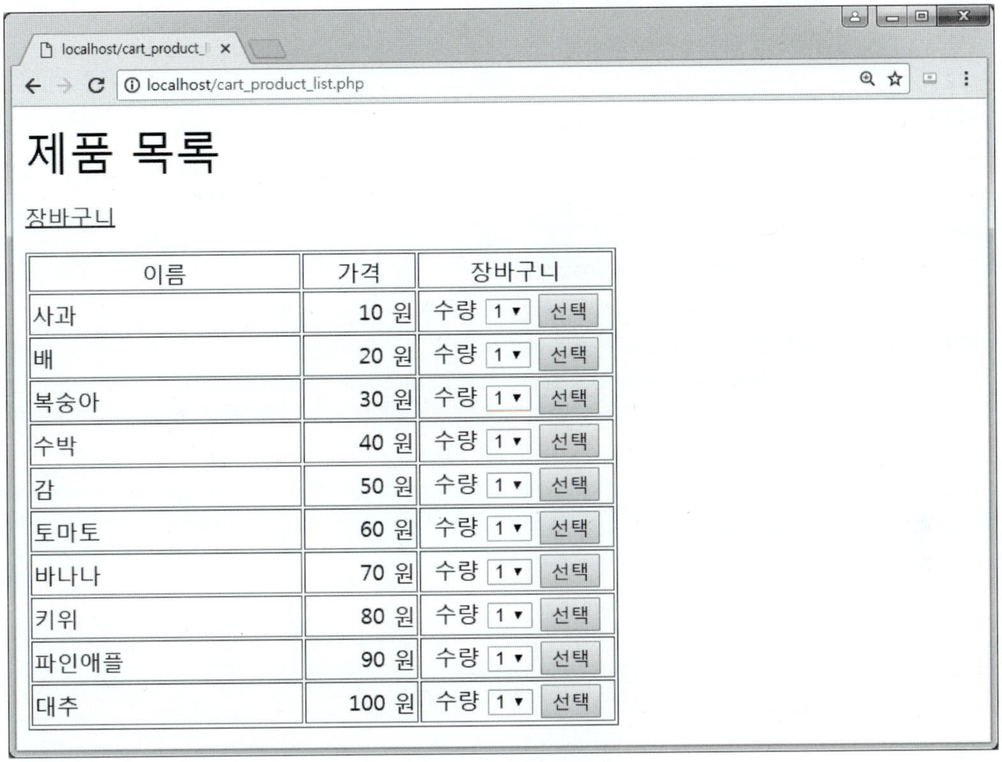

cart_class.inc 파일에서는 쇼핑카트 클래스를 구현한다. 쇼핑카트의 구성물을 attribute $contents로 쇼핑카트에 내용을 추가하고 제거하는 방법은 멤버 함수로 구현하였다.

cart_class.inc

```
<?PHP
    class Cart
    {
        private $contents;

        function add( $name, $amount )
        {
```

```
L8              $this->contents[$name] = $amount;
L9          }
L10
L11         function delete( $name )
L12         {
L13             if( count($this->contents) > 0 )
L14             {
L15                 while ( list( $key, $value ) = each($this->contents) )
L16                 {
L17                     if( $key != $name )
L18                         $new_cart[$key] = $value;
L19                 }
L20                 $this->contents =  $new_cart;
L21             }
L22         }
L23
L24         function get_list()
L25         {
L26             return $this->contents;
L27         }
L28
L29         function get_count()
L30         {
L31             return count( $this->contents );
L32         }
L33     }
L34 ?>
```

이 프로그램에서 쇼핑카트는 클래스를 사용하여 구현하였다. 내부 멤버 변수로는 L4에서 보는 것처럼 연관배열 $contents을 가지고 있다. 그 연관배열의 인덱스에는 상품의 이름이 들어가고 값으로는 상품의 주문량이 들어간다. 함수에는 add(), delete(), get_list(), get_count()가 있다. add() 함수는 장바구니에 상품을 추가하는 역할을, delete() 함수는 장바구니에서 상품을 제거하는 역할을, get_list() 함수는 장바구니의 상품목록을 반환하는 역할, 그리고 get_count() 함수는 장바구니의 상품목록 수를 반환하는 역할을 한다. 이 클래스는 cart.php 코드에서 사용된다.

cart.php 코드는 현재 쇼핑카트의 상황을 보여주는 기능을 하는 프로그램이다.

cart.php

```
<?PHP
    include( "./cart_class.inc" );
    include( "./cart_products.inc" );
    $code = $_GET["code"];
    $name = $_GET["name"];
    if( !$_SESSION['cart'] )
    {
        $cart = new Cart;
        $_SESSION['cart'] = serialize($cart);
    }
    if( $code=="insert" )
    {
        $amount = $_POST["amount"];
        $cart = unserialize($_SESSION['cart']);
        $cart->add( $name, $amount );
        $_SESSION['cart'] = serialize($cart);
    }
    else if( $code="delete" )
    {
        $cart = unserialize($_SESSION['cart']);
        $cart->delete( $name );
        $_SESSION['cart'] = serialize($cart);
    }
?>
<html>
<body>
    <p><font size="6">쇼핑카트</font></p>
    <p><a href="./cart_product_list.php">쇼핑계속</a></p>
<?PHP
    $cart = unserialize($_SESSION['cart']);
    if( $cart->get_count() )
    {
?>
    <table width="380" border="1" cellspacing="1" cellpadding="0">
        <tr align="center">
```

```
L36              <td width="200"> 이름 </td>
L37              <td width="80"> 수량 </td>
L38              <td width="100"> 제거 </td>
L39          </tr>
L40  <?PHP
L41      $sum = 0;
L42      $contents = $cart->get_list();
L43      while( list( $name, $value ) = each( $contents ) )
L44      {
L45          $sum += $value*$fruit[$name];
L46  ?>
L47          <tr>
L48              <td width="200"><?=$name?></td>
L49              <td width="80"><?=$value?></td>
L50              <td width="100">
L51              <input type="button" name="delete" value="삭제"
L52  onClick="javascript:location='cart.php?code=delete&name=<?=$name?>'">
L53              </td>
L54          </tr>
L55  <?PHP
L56      $_SESSION['cart'] = serialize($cart);
L57      }
L58  ?>
L59          <tr>
L60          <td colspan="2" height="30"> 총합 </td>
L61          <td width="65" height="30" valign="middle"><?=$sum?></td>
L62          </tr>
L63      </table>
L64  <?PHP
L65      }
L66  ?>
L67  </body>
L68  </html>
```

이 파일을 크게 세션을 시작하고 쇼핑카트 객체를 생성하는 부분(L6-L10), 쇼핑카트에 상품을 삽입하는 부분(L11-L17), 쇼핑카트에서 상품을 제거하는 부분(L18-L23), 현재 쇼핑카트의 상황을 보여주는 부분, 이렇게 네 개의 부분으로 나눌 수 있다. 세션을 시작할 때 쇼핑카트 객체가 이미 존재한다면 그 쇼핑카트 객체를 이용해서 추가나 삭제 과정을 처리하고, 쇼핑카트 객체가 존재하지 않는다면 새로운 객체를 만들어 세션에 등록을 한다. 그리고 추가나 삭제 부분을 위하여 장바구니의 멤버 함수인 add()나 delete() 함수를 이용한다. 마지막으로 수정된 결과를 보여준다.

결과는 다음 그림과 같으며 쇼핑카트에 담겨 있는 개개의 상품이름, 수량, 그리고 제거할 수 있는 버튼과 담은 상품의 가격들의 총합을 보여준다. 삭제 버튼을 누르면 그 상품은 쇼핑카트에서 삭제되고 새롭게 바뀐 쇼핑카트 상황을 보인다.

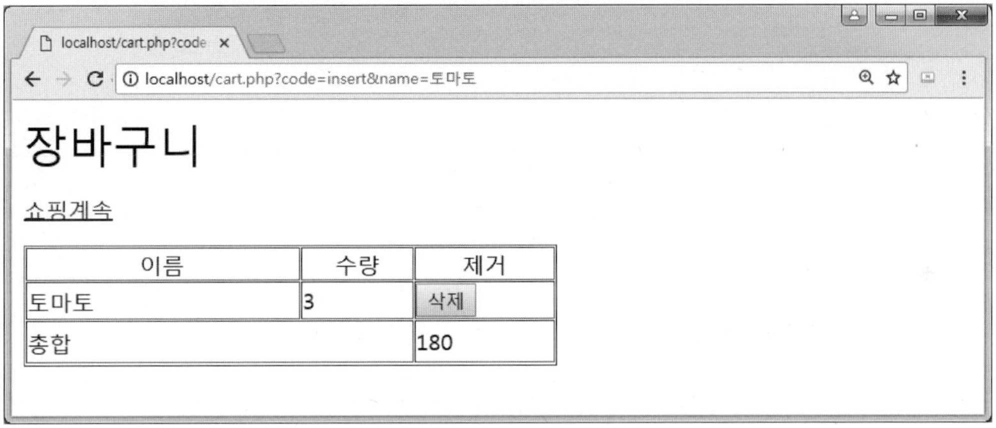

연습문제

1. 세션 변수와 일반 변수는 어떻게 구분하는가?
2. session_unset() 함수와 session_destroy() 함수의 차이점을 설명하시오.
3. 세션을 이용하여 페이지를 reload할 때마다 카운트를 세는 프로그램을 작성하시오.
4. 쿠키란 무엇인가?
5. 세션과 쿠키의 차이점은 무엇인가?
6. 쿠키를 이용하여 페이지를 reload할 때마다 카운트를 세는 프로그램을 작성하시오.
7. 세션을 이용하여 로그인 정보가 없을 때 "로그인 정보가 없습니다."를 출력하는 프로그램을 작성하시오.
8. 세션을 이용하여 사용자가 관리자일 때 관리자 페이지를 보여주는 프로그램을 작성하시오.

CHAPTER 12

데이터베이스 연동기술

PHP Web Programming

contents

12 데이터베이스 연동기술

PHP에서는 MySQL, Oracle, mSQL, MSSQL, MariaDB 등 여러 가지 데이터베이스를 사용할 수 있다. 본 장에서는 PHP와 함께 가장 많이 사용하는 데이터베이스인 MySQL과 Oracle, MariaDB에 대해서 알아본다.

12.1 데이터 접근

일반적으로 프로그램에서 데이터베이스의 데이터를 접근할 때 SQL 문장을 이용한다. SQL(Structured Query Language) 문장은 데이터베이스에서 정보를 얻거나 갱신하기 위한 표준 언어로서 대화형으로 이용하거나 프로그램 내에 삽입하여 쓸 수 있다. 데이터를 다루는 SQL 문장을 특히 DML(Data Manipulation Language)이라고 하는데 다음과 같은 종류가 있다.

- SELECT: 검색조건에 맞는 데이터를 선택
- INSERT: 새로운 데이터를 삽입
- UPDATE: 기존의 데이터를 수정
- DELETE: 기존의 데이터를 삭제

〈표 12-1〉 fruit 테이블

name	price	color	country
Apple	10	Red	Korea
Pear	20	Yellow	Korea
Peach	30	Pink	Korea
Watermelon	40	Green	Korea
Persimmon	50	Orange	Korea
Tomato	60	Red	USA
Banana	70	Yellow	Indonesia
Kiwi	80	Green	New Zealand
Pineapple	90	Green	Indonesia
Jujube	100	Green	China

첫 번째 SELECT 문장은 특정 테이블에서 데이터를 선택할 때 사용한다. 다음은 SELECT 문장을 이용한 예이다.

```
SELECT name, price FROM fruit WHERE color = 'Red';
```

위 문장은 fruit 테이블을 사용하여 색깔(color)이 빨간색(Red)인 과일의 이름(name)과 가격(price)를 선택하는 문장이다. SQL 문장에서 특정 데이터가 문자열로 되어 있으면 작은따옴표(')로 묶어주어야 하며 숫자는 그대로 사용한다. 위의 SELECT 문장의 실행 결과는 다음과 같다.

name	price
Apple	10
Tomato	60

두 번째 INSERT 문장은 특정 테이블에 데이터를 삽입할 때 사용한다. 다음은 INSERT 문장을 이용한 예이다.

```
INSERT INTO fruit VALUES ('Melon', 110, 'Green', 'Korea');
```

위 문장은 fruit 테이블에 이름은 멜론(Melon)이고 가격은 110원, 색깔은 초록색(Green)이며 원산지는 한국(Korea)인 데이터를 삽입하는 문장이다. 위의 INSERT 문장을 실행하면 다음과 같은 데이터 한 줄이 테이블에 추가된다.

name	price	color	country
Melon	110	Green	Korea

세 번째 UPDATE 문장은 특정 테이블에서 데이터를 수정할 때 사용한다. 다음은 UPDATE 문장을 이용한 예이다.

```
UPDATE fruit SET price=120, country='Japan' WHERE name='Melon';
```

위 문장은 fruit 테이블에서 이름(name)이 멜론(Melon)인 데이터를 가격(price)은 120으로 원산지(country)는 일본(Japan)으로 수정하라는 문장이다. 위의 UPDATE 문장을 실행하면 다음과 같이 데이터가 수정된다.

name	price	color	country
melon	120	green	Japan

네 번째 DELETE 문장은 특정 테이블에서 데이터를 지울 때 사용한다. 다음은 DELETE 문장을 이용한 예이다.

```
DELETE FROM fruit WHERE name='Melon';
```

위 문장은 fruit 테이블에서 이름(name)이 멜론(Melon)인 데이터를 삭제할 때 사용한다.

12.2 MySQL 사용법

일반적으로 PHP에서 MySQL 데이터베이스를 사용할 때에는 다음과 같은 순서로 MySQL에 접근하여 원하는 데이터를 얻어온다.

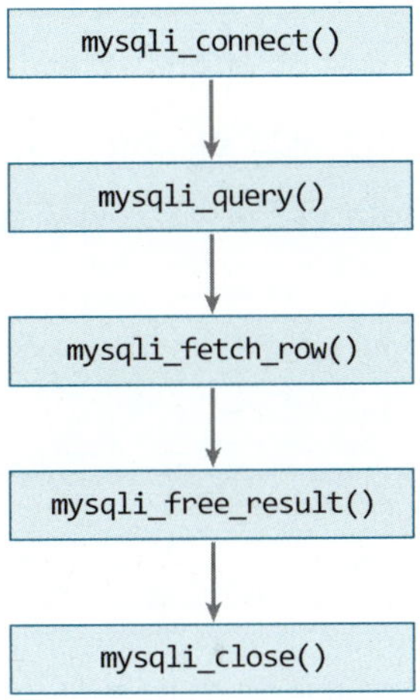

mysqli_connect() 함수의 문법은 다음과 같다. mysqli_connect() 함수는 MySQL이 설치된 hostname에 지정된 컴퓨터에 접근하여 username과 password를 통해 MySQL에 로그인 하고 데이터베이스 dbname에 접속하여 MySQL link identifier를 반환하는 함수이다. mysqli_connect() 함수는 한번 connect가 이루어지면 다시 connect할 필요가 없으며, mysqli_close()를 호출하지 않아도 스크립트의 실행이 끝나면 자동으로 close된다.

syntax

resource **mysqli_connect**(*string* hostname, *string* username,
string password, *string* dbname[, *string* port [, *string* socket]])

mysqli_query() 함수의 문법은 다음과 같다. mysqli_query() 함수는 지정된 link를 사용하여 현재 활성화된 데이터베이스에서 query를 실행한다. 실행에 성공을 하면 TRUE를 반환하고 실패하면 FALSE를 반환하는 함수이다. query에 들어가는 문자열의 마지막에는 세미콜론 문자(;)를 사용하지 않는다.

syntax

```
mixed mysqli_query(mysqli link, string query
              [, int resultmode = MYSQLI_STORE_RESULT])
```

mysqli_fetch_row() 함수의 문법은 다음과 같다. mysqli_fetch_row() 함수는 result로부터 결과 값을 배열로 반환하는 함수이다. 이 함수를 계속적으로 호출하게 되면 result로부터 다음 row를 읽어온다. 만일 더 이상 읽어올 row가 없으면 FALSE를 반환한다.

syntax

```
mixed mysqli_fetch_row(mysqli_result result)
```

mysqli_free_result() 함수의 문법은 다음과 같다. mysqli_free_result 함수는 메모리에 저장된 result 값을 비우는 함수이다. result 객체가 더 이상 사용되지 않을 때 꼭 mysqli_free_result 함수를 이용하여 결과를 비워줘야 한다.

syntax

```
void mysqli_free_result(mysqli_result result)
```

mysqli_close() 함수의 문법은 다음과 같다. mysqli_close() 함수는 link_identifier로 연결된 MySQL를 close하고 성공하면 TRUE를 반환하고 실패하면 FALSE를 반환하는 함수이다. 만일 link_identifier가 연결되어 있지 않으면 마지막으로 연결된 link_identifier를 close한다.

syntax

```
bool mysqli_close([resource link_identifier])
```

12.3 콘솔 명령어를 이용한 MySQL 프로그램

MySQL을 사용하기 위해서 사용자 계정과 암호 그리고 사용자에게 할당된 데이터베이스가 필요하다. 다음은 APMsetup에서 제공하는 MySQL 콘솔을 이용하였다. 아래 그림에서 Enter password 물음에 기존에 설정된 암호 apmsetup을 입력하였다. MySQL에 연결이 확인 되면 서버 버전 및 도움말(help)에 대한 설명이 나오며 마지막 줄에 mysql> 프롬프트에 커서가 깜박인다.

```
C:₩APM_Setup₩Server₩MySQL5₩bin₩mysql.exe
Enter password: ********
Welcome to the MySQL monitor.  Commands end with ; or ₩g.
Your MySQL connection id is 31
Server version: 5.1.41-community MySQL Community Server (GPL)

Type 'help;' or '₩h' for help. Type '₩c' to clear the current input statement.

mysql>
```

CREATE DATABASE goods; 명령어를 입력한다. 이 명령어는 goods 데이터베이스를 생성하는 것이다. Query OK란 메시지가 나오면 성공적으로 goods 데이터베이스가 생성된 것이다.

```
C:₩APM_Setup₩Server₩MySQL5₩bin₩mysql.exe

mysql> CREATE DATABASE goods;
Query OK, 1 row affected (0.00 sec)
```

goods 데이터베이스를 사용하기 위하여 use goods; 명령어를 입력한다.

```
C:₩APM_Setup₩Server₩MySQL5₩bin₩mysql.exe

mysql> use goods;
Database changed
mysql> _
```

다음과 같이 명령어 CREATE TABLE을 이용하여 fruit 테이블 생성한다. fruit 테이블은

4개의 필드를 가지고 있다. 필드의 이름은 name, price, color, country이며 각각 필드의 데이터 형식을 지정하였다. name 필드를 Primary Key로 설정하였고 Null 값을 가질 수 없도록 DEFAULT '' NOT NULL이 선언되었다. Query OK란 메시지가 나오면 성공적으로 fruit 테이블이 만들어진 것이다.

```
CREATE TABLE fruit (
    name varchar(20) DEFAULT '' NOT NULL,
    price int(10),
    color varchar(20),
    country varchar(20),
    PRIMARY KEY (name)
);
```

```
C:\APM_Setup\Server\MySQL5\bin\mysql.exe
mysql> CREATE TABLE fruit (
    ->   name varchar(20) DEFAULT '' NOT NULL,
    ->   price int(10),
    ->   color varchar(20),
    ->   country varchar(20),
    ->   PRIMARY KEY (name)
    -> );
Query OK, 0 rows affected (0.01 sec)

mysql>
```

현재 데이터베이스의 모든 테이블들을 보고 싶다면 다음 그림과 같이 show tables; 명령어를 입력한다. 명령어의 실행 결과로 fruit 테이블만 존재함을 알 수 있다.

```
C:\APM_Setup\Server\MySQL5\bin\mysql.exe
mysql> show tables;
+-----------------+
| Tables_in_goods |
+-----------------+
| fruit           |
+-----------------+
1 row in set (0.00 sec)

mysql>
```

fruit 테이블의 속성을 알고 싶다면 desc fruit; 명령어를 입력한다. 앞에서 CREATE TABLE 명령어로 생성된 필드의 속성을 확인할 수 있다.

```
C:\APM_Setup\Server\MySQL5\bin\mysql.exe
mysql> desc fruit;
+---------+-------------+------+-----+---------+-------+
| Field   | Type        | Null | Key | Default | Extra |
+---------+-------------+------+-----+---------+-------+
| name    | varchar(20) | NO   | PRI | NULL    |       |
| price   | int(10)     | YES  |     | NULL    |       |
| color   | varchar(20) | YES  |     | NULL    |       |
| country | varchar(20) | YES  |     | NULL    |       |
+---------+-------------+------+-----+---------+-------+
4 rows in set (0.02 sec)

mysql>
```

다음으로 만들어진 fruit 테이블에 <표 12-1>에 나타난 과일 중 Apple의 데이터를 INSERT 명령어를 이용하여 입력해 보자.

```
C:\APM_Setup\Server\MySQL5\bin\mysql.exe

mysql> INSERT INTO fruit VALUES ('Apple', 10, 'Red', 'Korea');
Query OK, 1 row affected (0.00 sec)

mysql>
```

SELECT * from fruit; 명령어를 이용하여 fruit 테이블에 추가된 데이터를 확인할 수 있다.

```
C:\APM_Setup\Server\MySQL5\bin\mysql.exe
mysql> SELECT * from fruit;
+-------+-------+-------+---------+
| name  | price | color | country |
+-------+-------+-------+---------+
| Apple |    10 | Red   | Korea   |
+-------+-------+-------+---------+
1 row in set (0.00 sec)

mysql>
```

위와 같은 방법으로 <표 12-1>의 나머지 데이터를 모두 입력한다. 모든 데이터를 입력한 후 SELECT 명령어를 이용하여 추가된 데이터를 확인한다.

```
C:\APM_Setup\Server\MySQL5\bin\mysql.exe
mysql> SELECT * from fruit;
+------------+-------+--------+-------------+
| name       | price | color  | country     |
+------------+-------+--------+-------------+
| Apple      |    10 | Red    | Korea       |
| Pear       |    20 | Yellow | Korea       |
| Peach      |    30 | Pink   | Korea       |
| Watermelon |    40 | Green  | Korea       |
| Persimmon  |    50 | Orange | Korea       |
| Tomato     |    60 | Red    | USA         |
| Banana     |    70 | Yellow | Indonesia   |
| Kiwi       |    80 | Green  | New Zealand |
| Pineapple  |    90 | Green  | Indonesia   |
| Jujube     |   100 | Green  | China       |
+------------+-------+--------+-------------+
10 rows in set (0.00 sec)

mysql>
```

fruit_mysql.php 코드는 MySQL를 이용하여 goods 데이터베이스의 fruit 테이블에서 가격이 50원 이상인 과일을 출력하는 프로그램이다.

fruit_mysql.php

```
<html>
<body>
<?PHP
    $conn = mysqli_connect('localhost', 'root', 'apmsetup', 'goods');

    if(mysqli_connect_errno()) {
        printf("%s \n", mysqli_connect_error());
        exit;
    }

    $query = "select * from fruit where price >= 50";
    $result = mysqli_query( $conn, $query );

    print "<table border=1><tr>" .
```

```
L15             "<th>Name</th>" .
L16             "<th>Price</th>" .
L17             "<th>Color</th>" .
L18             "<th>Country</th></tr>";
L19
L20     while( $row = mysqli_fetch_row($result) ) {
L21         print "<tr><td>" . $row[0] . "</td>" .
L22             "<td>" . $row[1] . "</td>" .
L23             "<td>" . $row[2] . "</td>" .
L24             "<td>" . $row[3] . "</td></tr>";
L25     }
L26     print "</table>";
L27
L28     mysqli_free_result($result);
L29     mysqli_close($conn);
L30 ?>
L31 </body>
L32 </html>
```

L4에서 PHP는 `localhost` 컴퓨터에 `root` 계정과 `apmsetup` 비밀번호를 이용하여 MySQL을 연결한다. L12에서 `$query`를 실행하여 `fruit` 테이블의 데이터 중 가격이 50 이상인 결과를 `$result`로 반환한다. L20은 반환된 `$result`를 한 줄씩 읽어오는 함수며 L21-L24에서 읽어온 `$row` 값을 화면에 출력한다. 위 프로그램의 실행 결과는 다음과 같다.

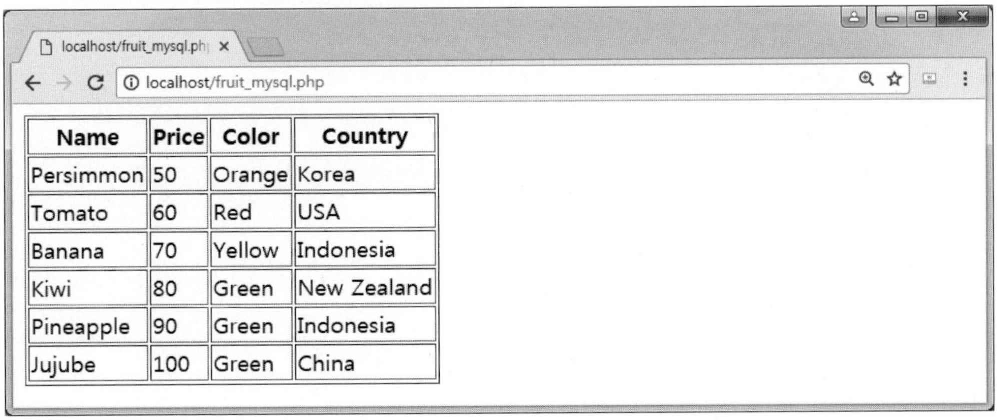

Name	Price	Color	Country
Persimmon	50	Orange	Korea
Tomato	60	Red	USA
Banana	70	Yellow	Indonesia
Kiwi	80	Green	New Zealand
Pineapple	90	Green	Indonesia
Jujube	100	Green	China

12.4 GUI를 이용한 MySQL 프로그램

APMsetup GUI를 이용하여 MySQL 프로그램을 작성해보자. APMsetup에서 MySQL 관리를 클릭하면 다음과 같은 화면이 나온다.

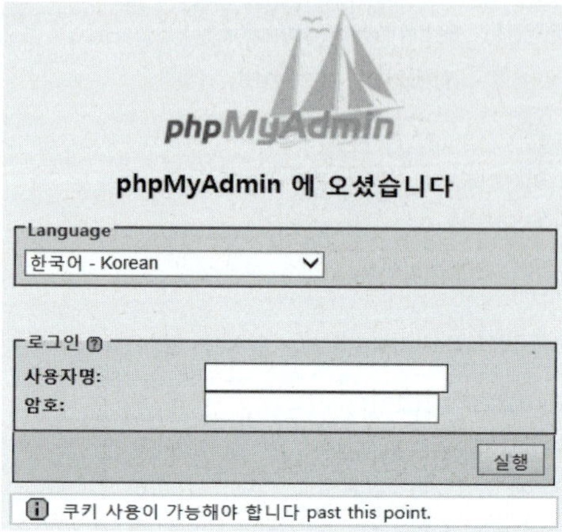

사용자명과 암호를 입력한다(관리자의 사용자명은 root이고 초기 암호는 apmsetup로 설정되어 있다). 데이터베이스를 만들기 위하여 다음과 같이 새 데이터베이스 만들기 부분에 새로유 데이터베이스 명을 입력하거나 SQL을 활용하여 데이터베이스 생성을 할 수 있다. collation 부분은 한글을 사용할시 enckr_bin으로 설정한다.

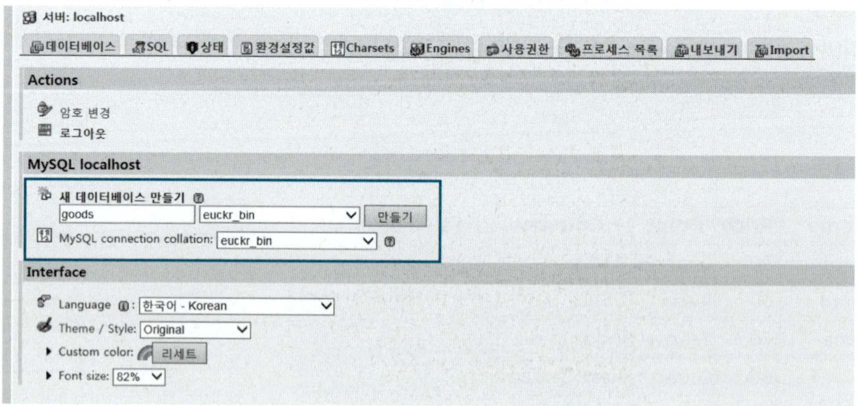

테이블을 생성할 때 데이터베이스를 선택한 후 생성할 테이블 명과 필드의 수를 입력한다. 그림에서는 테이블 명으로 fruit와 필드 수를 4로 입력하였다.

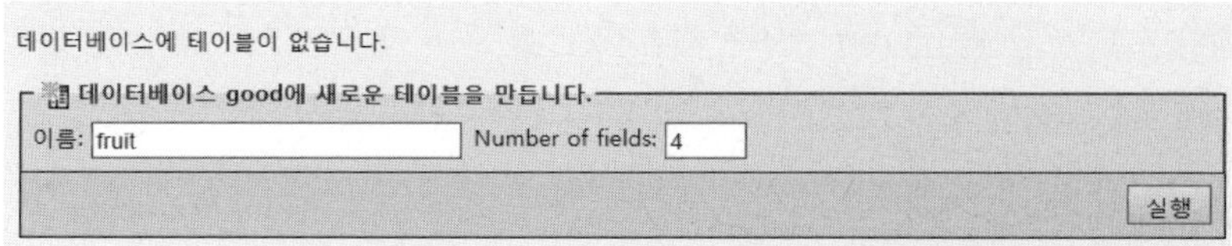

아래와 같이 필드에 <표 12-1>과 같은 테이블을 생성하기 위하여 name, price, color, country의 속성을 입력한다. SQL 문을 이용하여 필드를 생성할 수도 있다.

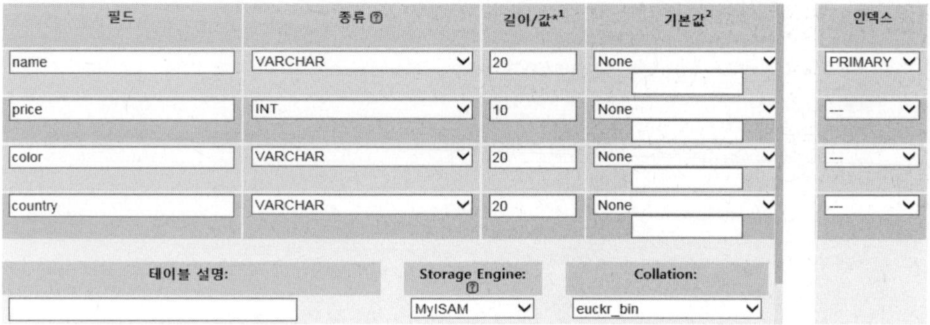

필드의 입력이 완료되면 자동 실행된 SQL 문과 함께 필드의 구성이 다음과 같이 보여진다.

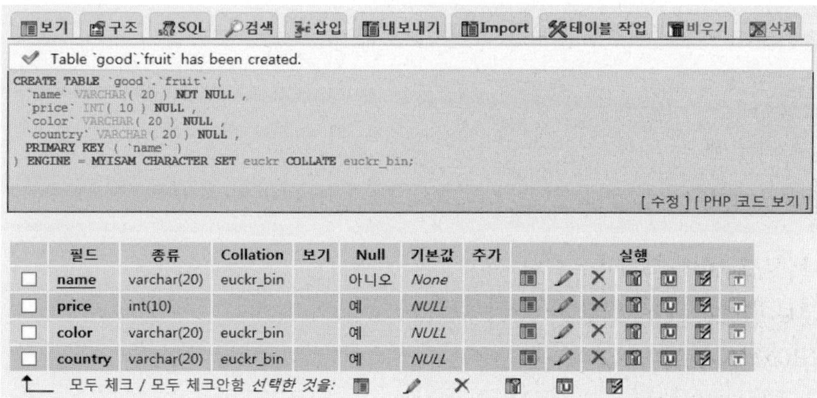

삽입 탭을 선택하면 필드에 값을 입력할 수 있다. 필드 값 또한 SQL 문을 이용하여 입력할 수도 있다.

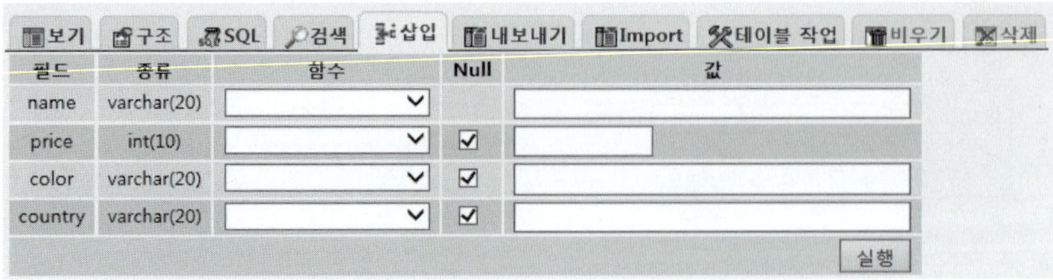

테이블에 입력된 데이터는 테이블을 선택한 뒤 보기 탭을 선택해 확인할 수 있다.

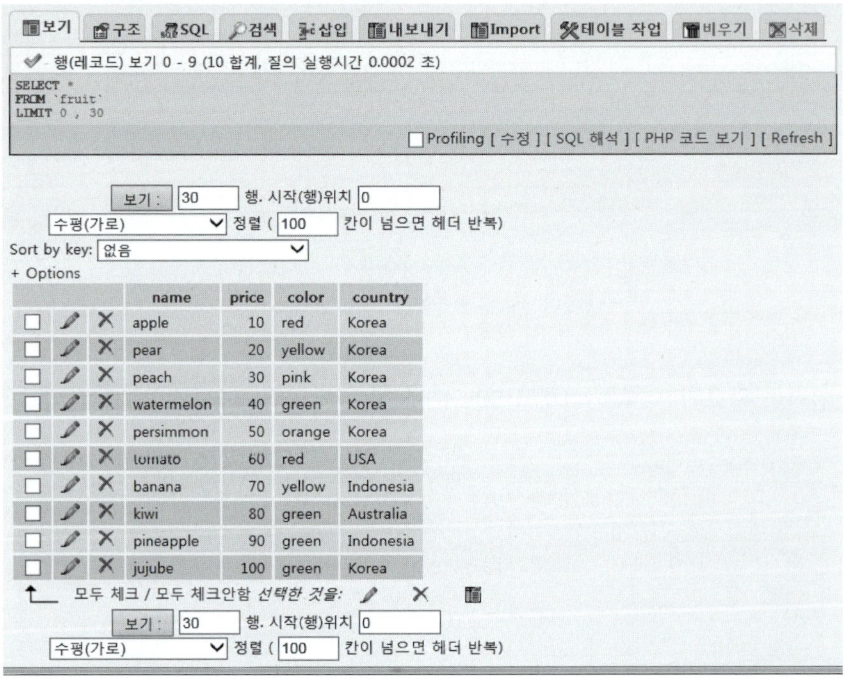

12.5 Oracle 사용법

일반적으로 PHP에서 Oracle 데이터베이스를 사용할 때에는 다음과 같은 순서로 Oracle에 접근하여 원하는 Data를 얻어온다.

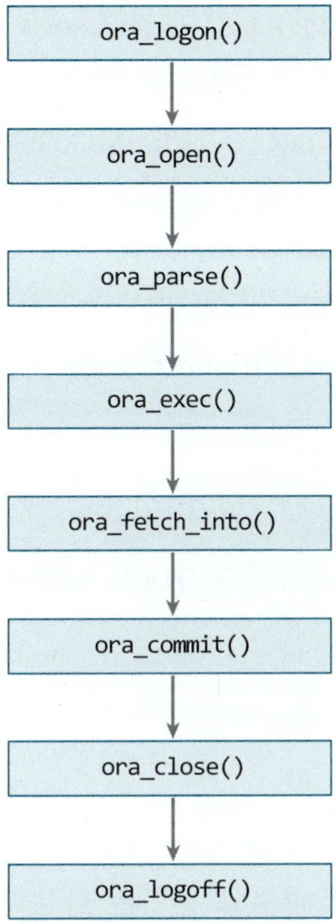

첫 번째 ora_logon() 함수의 문법은 다음과 같다. ora_logon()은 user와 password를 통해서 PHP와 Oracle 데이터베이스 사이를 연결하는 함수이다.

syntax

int **ora_logon**(*string* user, *string* password)

두 번째 ora_open() 함수의 문법은 다음과 같다. ora_open()은 connection을 가지고 Oracle cursor를 여는 함수이다. 열기를 실패하면 FALSE를 반환한다. 여기서 cursor란 질의 결과에서 한 행을 가리키는 포인터라 말할 수 있다.

syntax

int **ora_open**(*int* connection)

세 번째 ora_parse() 함수의 문법은 다음과 같다. ora_parse()는 주어진 cursor를 가지고 PL/SQL 블록이나 SQL 문장을 파스하는 함수이다. 파스에 성공하면 0을 실패하면 -1을 반환한다. 여기서 PL/SQL은 Oracle DBMS(DataBase Management System)에 의해 실행되는 것들을 작성하기 위해 사용되는 Oracle의 프로그래밍 언어이다.

syntax

```
int ora_parse(int cursor, string sql[, int defer])
```

네 번째 ora_exec() 함수의 문법은 다음과 같다. ora_exec()는 cursor의 파스된 문장을 실행시키는 함수이다. 실행에 성공하면 TRUE를 실패하면 FALSE를 반환한다.

syntax

```
int ora_exec(int cursor)
```

다섯 번째 ora_fetch_into() 함수의 문법은 다음과 같다. ora_fetch_info()는 cursor로부터 데이터의 한 row를 읽어 와서 result에 배열로 저장하는 함수이다.

syntax

```
int ora_fetch_into(int cursor, array result [, int flags])
```

여섯 번째 ora_commit() 함수의 문법은 다음과 같다. ora_commit()은 Oracle 트랜잭션(transaction)을 commit하는 함수이다. 즉 이전 commit 이후의 데이터가 수정, 추가, 삭제되었을 경우에 수정된 데이터들을 Oracle 데이터베이스에 commit한다. commit한 이후에는 변경이 불가능하다.

syntax

```
int ora_commit(int connection)
```

수정된 데이터들을 데이터베이스에 추가시키지 않고자 할 때에는 ora_rollback() 함수 사용하면 가능하다. ora_rollback() 함수의 문법은 다음과 같다. ora_rollback()은 Oracle 트랜잭션을 이전 데이터로 되돌리는(rollback) 함수이다. 이전 commit 이후에 수정, 추가, 삭제된 데이터를 데이터베이스에 삽입하지 않고 취소시킨다.

syntax

```
int ora_rollback(int connection)
```

일곱 번째 ora_close() 함수의 문법은 다음과 같다. ora_close()는 ora_open() 함수를 통해 열려진 cursor의 연결을 끊고자 할 때 사용하는 함수이다. 연결을 끊는데 성공하면 TRUE를 실패하면 FALSE를 반환한다.

syntax

```
int ora_close(int cursor)
```

여덟 번째 ora_logoff() 함수의 문법은 다음과 같다. ora_logoff()는 PHP와 Oracle의 연결을 끊을 때 사용한다. 연결을 끊는데 성공하면 TRUE를 실패하면 FALSE를 반환한다.

syntax

```
int ora_logoff(int connection)
```

12.6 Oracle 예제 프로그램

Oracle을 사용하기 위해서 사용자 계정과 암호 그리고 사용자에게 할당된 데이터베이스가 필요하다. 만일 Oracle을 처음 사용하는 사용자라면 아래 프로그램의 테스트를 위해 서버관리자에게 부탁하여 Oracle 계정 sonnim과 패스워드 sun123를 만들 수 있다. 콘솔에서 Oracle에 접근하기 위해서는 다음과 같은 명령어를 사용한다.

```
sqlplus sonnim/sun123
```

위 명령어는 사용자 계정은 sonnim으로 패스워드는 sun123으로 Oracle 데이터베이스에 접근한다. 다음은 콘솔에서 Oracle에 접근하는 방법을 보여준다.

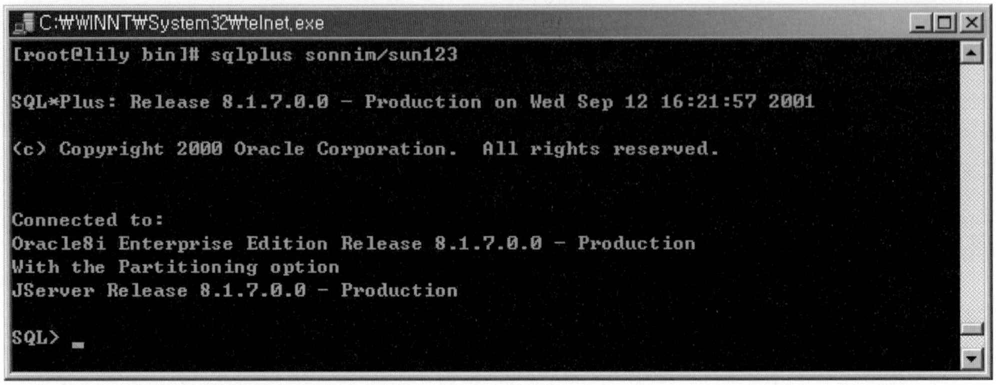

<표 12-1>의 fruit 테이블을 Oracle에서 만들어 보자. fruit 테이블을 만들기 위해서 다음과 같은 코드를 "SQL>" 콘솔에 입력한다. MySQL의 varchar와 Oracle의 varchar2가 같으며, MySQL에서 int가 Oracle에서는 number와 같다. 키 제약조건을 설정함에 있어서도 MySQL에서는 독립된 테이블에 대해서는 설정할 이름이 같아도 입력되었으나 Oracle에서는 제약조건을 설정할 때 constraint를 입력하여야 하며 다른 테이블에서 사용하였던 이름(name_pk)은 재사용할 수 없다. 즉 Oracle에서는 제약조건만 따로 관리하기 때문에 다른 table이라고 해서 같은 제약조건의 이름을 가질 수 없다.

```
CREATE TABLE fruit (
    name varchar2(20) DEFAULT '' NOT NULL,
    price number(10),
    color varchar2(20),
    country varchar2(20),
    CONSTRAINT name_pk PRIMARY KEY (name)
);
```

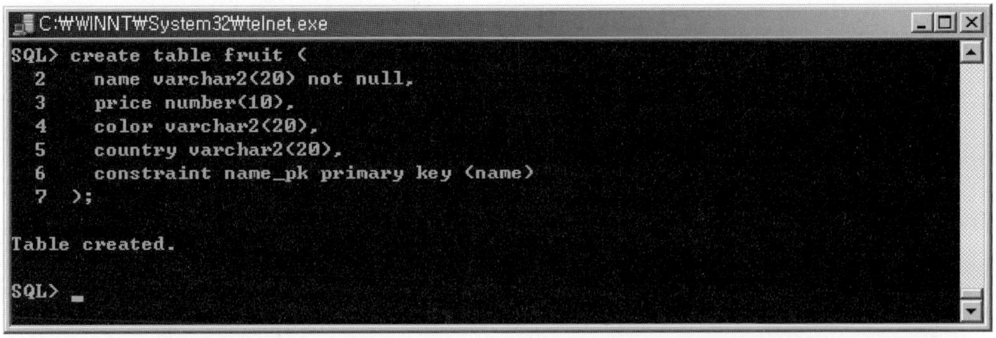

Table created란 메시지가 나오면 성공적으로 fruit 테이블이 만들어졌다. 또한 현재 데이터베이스의 모든 테이블들을 보고 싶다면 다음과 같이 입력한다.

```
select * from tab;
```

그리고 현재 있는 테이블 중에서 toy 테이블의 속성을 알고 싶다면 다음과 같이 입력한다.

```
desc toy;
```

다음은 현재 데이터베이스의 테이블과 테이블의 속성에 대한 그림이다. toy 테이블의 속성을 보고 직접 toy 테이블을 만들어 보기 바란다. 위에서도 언급했듯이 toy 테이블을 만들 때 제약조건의 이름은 달리 해야 한다. 예를 들어 name_pk라는 제약조건을 사용하였으므로 toy 테이블을 만들 때는 name_pk가 아닌 toy_pk로 만들어야 제대로 만들어진다.

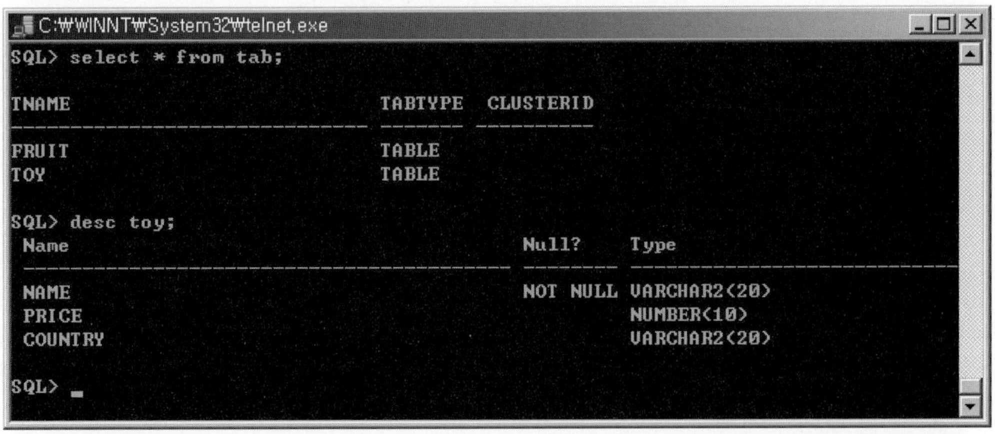

다음으로 만들어진 fruit 테이블에 <표 12-1>의 데이터 중에서 apple의 데이터를 INSERT 명령어를 이용하여 입력해 보자. SELECT 명령어를 이용하여 fruit 테이블에 추가된 데이터를 볼 수 있다. 위와 같은 방법으로 <표 12-1>의 나머지 데이터를 모두 입력한다.

fruit_oracal.php 코드는 Oracle 데이터베이스에서 가격이 50원 이상인 과일을 출력하는 프로그램이다.

fruit_oracal.php

```
<html>
<body>
<?PHP
    array($results);
    $conn = ora_logon("sonnim", "sun123");
    $cur_ind = ora_open($conn);

    ora_parse($cur_ind, "select * from fruit where price >= 50");
    ora_exec($cur_ind);

    print "<table border=1><tr>" .
            "<th>Name</th>" .
            "<th>Price</th>" .
            "<th>Color</th>" .
            "<th>Country</th></tr>";

    while( $rows = ora_fetch_into($cur_ind, &$results) ) {
        print "<tr><td>" . $row[0] . "</td>" .
                "<td>" . $row[1] . "</td>" .
                "<td>" . $row[2] . "</td>" .
                "<td>" . $row[3] . "</td></tr>";
    }
    print "</table>";
    ora_close($cur_ind);
    ora_logoff($conn);
?>
</body>
</html>
```

L4에서 array()는 $result 변수를 배열로 초기화하는 함수이다. L5에서는 계정 (sonnim)과 비밀번호(sun123)를 이용해서 Oracle과 PHP를 연결한다. L6에서는 L5에서 연결된 Oracle에서 cursor(Oracle에서는 cursor를 사용하여 내부 데이터베이스에 접근한다)를 열어 $cur_ind에 저장한다. L8에서는 query할 문장(fruit 테이블에서 가격이 50 이상인 과일을 선택하라)을 파스한다. L9에서는 L8에서 파스한 문장을 실행한다. L17에서는 $cur_ind의 데이터를 읽어 와서 $results에 배열로 저장한다. L18-L21에서는 읽어온 $results 값을 화면에 표시한다. 위 프로그램의 실행 결과는 다음과 같다.

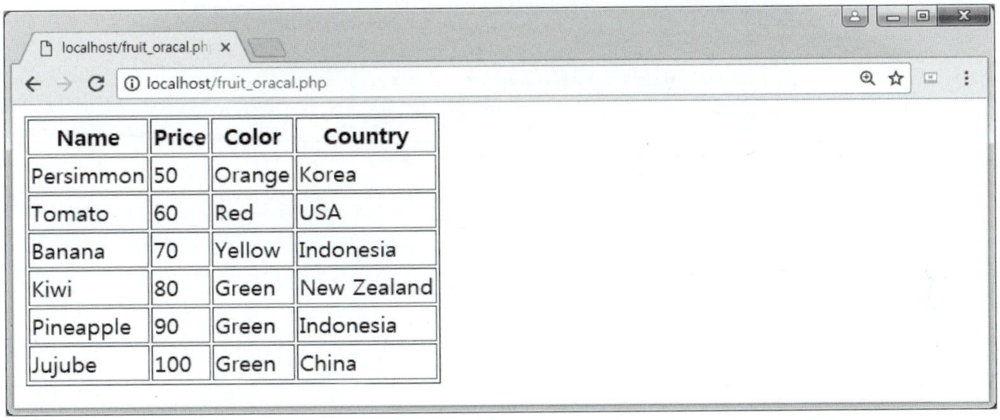

Name	Price	Color	Country
Persimmon	50	Orange	Korea
Tomato	60	Red	USA
Banana	70	Yellow	Indonesia
Kiwi	80	Green	New Zealand
Pineapple	90	Green	Indonesia
Jujube	100	Green	China

12.7 MariaDB 사용법

MariaDB는 MySQL의 개발자 중 한 명인 몬티 와드니어스(Monty Widenius)가 오라클이 인수한 MySQL 라이선스에 의견차를 보여 개발되었다. MariaDB는 MySQL과 동일한 소스 코드를 기반으로 2009년에 처음 발표되었으며 MariaDB 5.5까지는 MySQL의 번호를 따랐으며 그 이후 MariaDB 10.x의 번호체계가 부여되었다. 다음 그림은 MariaDB가 MySQL과 호환성을 유지하고 있음을 표시하고 있다. MariaDB의 클라이언트 프로토콜은 MySQL의 클라이언트 프로토콜과 호환되며 모든 클라이언트 API와 구조체는 동일하다. 모든 MySQL 커넥터(PHP, Perl, Python, Java, .NET, MyODBC, Ruby, MySQL C 커넥터 등)는 MariaDB와 동일하게 작동한다. 이는 MySQL에서 MariaDB로 데이터베이스 교체시 데이터베이스 설정 변경 외에 다른 조치가 필요 없음을 의미한다. 현재 구글, 위키피디아, 카카오 등에서 MariaDB를 사용하고 있다.

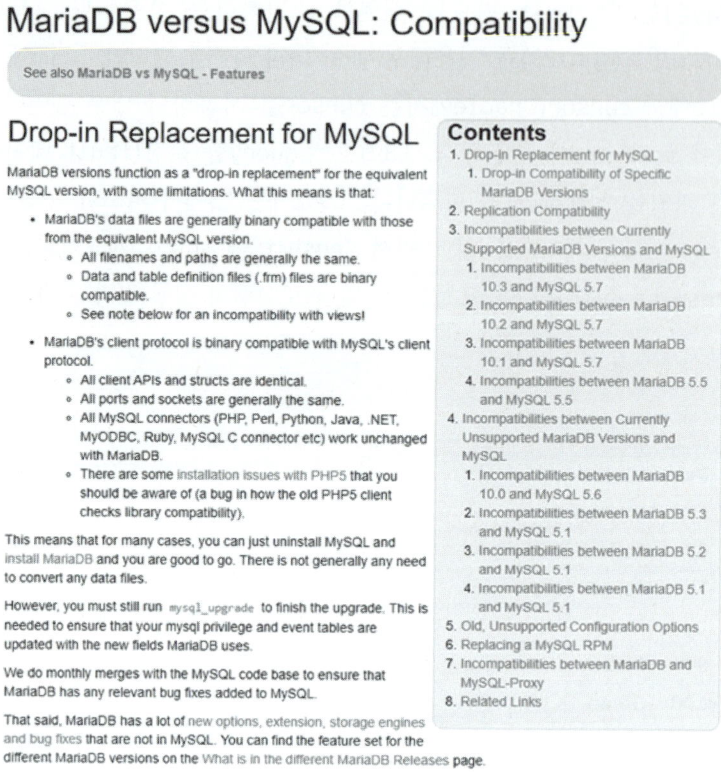

MariaDB versus MySQL: Compatibility

See also MariaDB vs MySQL - Features

Drop-in Replacement for MySQL

MariaDB versions function as a "drop-in replacement" for the equivalent MySQL version, with some limitations. What this means is that:

- MariaDB's data files are generally binary compatible with those from the equivalent MySQL version.
  - All filenames and paths are generally the same.
  - Data and table definition files (.frm) files are binary compatible.
  - See note below for an incompatibility with views!
- MariaDB's client protocol is binary compatible with MySQL's client protocol.
  - All client APIs and structs are identical.
  - All ports and sockets are generally the same.
  - All MySQL connectors (PHP, Perl, Python, Java, .NET, MyODBC, Ruby, MySQL C connector etc) work unchanged with MariaDB.
  - There are some installation issues with PHP5 that you should be aware of (a bug in how the old PHP5 client checks library compatibility).

This means that for many cases, you can just uninstall MySQL and install MariaDB and you are good to go. There is not generally any need to convert any data files.

However, you must still run `mysql_upgrade` to finish the upgrade. This is needed to ensure that your mysql privilege and event tables are updated with the new fields MariaDB uses.

We do monthly merges with the MySQL code base to ensure that MariaDB has any relevant bug fixes added to MySQL.

That said, MariaDB has a lot of new options, extension, storage engines and bug fixes that are not in MySQL. You can find the feature set for the different MariaDB versions on the What is in the different MariaDB Releases page.

Contents

(출처: https://mariadb.com/kb/en/library/mariadb-vs-mysql-compatibility/)

PHP에서 MariaDB를 사용할 때에는 다음과 같은 순서로 MariaDB에 접근하여 원하는 데이터를 얻어온다.

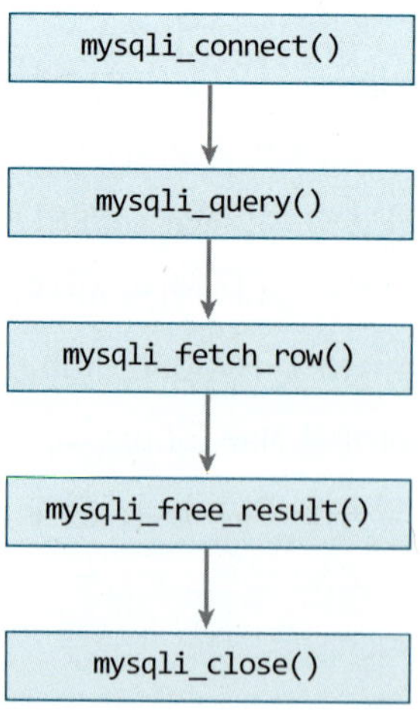

MariaDB의 PHP 접근은 MySQL을 이용한 데이터베이스의 접근과 동일하다. mysqli_connect() 함수의 문법은 다음과 같다. mysqli_connect() 함수는 MariaDB이 설치된 hostname에 지정된 컴퓨터에 접근하여 username과 password를 통해 MariaDB에 로그인 하고 데이터베이스 dbname에 접속하여 MariaDB link identifier를 반환하는 함수이다. mysqli_connect() 함수는 한번 connect가 이루어지면 다시 connect할 필요가 없으며, mysqli_close()를 호출하지 않아도 스크립트의 실행이 끝나면 자동으로 close 된다.

syntax

```
resource mysqli_connect(string hostname, string username,
              string password, string dbname[, string port [, string socket]])
```

mysqli_query() 함수의 문법은 다음과 같다. mysqli_query() 함수는 지정된 link를 사용하여 현재 활성화된 데이터베이스에서 query를 실행한다. 실행에 성공을 하면 TRUE를 반환하고 실패하면 FALSE를 반환하는 함수이다. query에 들어가는 문자열의 마지막에는 세미콜론 문자(;)를 사용하지 않는다.

syntax

```
mixed mysqli_query(mysqli link, string query
              [, int resultmode = MYSQLI_STORE_RESULT])
```

mysqli_fetch_row() 함수의 문법은 다음과 같다. mysqli_fetch_row() 함수는 result로부터 결과 값을 배열로 반환하는 함수이다. 이 함수를 계속적으로 호출하게 되면 result로부터 다음 row를 읽어온다. 만일 더 이상 읽어올 row가 없으면 FALSE를 반환한다.

syntax

```
mixed mysqli_fetch_row(mysqli_result result)
```

mysqli_free_result() 함수의 문법은 다음과 같다. mysqli_free_result 함수는 메모리에 저장된 result 값을 비우는 함수이다. result 객체가 더 이상 사용되지 않을 때 꼭 mysqli_free_result 함수를 이용하여 결과를 비워줘야 한다.

syntax

```
void mysqli_free_result(mysqli_result result)
```

mysqli_close() 함수의 문법은 다음과 같다. mysqli_close() 함수는 link_identifier로 연결된 MariaDB를 close하고 성공하면 TRUE를 반환하고 실패하면 FALSE를 반환하는 함수이다. 만일 link_identifier가 연결되어 있지 않으면 마지막으로 연결된 link_identifier를 close한다.

syntax

```
bool mysqli_close([resource link_identifier])
```

12.8 콘솔 명령어를 이용한 MariaDB 프로그램

MariaDB을 사용하기 위해서 사용자 계정과 암호 그리고 사용자에게 할당된 데이터베이스가 필요하다. 다음은 AutoSet에서 제공하는 MariaDB 콘솔을 이용하였다. AutoSet은 프리웨어(Freeware)로 윈도우 환경에서 PHP를 실행할 수 있도록 지원한다. AutoSet의 콘솔을 이용하였기 때문에 암호를 넣지 않고도 실행 가능하다. 기본적으로 암호는 autoset으로 설정되어 있다. MariaDB에 연결이 확인되면 서버 버전 및 도움말(help)에 대한 설명이 나오며 마지막 줄에 MySQL> 프롬프트에 커서가 깜박인다.

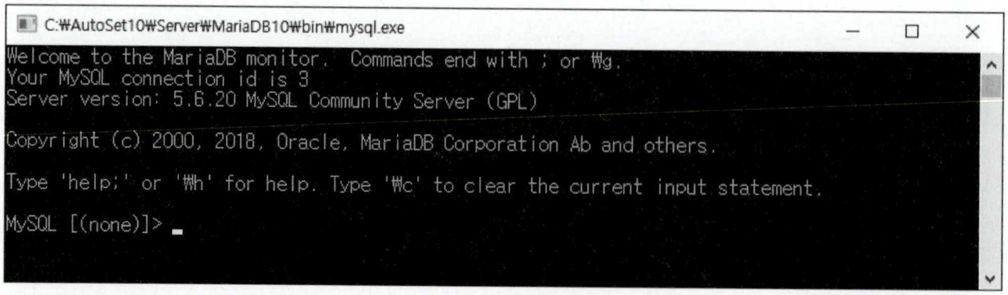

CREATE DATABASE goods; 명령어를 입력한다. 이 명령어는 goods 데이터베이스를 생성하는 것이다. Query OK란 메시지가 나오면 성공적으로 goods 데이터베이스가 생성된 것이다.

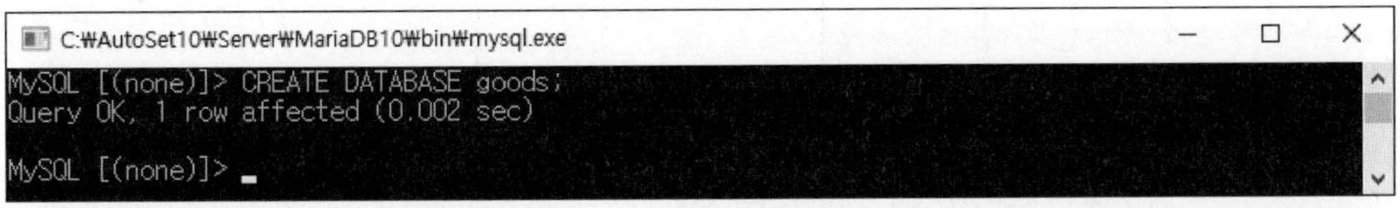

goods 데이터베이스를 사용하기 위하여 use goods; 명령어를 입력한다.

다음과 같이 명령어 CREATE TABLE을 이용하여 fruit 테이블 생성한다. fruit 테이블은 4개의 필드를 가지고 있다. 필드의 이름은 name, price, color, country이며 각각 필드의 데이터 형식을 지정하였다. name 필드를 Primary Key로 설정하였고 Null 값을 가질 수 없도록 DEFAULT '' NOT NULL이 선언되었다. Query OK란 메시지가 나오면 성공적으로 fruit 테이블이 만들어진 것이다.

```
CREATE TABLE fruit (
    name varchar(20) DEFAULT '' NOT NULL,
    price int(10),
    color varchar(20),
    country varchar(20),
    PRIMARY KEY (name)
);
```

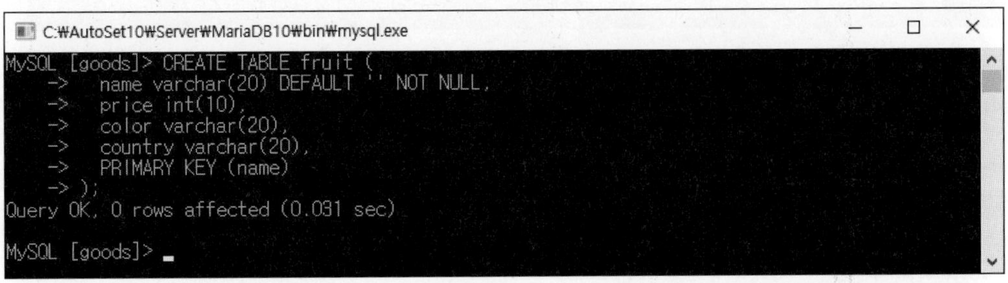

현재 데이터베이스의 모든 테이블들을 보고 싶다면 다음 그림과 같이 show tables; 명령어를 입력한다. 명령어의 실행 결과로 fruit 테이블만 존재함을 알 수 있다.

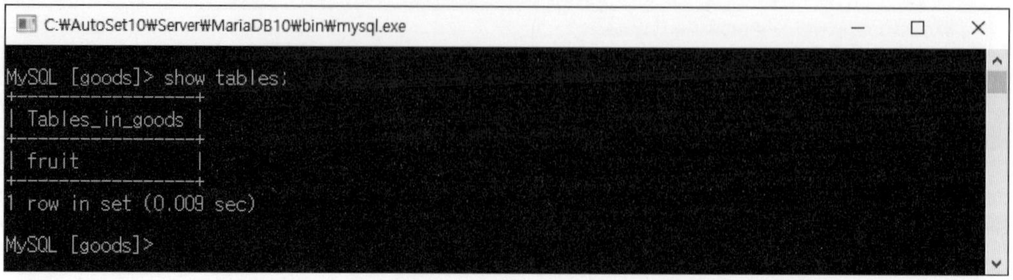

fruit 테이블의 속성을 알고 싶다면 desc fruit; 명령어를 입력한다. 앞에서 CREATE TABLE 명령어로 생성된 필드의 속성을 확인할 수 있다.

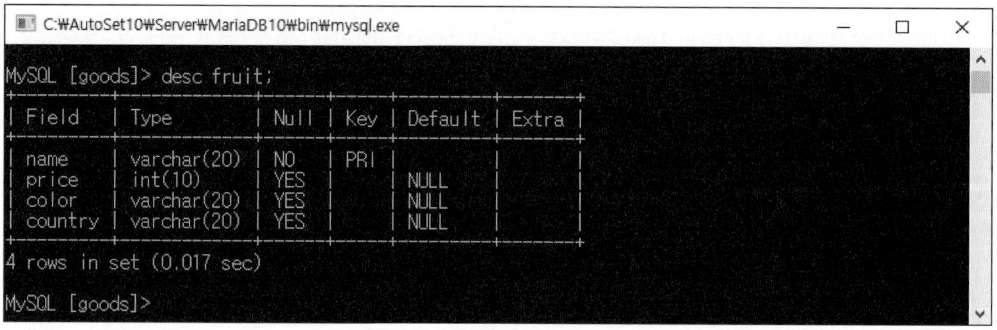

다음으로 만들어진 fruit 테이블에 <표 12-1>에 나타난 과일 중 Apple의 데이터를 INSERT 명령어를 이용하여 입력해 보자.

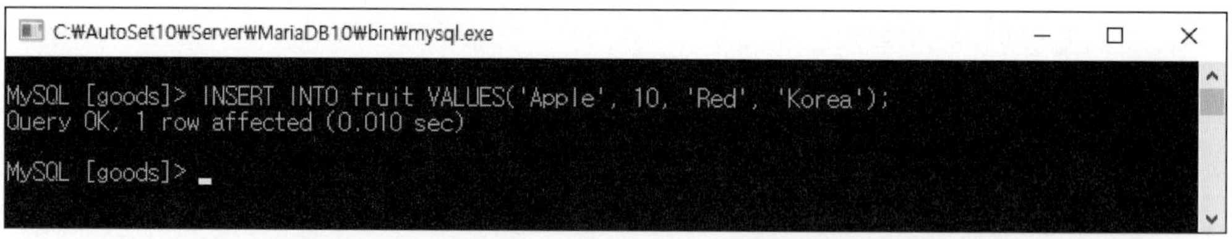

SELECT * from fruit; 명령어를 이용하여 fruit 테이블에 추가된 데이터를 확인할 수 있다.

```
C:\AutoSet10\Server\MariaDB10\bin\mysql.exe

MySQL [goods]> SELECT * from fruit;
+-------+-------+-------+---------+
| name  | price | color | country |
+-------+-------+-------+---------+
| Apple |    10 | Red   | Korea   |
+-------+-------+-------+---------+
1 row in set (0.000 sec)

MySQL [goods]> _
```

위와 같은 방법으로 <표 12-1>의 나머지 데이터를 모두 입력한다. 모든 데이터를 입력한 후 SELECT 명령어를 이용하여 추가된 데이터를 확인한다.

```
C:\AutoSet10\Server\MariaDB10\bin\mysql.exe

MySQL [goods]> SELECT * from fruit;
+------------+-------+--------+-------------+
| name       | price | color  | country     |
+------------+-------+--------+-------------+
| Apple      |    10 | Red    | Korea       |
| Banana     |    70 | Yellow | Indonesia   |
| Jujube     |   100 | Green  | China       |
| Kiwi       |    80 | Green  | New Zealand |
| Peach      |    30 | Pink   | Korea       |
| Pear       |    20 | Yellow | Korea       |
| Persimmon  |    50 | Orange | Korea       |
| Pineapple  |    90 | Green  | Indonesia   |
| Tomato     |    60 | Red    | USA         |
| Watermelon |    40 | Green  | Korea       |
+------------+-------+--------+-------------+
10 rows in set (0.000 sec)

MySQL [goods]>
```

fruit_mariadb.php 코드는 MariaDB를 이용하여 goods 데이터베이스의 fruit 테이블에서 가격이 50원 이상인 과일을 출력하는 프로그램이다.

fruit_mariadb.php

```
<html>
<body>
<?PHP
    $conn = mysqli_connect('localhost', 'root', 'autoset', 'goods');

    if(mysqli_connect_errno()) {
        printf("%s \n", mysqli_connect_error());
```

```
L8          exit;
L9      }
L10
L11     $query = "select * from fruit where price >= 50";
L12     $result = mysqli_query( $conn, $query );
L13
L14     print "<table border=1><tr>" .
L15             "<th>Name</th>" .
L16             "<th>Price</th>" .
L17             "<th>Color</th>" .
L18             "<th>Country</th></tr>";
L19
L20     while( $row = mysqli_fetch_row($result) ) {
L21         print "<tr><td>" . $row[0] . "</td>" .
L22             "<td>" . $row[1] . "</td>" .
L23             "<td>" . $row[2] . "</td>" .
L24             "<td>" . $row[3] . "</td></tr>";
L25     }
L26     print "</table>";
L27
L28     mysqli_free_result($result);
L29     mysqli_close($conn);
L30 ?>
L31 </body>
L32 </html>
```

L4에서 PHP는 localhost 컴퓨터에 root 계정과 autoset 비밀번호를 이용하여 MariaDB 안의 goods 데이터베이스를 연결한 후 L6-L9에서 데이터베이스가 정확히 연결이 되었는지를 검사한다. L11에서 `$query`를 선언하고 L12에서 실행하여 fruit 테이블의 데이터 중 가격이 50 이상인 결과를 `$result`로 반환한다. L20은 반환된 `$result`를 한 줄씩 읽어오는 함수이며 L21-L24에서 읽어온 `$row` 값을 화면에 출력한다. 위 프로그램의 실행 결과는 다음과 같다.

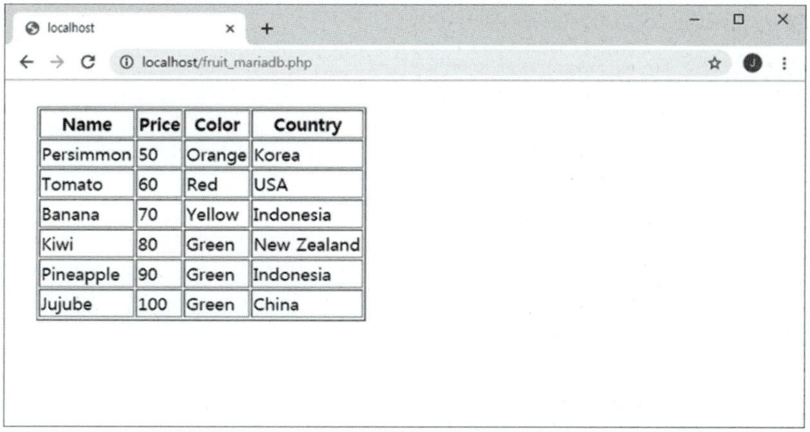

Name	Price	Color	Country
Persimmon	50	Orange	Korea
Tomato	60	Red	USA
Banana	70	Yellow	Indonesia
Kiwi	80	Green	New Zealand
Pineapple	90	Green	Indonesia
Jujube	100	Green	China

12.9 MySQL에서 PHP 프로그래밍

12.3절과 12.4절에서 콘솔 창을 열거나 GUI를 이용하여 MySQL 데이터베이스를 직접 구성한 뒤 데이터를 입력하였다. 본 절에서는 PHP 프로그램을 이용하여 MySQL에 데이터를 입력한다. <표 12-1>의 데이터를 데이터베이스에 삽입하기 위해 이전까지는 콘솔에서 Insert 구문을 이용하였다. 이번에는 웹상에서 Insert할 수 있는 간단한 프로그램을 짜 보도록 하자. 다음 프로그램을 보면 fruit1.php에서는 입력할 데이터를 받으며 fruit2.php에서는 fruit1.php에서 입력받은 데이터를 MySQL 데이터베이스에 삽입하는 것이다.

fruit1.php

```
<html>
<body>
    <form name=fruit method=post action="./fruit2.php">
        Insert new data.<br>
        Name : <input type=text name=name><br>
        Price : <input type=text name=price><br>
        Color : <input type=text name=color><br>
        Country : <input type=text name=country><br>
        <input type=submit value="입력">
        <input type=reset value="취소">
    </form>
</body>
</html>
```

fruit1.php의 실행 결과는 다음과 같다.

fruit1.php의 submit을 선택하면 fruit2.php가 실행되는데 fruit2.php의 코드는 다음과 같다.

fruit2.php

```
<html>
<body>
<?PHP
    $conn = mysqli_connect('localhost', 'root', 'apmsetup', 'goods');

    if(mysqli_connect_errno()) {
        printf("%s \n", mysqli_connect_error());
        exit;
    }

    $query = "INSERT INTO fruit VALUES ('$name', $price, '$color', '$country')"; .
    $result = mysqli_query( $query );

    if ($result)
        print "입력되었습니다.<br>";
    else
        print "입력되지 않았습니다.<br>";
            "<th>Country</th></tr>";
?>
</body>
</html>
```

위 프로그램은 12.3절에서 사용하였던 프로그램과 비슷하며 L11-L12 부분과 L14-L18 부분만이 다르다. 먼저 L11-L12 부분은 넘겨받은 Name($name), Price($price), Coloe($color), Country($country)를 fruit 테이블에 삽입하라는 SQL 문장이다. 그리고 L14-L18 부분은 L12에서 실행한 mysqli_query()가 유효한지를 비교해서 유효하면 화면에 "입력되었습니다"라는 메시지를 유효하지 않으면 "입력되지 않았습니다"라는 메시지를 출력한다. 아래의 표 값을 입력하여 보자.

name	price	color	country
Strawberry	200	Red	Korea
Blueberry	210	Blue	USA
Raspberry	220	Red	UK
Blackberry	230	Black	Canada

표 값 입력 후 위에서 작성한 fruit_mysql.php 코드를 실행하면 다음과 같은 결과를 보인다.

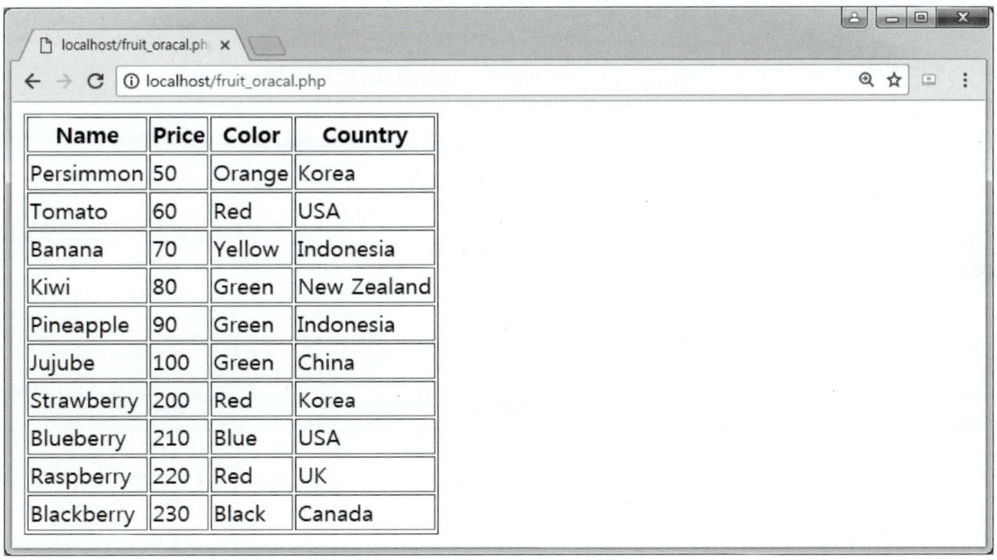

Name	Price	Color	Country
Persimmon	50	Orange	Korea
Tomato	60	Red	USA
Banana	70	Yellow	Indonesia
Kiwi	80	Green	New Zealand
Pineapple	90	Green	Indonesia
Jujube	100	Green	China
Strawberry	200	Red	Korea
Blueberry	210	Blue	USA
Raspberry	220	Red	UK
Blackberry	230	Black	Canada

연습문제

[1~5] 다음과 같은 fruit 테이블이 있다.

name	price	color	country
사과	10	빨간색	한국
배	40	노란색	한국
바나나	70	노란색	인도네시아
키위	80	초록색	호주
대추	100	초록색	한국

1. SELECT 문을 이용하여 노란색 과일의 이름을 표시하시오.

2. SELECT 문을 이용하여 과일의 이름을 오름차순으로 정렬하여 표시하시오.

3. SELECT 문을 이용하여 가격이 50 이하인 빨간색 과일의 이름을 표시하시오.

4. UPDATE 문을 이용하여 사과의 가격을 2배로 하여 저장하시오.

5. DELETE 문을 이용하여 원산지가 호주인 과일의 목록을 삭제하시오.

6. PHP에서 MySQL 데이터베이스를 사용하여 원하는 데이터를 가져오는 순서를 적으시오.

[7~9] 다음과 같은 people 테이블이 있다.

name	email	age
David	david.k@gmail.com	24
Alice		52
Elsa	snow@world.com	17
Bob		40
Chris	Chris@hotmail.com	21

7. 데이터베이스에 저장된 사람의 이름 목록을 나이순으로 표시하는 PHP 프로그램을 작성하시오.

8. 이메일 주소가 없는 사람의 목록을 표시하는 PHP 프로그램을 작성하시오.

9. 데이터베이스에 저장된 모든 사람의 나이를 1만큼 증가시켜 저장하는 PHP 프로그램을 작성하시오.

10. 데이터베이스에 저장된 모든 사람의 나이를 1만큼 증가시켜 저장하는 PHP 프로그램을 작성하시오.

11. user 테이블은 이름과 비밀번호로 구성되어 있다. 사용자에게 이름과 비밀번호를 입력받아 데이터베이스에 저장하는 프로그램을 작성하시오.

CHAPTER 13

소켓: 네트워크 프로그래밍

PHP Web Programming

contents

13 소켓: 네트워크 프로그래밍

13.1 소켓

소켓(socket)이란 서버와 클라이언트가 서로 특정한 규약을 사용하여 데이터를 전송하기 위한 방식이다. 서버와 클라이언트는 소켓 연결을 기다렸다가 소켓이 연결되면 서로 데이터를 전송하게 된다. PHP에서 소켓을 생성하기 위해 socket_create() 함수를 사용한다. socket_create() 함수의 문법은 다음과 같다.

syntax

```
resource socket_create(int domain, int type, int protocol)
```

socket_create() 함수는 원하는 통신 프로토콜의 종류를 설정하는 것이다. 파라미터의 도메인(domain)에는 인터넷 프로토콜인 AF_INET이 있고 UNIX 프로토콜인 AF_UNIX가 있다. 소켓의 종류(type)는 다음과 같다.

SOCK_STREAM	stream socket
SOCK_DGRAM	datagram socket
SOCK_SEQPACKET	sequenced packet socket
SOCK_RAW	raw socket
SOCK_RDM	reliably delivered message socket

예를 들어 UDP 소켓을 사용할 때는 SOCK_DGRAM을 사용하고, TCP 소켓을 사용할 때는 SOCK_STREAM을 사용한다. 그리고 socket_create() 함수의 반환 값이 -1이면 연결에 실패한 것이다.

13.2 UDP: 비연결형 통신규약

UDP(User Datagram Protocol)는 비연결(connectionless)형 통신규약(protocol)으로 비교적 간단한 네트워크 프로그래밍을 할 때 사용된다. UDP는 패킷에 데이터를 실어서 보내는데 데이터를 보내기 전에 서버와 클라이언트를 연결하는 과정이 생략된다. UDP에서는 데이터 전송에 대한 신뢰성을 보장하지 않기 때문에 경우에 따라서 데이터 전송 중에 패킷을 잃어버릴 수 있다.

UDP로 데이터를 전송하기 위해서는 다음과 같은 순서로 함수들이 호출되어야 한다.

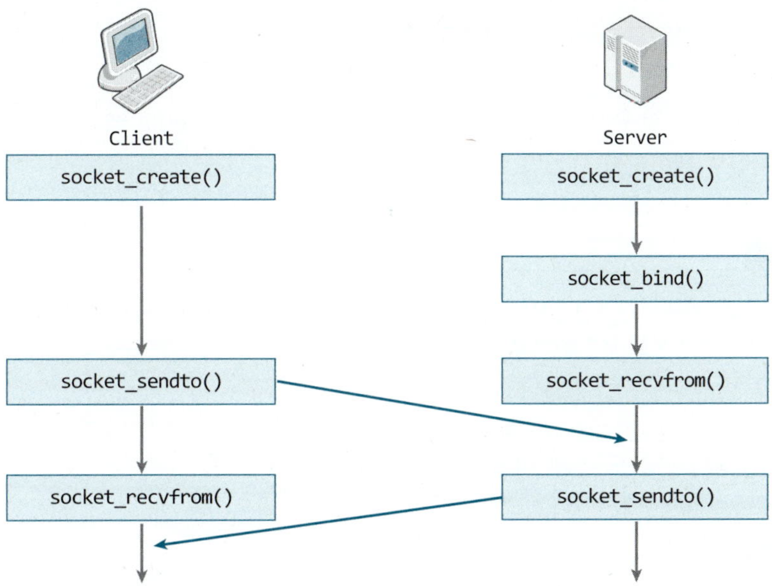

UDP 연결을 위한 socket_create()에서 type 파라미터는 SOCK_DGRAM을 사용한다. 그리고 socket_bind()에서 socket과 IP address, port를 연결한다. 여기서 IP address는 서버의 IP 주소이고 port는 연결할 포트번호이다. socket_bind()할 때 반환 결과가 0이면 socket_bind() 함수 수행을 성공한 것이고, 반환 값이 음수이면 에러가 발생한 것이다. socket_bind() 함수의 문법은 다음과 같다.

syntax

```
bool socket_bind(resource socket, string address [, int port = 0])
```

UDP에서 데이터를 전송하기 위해서는 socket_recvfrom()과 socket_sendto()를 사용한다. socket_recvfrom()은 데이터를 받는 함수이고 socket_sendto()는 데이터를 보내는 함수이다. socket_recvfrom() 함수의 문법은 다음과 같다. buffer에는 address, port로 들어온 데이터가 저장된다. 그리고 이 데이터의 크기가 length에 저장된다.

syntax

```
int socket_recvfrom(resource socket, string buffer, int length, int flag,
    string address [, int port])
```

socket_sendto() 함수의 문법은 다음과 같다. buffer에는 address, port로 보낼 데이터가 들어있고 데이터의 크기가 length에 들어 있다.

syntax

```
int socket_sendto(resource socket, string buffer, int length, int flag,
    string address [, int port])
```

socket_close() 함수는 소켓 연결을 종료하는 함수이다.

syntax

```
void socket_close(resource socket)
```

udp_server.php 코드는 UDP를 이용한 서버 프로그램이다. 이 서버는 클라이언트에서 문자열을 받은 다음에 그 문자열을 단어별로 정렬하여 다시 클라이언트로 보내는 역할을 한다. 즉 클라이언트에서 $data = "Apple Orange Banana Pear"를 서버로 보내면 서버에서는 이 문자열을 Apple, Orange, Banana, Pear로 나누어 배열에 삽입한다. 그리고 이 배열 값을 갖고 정렬하여서 Pear, Orange, Banana, Apple 순서로 문자열을 만든 후 다시 클라이언트로 전송한다.

udp_server.php

```
L1  <?PHP
L2      $addr = gethostbyname('127.0.0.1');
L3      $port = 5090;
L4      $buf = "";
L5      $sock = socket_create(AF_INET, SOCK_DGRAM, 0);
L6      if($sock < 0)
L7          die(socket_strerror($sock));
L8
L9      if(($ret = socket_bind($sock, $addr, $port)) < 0)
L10         die(socket_strerror($ret));
L11
L12     do
L13     {
L14         $read = socket_recvfrom( $sock, $buf, 2048, 0, $addr, $port );
L15         echo "Receive data : $buf <br>";
L16
L17         $temp = preg_split("/\s+/", $buf);
L18         sort($temp);
L19         for($i = count($temp) - 1; $i > 0; $i--)
L20         {
L21             $resp .= $temp[$i] . " ";
L22         }
L23         $send = socket_sendto($sock, $resp, strlen($resp), 0, $addr, $port );
L24         echo "Send data : $resp <br>";
L25         } while($read < 0);
L26
L27     socket_close($sock);
L28 ?>
```

L2-L3에서는 데이터를 받을 서버의 IP address 127.0.0.1과 포트번호 5090을 선언하였다. 그리고 L5에서 socket_create()을 이용하여 소켓을 선언하고 L9에서 소켓에 위에서 선언한 IP address와 포트번호를 socket_bind() 함수에서 연결하게 된다. 그리고 L14에서 $buf에 클라이언트에서 전송한 데이터를 받고 이 데이터를 이용하여 $resp를 만들게 된다. 여기서 $resp에는 $buf에 있는 데이터를 배열로 자른 후 각 단어별로 sort를 하여 만든 문자열이 들어간다. 마지막으로 L23에서 $resp의 데이터를 다시 클라이언트로

전송한다.

udp_client.php 코드는 UDP 클라이언트로서 서버에 데이터를 전송하고 서버에서 보내온 데이터를 다시 받는 역할을 한다.

udp_client.php

```
L1   <?PHP
L2       $addr = gethostbyname('127.0.0.1');
L3       $port = 5090;
L4       $data = "Apple Orange Banana Pear";
L5       $buf = "";
L6       $sock = socket_create(AF_INET, SOCK_DGRAM, 0);
L7       if($sock < 0)
L8           die(strerror($sock));
L9
L10      $ret = socket_sendto( $sock, $data, strlen($data), 0, $addr, $port );
L11      echo "Send data : $data <br>";
L12
L13      do
L14      {
L15          $read = socket_recvfrom( $sock, $buf, 2048, 0, $addr, $port );
L16          } while($read < 0);
L17
L18      echo "Receive data : $buf1 <br>";
L19      socket_close($sock);
L20  ?>
```

L4에서는 보낼 데이터 $data = "Apple Orange Banana Pear"를 선언하였다. 그리고 L11에서 socket_sendto()를 이용하여 $data를 서버에 보낸다. 그리고 서버에서 보내온 데이터 Pear Orange Banana Pear를 L15에서 socket_recvfrom()을 이용하여 전송받는다.

13.3 TCP: 연결형 통신규약

TCP(Transmission Control Protocol)는 연결지향(connection oriented)형 통신규약(protocol)이며 안전한(reliable) 데이터 전송을 보장해 주는 프로토콜이다. TCP의 연결은 서버에서 클라이언트의 연결을 기다리는 서버소켓이 있으며 클라이언트는 미리 정해진 포트를 통해서 서버와 연결한다. 한번 연결이 된 후에는 소켓을 통해 데이터를 전달한다. 데이터는 신뢰성이 보장되어 전송되는 과정에 순서가 바뀌어도 이를 재조합하여 정확한 데이터를 보내고 받을 수 있다.

TCP로 데이터를 전송하기 위해서는 다음과 같은 순서로 함수들이 호출되어야 한다.

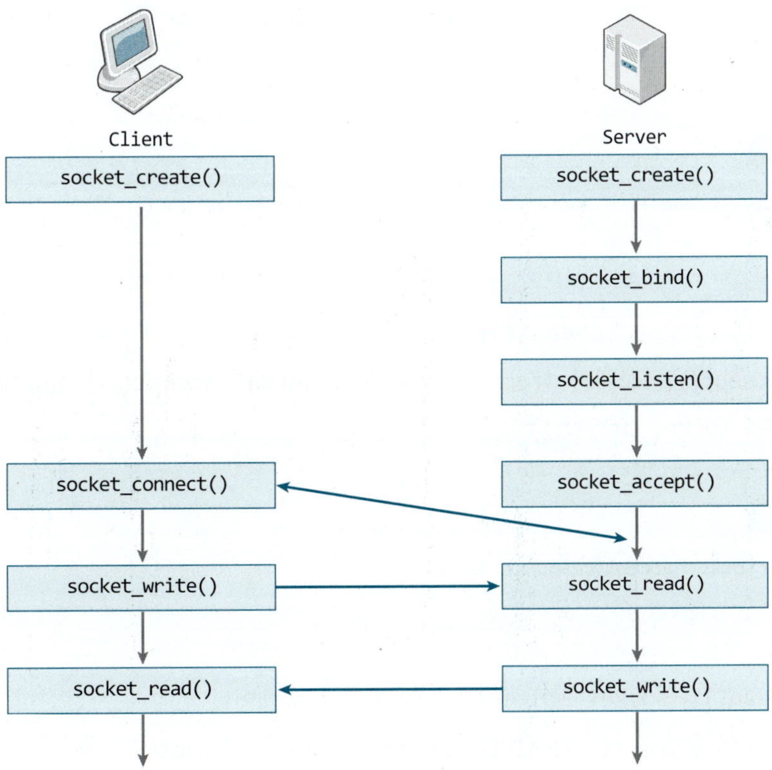

UDP와 다른 점은 서버에서 연결을 기다린다는 것이다. 즉 socket_listen() 함수를 이용하여 클라이언트 측에서 보낸 socket_connect() 함수가 올 때까지 서버는 기다리고 socket_connect() 함수가 도착하면 socket_accept()를 보낸 후 데이터 전송을 시작한다. 그리고 마찬가지로 socket_close() 함수를 이용하여 연결을 종료하게 된다. TCP에서 socket_create() 설정 시에 소켓 종류 설정 파라미터에 SOCK_STREAM을 사용한다. TCP에서 데이터를 전송할 경우 socket_read(), socket_write()를 사용한다. socket_read()는 데이터를 받는 함수이고, socket_write()는 데이터를 보내는 함수이다.

각각의 함수는 다음과 같다. socket_listen()은 TCP에서 사용하는 함수로 서버에서 클라이언트의 연결을 기다리는 역할을 한다.

syntax

bool **socket_listen**(*resource* socket [, *int* backlog = 0])

클라이언트가 서버와 연결하기 위해서 서버로 socket_connect()를 보낸다. socket_connect() 함수의 문법은 다음과 같다. 여기서 address와 port는 서버의 IP address와 포트번호이다.

syntax

bool **socket_connect**(*resource* socket, *string* address [, *int* port = 0])

클라이언트는 socket_connect()를 보내고 대기 상태에서 기다리게 되는데 서버에서 socket_accept()를 보내면 실제로 연결이 된다. socket_accept()가 성공해야 연결이 끝나게 된다. socket_accept()의 문법은 다음과 같다.

syntax

resource **socket_accept**(*resource* socket)

socket_read()와 socket_write()는 TCP 통신에서 데이터 전송에 사용한다. socket_read() 함수의 문법은 다음과 같다. socket_read()에서 length는 데이터 크기가 저장

된다.

syntax

```
int socket_read (resource socket_des, int length [, int type])
```

socket_write() 함수의 문법은 다음과 같다. socket_write()에서 buffer와 length는 보낼 데이터와 데이터의 크기가 저장된다.

syntax

```
int socket_write (resource socket_des, string &buffer [, int length = 0])
```

tcp_server.php 코드는 TCP를 이용한 서버이다. 이 서버는 UDP에서와 마찬가지로 클라이언트로부터 데이터를 받아 단어별로 정렬한 후 클라이언트로 다시 보내는 역할을 한다. 즉 클라이언트는 Apple Orange Banana Pear를 보내고 서버 측에서는 정렬한 Pear Orange Banana Apple을 클라이언트로 보내게 된다.

tcp_server.php

```
<?PHP
    $address = gethostbyname('127.0.0.1');
    $port = 5091;

    if(($sock = socket_create(AF_INET, SOCK_STREAM, 0)) < 0)
        echo "socket_create() failed: reason: " . socket_strerror($sock) . "<br>";
    if(($ret = socket_bind($sock, $address, $port == false)) < 0 )
        echo "socket_bind failed: reason: " . socket_strerror($ret) . "<br>";
    if(($ret = socket_listen ($sock, 0)) == false )
        echo "socket_listen() failed: reason: " . socket_strerror($ret) . "<br>";
    if(($msgsock = socket_accept($sock)) < 0 )
        echo "socket_accept failed: reason: " . socket_strerror($msgsock) . "<br>";

    $buf = "";
    $buf = socket_read($msgsock, 2048);
```

```
L16     if($buf == NULL)
L17         echo "socket_read() failed: reason: " . socket_strerror($buf) . "<br>";
L18
L19     echo "Receive data : $buf <br>";
L20
L21     $temp = preg_split("/\s+/", $buf);
L22     sort($temp);
L23     $talkback = "";
L24     for($i = count($temp) - 1; $i > 0; $i--)
L25     {
L26         $talkback .= $temp[$i] . " ";
L27     }
L28     socket_write($msgsock, $talkback, strlen($talkback));
L29     echo "Send data : $talkback <br>";
L30     socket_close($msgsock);
L31     socket_close ($sock);
L32 ?>
```

L2-L3에 서버의 IP address와 포트 번호가 선언되어 있다. 그리고 L5-L12에서 socket_socket(), socket_bind(), socket_listen(), socket_accept()를 사용하여 클라이언트와 연결을 시도하게 된다. L15에서 클라이언트에서 보내온 데이터를 받아 $buf에 저장한다. 그리고 L21-L27에서 클라이언트에서 보내온 데이터를 정렬하여 $talkback 변수에 저장한다. L28에서는 정렬한 데이터를 클라이언트에 socket_write()를 이용하여 전달한다.

tcp_client.php 코드는 TCP를 이용한 클라이언트 프로그램으로 서버에 데이터를 보내고 결과를 다시 서버에서 받는 역할을 한다.

tcp_client.php

```
<?PHP
    $address = gethostbyname('127.0.0.1');
    $service_port = 5091;

    if(($sock = socket_create(AF_INET, SOCK_STREAM, 0)) < 0)
```

```
L6          echo "socket_create() failed: reason: " . socket_strerror($sock) . "<br>";
L7      if(($result = socket_connect($socket, $address, $service_port)) == false)
L8          echo "socket_connect() failed: reason: " . socket_strerror($result) . "<br>";
L9
L10     $in = "Apple Orange Banana Pear ";
L11     $out = "";
L12     socket_write($sock, $in, strlen ($in));
L13     echo "Send data : $in <br>";
L14
L15     $out = socket_read($sock, 2048);
L16     echo "Receive data : $out <br>";
L17     socket_close($sock);
L18 ?>
```

L2-L3에 데이터를 보내고 받을 서버의 IP address와 포트번호를 선언하였다. 그리고 L7에서 socket_connect() 함수를 사용하여 서버와의 연결을 시도하게 된다. L12에서는 L10에 선언된 데이터를 서버로 보낸다. 그리고 L15에서 서버에서 정렬하여 보낸 데이터를 $out에 반환한다.

13.4 네트워크 응용프로그램

서버와 클라이언트 간의 네트워크 프로그램을 이용하여 간단한 대화창 시스템을 만들어 보자. 다수의 클라이언트가 메시지를 주고받기 위해서 중간 전달자로 서버를 둔다. 그 구조는 다음 그림과 같다.

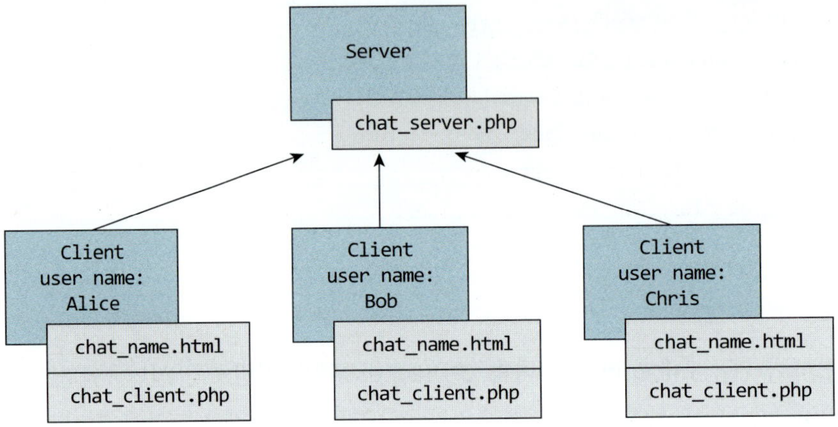

udp_chat_server.php 코드는 비연결형 통신규약인 UDP를 이용하여 구현한 대화창 시스템이다.

chat_server.php

```
<?PHP
    $addr = gethostbyname('127.0.0.1');
    $port = 5092;
    $buf = "";

    $sock = socket_create(AF_INET, SOCK_DGRAM, 0);
    if($sock < 0)
        die(strerror($sock));

    if(($ret = socket_bind($sock, $addr, $port)) < 0)
        die(socket_strerror($ret));

    do
    {
```

```
        $read = socket_recvfrom( $sock, $buf, 2048, 0, $addr, $port );

        $resp .= $buf."<br>";
        $send = socket_sendto($sock, $resp, strlen($resp), 0, $addr, $port);
    } while($read);

    socket_close($sock);
?>
```

chat_client.php 코드는 대화창의 클라이언트 프로그램이다. chat_name.html 코드는 사용자의 이름을 입력하는 프로그램으로 이름을 입력받은 후 chat_client.php 코드를 실행한다. chat_name.php 코드는 다음과 같다.

chat_name.html

```
<form method = 'post' action = "chat_client.php">
    User Name: <input type = 'text' name = 'username' size = '4'>
    <input type = 'hidden' name = 'msg' value = 'Entrance'>
    <input type = 'submit' value = 'submit'>
</form>
```

대화창 클라이언트 프로그램에서 쓰레드를 적용하지 않았기 때문에 사용자의 동작이 있을 때 새롭게 서버에서 변경된 내용이 갱신되도록 프로그램하였다.

chat_client.php

```
<form method = 'post' action = "chat_client.php">
    <?echo $username ?>
    <input type = 'hidden' name = 'username' value =<?echo $username ?>>
    <input type = 'text' name = 'msg' >
    <input type = 'submit' value = 'Go'>
</form>

<?php
```

```
    $addr = gethostbyname('127.0.0.1');
    $port = 5092;
    $buf = "";

    $sock = socket_create(AF_INET, SOCK_DGRAM, 0);
    if($sock < 0)
        die(socket_strerror($sock));

    $data = $username. " : " . $msg
    $ret = socket_sendto($sock, $data, strlen($data), 0, $addr, $port);

    do{
        $read = socket_recvfrom($sock, $buf, 2048, 0, $addr, $port);
    }while($read < 0);

    echo "$buf";
    socket_close($sock);
?>
```

| 연습문제 |

1. Socket이란 무엇인가?

2. TCP란 무엇인가?

3. UDP란 무엇인가?

4. 다음은 TCP의 통신 순서이다. 보기의 키워드를 알맞은 숫자에 넣으시오.

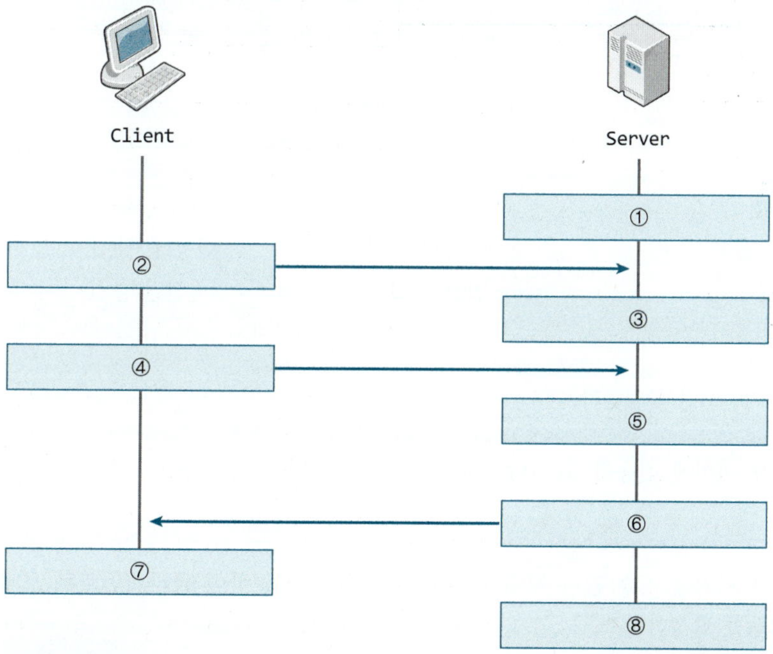

보기

㉠ 메시지 전송	㉡ 메시지 송신	㉢ 연결 대기
㉣ 연결 해제	㉤ 연결 요청	㉥ 연결 승인

5. 다음은 UDP의 통신 순서이다. 보기의 키워드를 알맞은 숫자에 넣으시오.

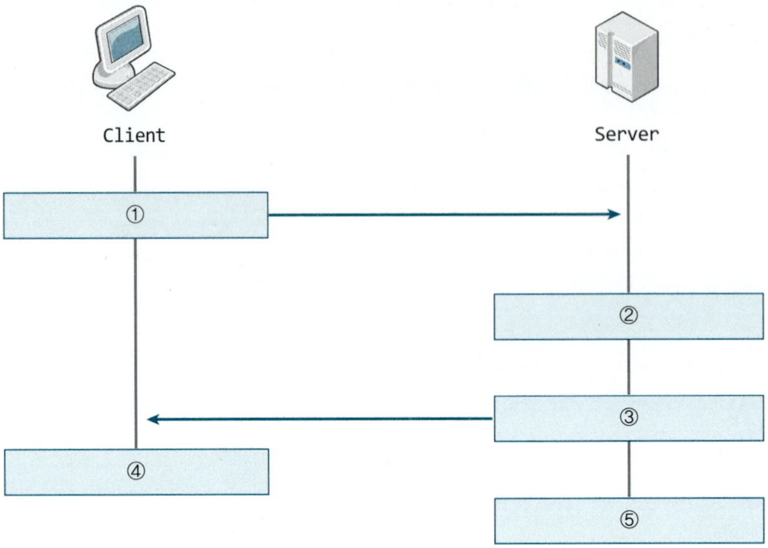

보기

㉠ 메시지 전송	㉡ 메시지 송신	㉢ 연결 대기
㉣ 연결 해제	㉤ 연결 요청	㉥ 연결 승인

6. 서버와 클라이언트란 무엇인가?

7. 클라이언트가 서버에 전송한 String 데이터가 txt 파일에 저장되는 프로그램을 작성하시오.

8. 클라이언트가 서버에 정수 값을 보내면 서버는 그 값을 제곱하여 클라이언트로 보내주는 UDP 프로그램을 작성하시오.

9. TCP를 이용하여 현재 시간을 표시하는 클라이언트 프로그램을 작성하시오. 이 때, 접속할 서버는 time.kriss.re.kr(한국표준과학연구원)이며 daytime(13번) 포트를 사용한다.

10. PHP의 소켓을 이용하여 www.gnu.org 서버의 80번 포트로 접속한 후 index.html 파일을 읽어 브라우저 화면에 표시하는 프로그램을 작성하시오.

11. 메일 서버의 POP3 포트(110번)로 접속하여 자신의 계정에 몇 통의 메일이 도착하였는지 출력하는 PHP 프로그램을 작성하시오.

CHAPTER 14

게시판 1

PHP Web Programming

contents

14 게시판 1

14.1 게시판 구성

본 절에서는 게시판의 전체적인 구성을 살펴본다. 게시판의 첫 화면에서는 글의 목록을 보여주는 리스트가 나타난다. 사용자는 각 글들의 제목을 보고 읽고자 하는 글의 제목을 클릭한다. 제목을 클릭하면 글의 내용을 볼 수 있는 페이지로 이동하게 된다. 글을 읽은 사용자는 수정, 편집, 삭제에 관련된 작업 등을 할 수 있다.

글을 수정하고자 할 때에는 수정 링크를 클릭하게 되고 글을 수정할 수 있는 페이지로 이동한다. 답변 글을 작성하고자 할 때에는 답변 링크를 클릭하여 답변 글을 작성할 수 있는 페이지로 이동한다. 글을 삭제하고자 할 때에는 삭제 링크를 클릭하여 글을 삭제할 수 있는 페이지로 이동한다. 리스트가 보이는 페이지에서 사용자는 새로운 글을 작성할 수 있다. 새로운 글을 작성하고자 할 때에는 리스트에 있는 글쓰기 링크를 클릭하여 새로운 글을 작성할 수 있는 페이지로 이동한다.

[그림 14-1]은 게시판의 구성도이다. 본 절의 내용은 이 그림의 흐름을 따라 전개된다. 그림에서 사각형의 상단에는 파일의 이름을 나타내었고 하단에는 그 파일의 역할을 나타내었다.

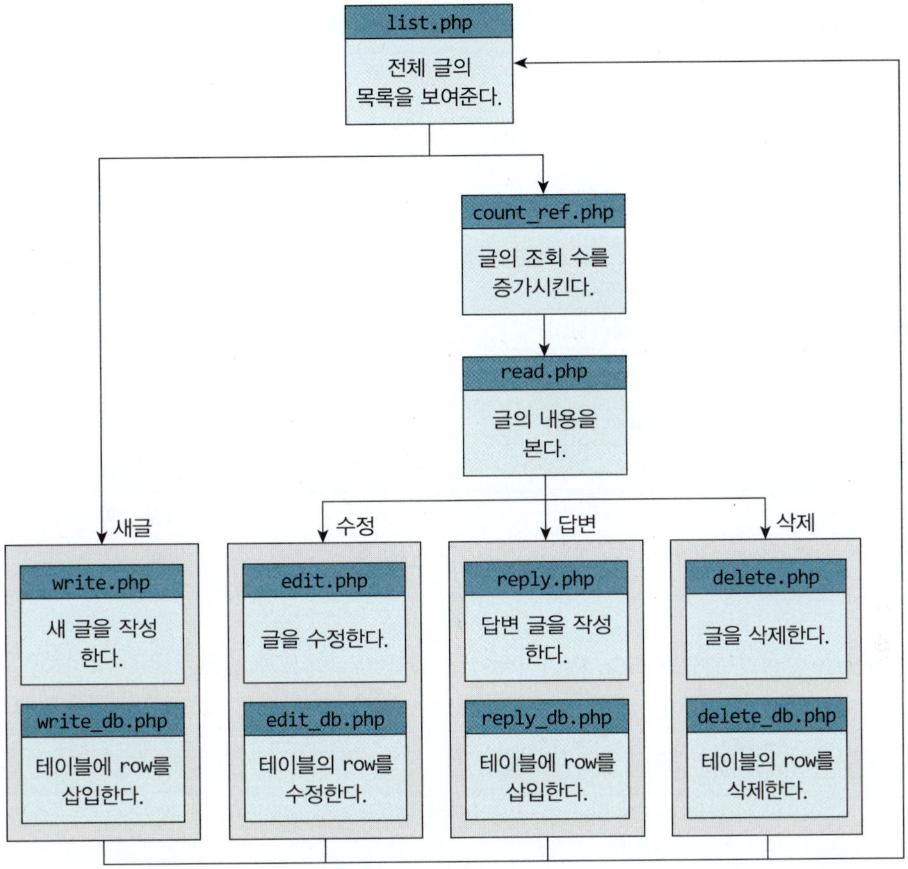

[그림 14-1] 게시판 구성도

14.2 데이터베이스 설계

본 장에서 만들고자 하는 게시판은 답변형 게시판으로서 사용자는 새로운 글을 작성할 수 있고 읽은 글에 대해 답변을 쓸 수 있다. 다음 표는 게시판에 사용되는 데이터베이스 테이블 board이다.

Field	Type	특성	설명
uid	int	primary key auto increment	글의 id
gid	int	default 0	글의 group id
depth	varchar(255)	default 'A'	글의 깊이
name	varchar(20)	not null	글쓴이
email	varchar(50)		이메일 주소
homepage	varchar(50)		홈페이지 주소
passwd	varchar(10)	not null	암호
subject	subject(255)	not null	글의 제목
article	text	not null	글의 내용
writedate	char(10)	not null	작성 날짜
refnum	int	default 0	조회 수

위 테이블을 만들기 위한 MySQL 데이터베이스 질의어는 다음과 같다.

```
CREATE TABLE board(
    uid int unsigned DEFAULT 0 AUTO_INCREMENT,
    gid int unsigned DEFAULT 0,
    depth varchar(255) DEFAULT 'A',
    name varchar(20) NOT NULL,
    email varchar(50),
    homepage varchar(50),
    passwd varchar(10) NOT NULL,
    subject varchar(255) NOT NULL,
    article text NOT NULL,
    writedate char(10) NOT NULL,
    refnum int unsigned DEFAULT 0,
    PRIMARY KEY (uid)
);
```

14.3 게시판 설정, 스타일, 함수 파일

본 절에서는 게시판 생성에 앞서 게시판에 활용될 설정, 스타일 및 함수를 정의하는 파일을 작성한다.

common_style.inc 파일은 브라우저에 내용을 출력하는 모든 페이지에서 공통으로 사용되는 Style Sheet를 정의한다.

common_style.inc

```
TABLE
{
    width : 600;
    font-size : 10pt;
}
a:link { color : blue; text-decoration:none; }
a:visited { color : black; text-decoration:none; }
a:hover { color : red; text-decoration:none; }
```

config.cfg 파일은 게시판의 속성을 설정하는 설정 변수를 모아놓은 파일이다. 관리자는 단지 이 파일의 변수 값을 변경함으로써 게시판의 속성(페이지 당 글의 수, HTML 태그의 허용 여부)을 변경할 수 있다.

config.cfg

```
<?PHP
    # 한 페이지에 나타나는 글의 수
    $rows_page = 10;

    # list의 하단에 나타나는 직접 이동할 수 있는 페이지 수
    $direct_pages = 10;

    # html tag의 허용 유무
    $tag_enable = FALSE;

    # list에 나타나는 제목의 길이제한
    $row_length = 42;
?>
```

functions.inc 파일은 각 프로그램에서 사용되는 함수들을 모아 놓은 파일이다.

- is_url_valid() 함수: 파라미터인 URL이 올바른 형식을 갖추고 있는지의 여부를 검사한다. 정규표현식을 사용하여 변수 값의 중간에 .가 있는 지를 검사한다.
- is_email_valid() 함수: 파라미터인 이메일 주소가 올바른지를 검사한다. 정규표현식을 사용하여 변수 값의 중간에 @와 .이 존재하는지를 검사한다.
- error() 함수: 파라미터인 에러 문장을 자바스크립트를 이용하여 메시지를 출력하고 이전 페이지로 되돌아가게 한다.
- forward() 함수: PHP에서 제공하는 header() 함수를 사용하여 파라미터로 넘어온 URL로 이동시킨다.
- dest_url() 함수: 파라미터들을 결합하여 링크 URL을 만든다. 모든 페이지의 링크 URL은 이 함수를 사용하여 만들어진다.

functions.inc

```
<?PHP
    // homepage 이상유무 체크 http://www.zend.com 참고
    function is_url_valid( $url )
    {
        if( eregi( "[a-z0-9]+\.[a-z0-9_]+", $url ) )
            return TRUE;
        else
            return FALSE;
    }

    // email 이상유무 체크 http://www.zend.com 참고
    function is_email_valid( $email )
    {
        if( eregi( "^[a-z0-9\._-]+@[a-z0-9\._-]+\.[a-z]+", $email ) )
            return TRUE;
        else
            return FALSE;
    }

    // error 처리 함수
    function error( $msg )
    {
```

```
        echo(" <script language=\"javascript\"> alert( \"$msg\" );
                history.back(); </script>" );
    }

    // forwarding 처리 함수
    function forward( $url )
    {
        header( "Location:".$url );
    }

    // 링크를 만들어 주는 함수
    function dest_url( $link, $page, $uid=NULL )
    {
        GLOBAL $kind;
        GLOBAL $key;

        $link .= "?page=$page";
        if( $uid )
            $link .= "&uid=$uid";
        if ( $key )
            $link .= "&kind=$kind&key=$key";
        return $link;
    }
?>
```

14.4 새 글 작성

본 절에서는 새 글을 작성하는 형식을 작성하고 작성한 글을 데이터베이스에 저장하는 부분을 다룬다.

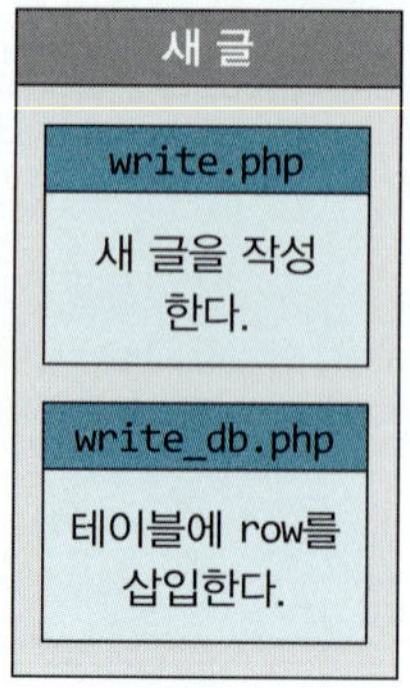

새로운 글을 작성하는 형식은 글쓴이, 이메일 주소, 홈페이지 주소, 암호, 제목, 그리고 내용을 입력하는 텍스트 박스와 입력 버튼으로 구성되어 있다. 입력하는 형식을 구성하는 파일은 write.php이고, 입력한 값의 이상 유무를 확인하고 데이터베이스에 저장하는 파일은 write_db.php 파일이다. write.php에서 입력한 내용들은 입력 버튼을 눌렀을 때 write_db.php 파일로 전달되고 write_db.php에서는 각 값들의 이상 유무를 검사하고 데이터베이스에 저장한다.

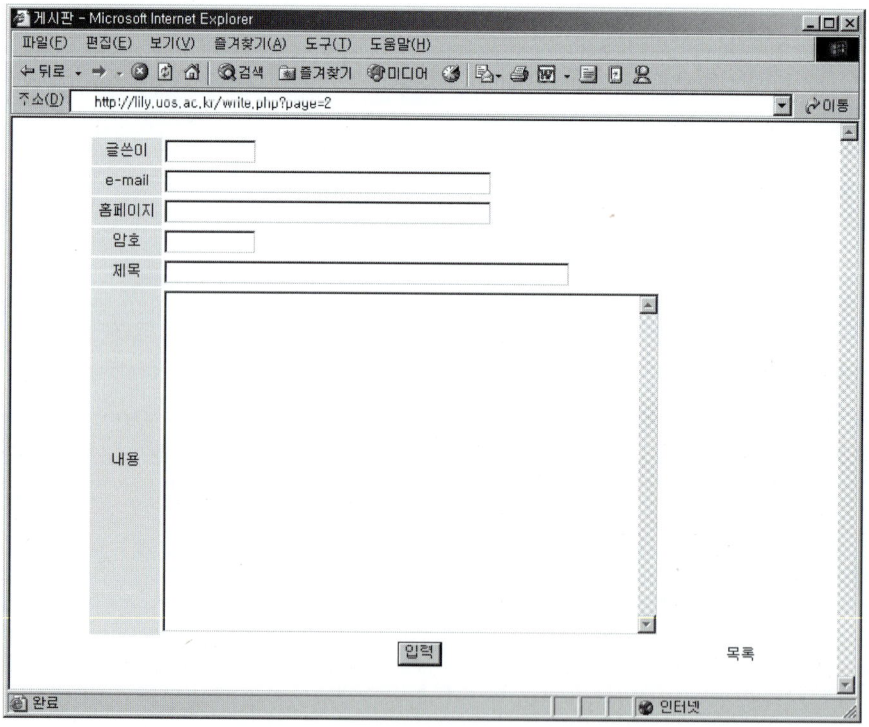

write.php 코드는 입력 폼을 구성하는 HTML 기반의 프로그램이다.

write.php

```
<?PHP include( "./functions.inc" ); ?>
<html>
<head>
<style>
    <?PHP include( "./common_style.inc" ); ?>

    .ques_head
    {
        background-color : #F9E79D;
        text-align : center;
    }

    .input_td
    {
        background-color : #FEFCE2;
    }
</style>
<title>게시판</title>
</head>
<body>
<form name="write_form" method="post" action="write_db.php">
<center>
<table>
    <tr>
        <td class="ques_head">글쓴이</td>
        <td class="input_td">
            <input type="text" name="name" size="10" maxsize="10">
        </td>
    </tr>
    <tr>
        <td class="ques_head">e-mail</td>
        <td class="input_td">
            <input type="text" name="email" size="40" maxsize="50">
        </td>
    </tr>
```

```
    <tr>
        <td class="ques_head">홈페이지</td>
        <td class="input_td">
            <input type="text" name="homepage" size="40" maxsize="50">
        </td>
    </tr>
    <tr>
        <td class="ques_head">암호</td>
        <td class="input_td">
            <input type="password" name="passwd" size="10" maxsize="10">
        </td>
    </tr>
    <tr>
        <td class="ques_head">제목</td>
        <td class="input_td">
            <input type="text" name="subject" size="50" maxsize="255">
        </td>
    </tr>
    <tr>
        <td class="ques_head">내용</td>
        <td class="input_td">
            <textarea name="article" cols="60" rows="20"></textarea>
        </td>
    </tr>
</table>
<table>
    <tr>
        <td width="100"> </td>
        <td align="center"><input type="submit" value="입력"></td>
        <td width="100" align="right">
            <a href="<?=dest_url( "./list.php", $page )?>">목록</a>
        </td>
    </tr>
</table>
</center>
</form>
</body>
</html>
```

write_db.php 코드는 write.php를 실행하여 입력받은 정보를 데이터베이스에 입력하는 프로그램이다.

write_db.php

```
<?PHP
    include( "config.cfg" );
    include( "functions.inc" );

    // 앞뒤 스페이스 제거
    $name = trim( $name );
    $email = trim( $email );
    $homepage = trim( $homepage );
    $subject = trim( $subject );
    $writedate = date( "y-m-d" );
    $article = trim( $article );

    // 입력값 이상유무 확인
    if( !$name || !$subject || !$passwd || !$article )
    {
        error( "입력값이 부족합니다." );
        exit;
    }

    // 간단한 이메일 이상유무 확인
    if( $email && !is_email_valid( $email ) )
    {
        error( "이메일을 잘못 입력하셨습니다." );
        exit;
    }

    // 간단한 홈페이지 이상유무 확인
    if( $homepage && !is_url_valid( $homepage ) )
    {
        error( "홈페이지를 잘못 입력하셨습니다." );
        exit;
    }

```

```
L34     // 암호 encrpt
L35     $passwd = substr( md5( trim( $passwd ) ), 0, 10 );
L36
L37     // 데이타베이스 연결
L38     $con = mysql_connect( "localhost", "user", "password" );
L39     mysql_select_db( "PHP", $con );
L40
L41     // uid, gid, depth 결정
L42     $query = "select MAX( gid ) as gid from board";
L43     $result = mysql_query( $query, $con );
L44     $gid = current(mysql_fetch_array( $result ));
L45     $gid = $gid + 1;
L46
L47     // 테이블에 글 삽입
L48     $query = "insert into board
L49         ( gid, name, email, homepage, passwd, subject, article, writedate )
L50             values ( $gid, '$name', '$email', '$homepage', '$passwd', '$subject',
L51             '$article', '$writedate' )";
L52
L53     mysql_query( $query, $con );
L54     mysql_close( $con );
L55
L56     forward( "./list.php" );
L57 ?>
```

L6-L11에서 넘어온 변수의 값에서 앞뒤에 있는 스페이스를 제거한다. L14-L31에서 사용자가 필수적으로 입력해야 하는 항목(name, subject, passwd, article)의 값들의 존재 여부를 확인한다. 이메일 주소이나 홈페이지 주소의 값이 존재할 경우 정규표현식을 사용하여 변수의 값이 올바르게 표현되었는지를 검사한다. L41-L44에서 uid, gid, depth를 결정한다. 글은 답변이 아니므로, gid에는 board 테이블의 값들 중 가장 큰 값에 1 증가시킨 값이 들어가고, depth에는 A가 들어간다. L48-L51에서 글의 내용을 board 테이블에 저장한다.

14.5 게시판 리스트

게시판의 리스트는 전체 글의 목록을 보여준다. 게시판의 리스트에는 각 글의 번호, 제목, 글쓴이, 작성일, 조회에 대한 정보가 표시된다.

각 글의 제목에는 글의 내용이 있는 페이지로 이동할 수 있는 링크가 연결되어 있다. 리스트의 상단에는 전체 글의 수가 표시되고 하단에는 이전 페이지와 다음 페이지로 이동할 수 있는 링크와 특정 페이지로 직접 이동할 수 있는 링크, 글쓰기로 이동하는 링크가 표시된다. 아래쪽에는 검색할 수 있도록 검색에 관한 정보를 입력할 수 있는 텍스트 박스가 표시된다.

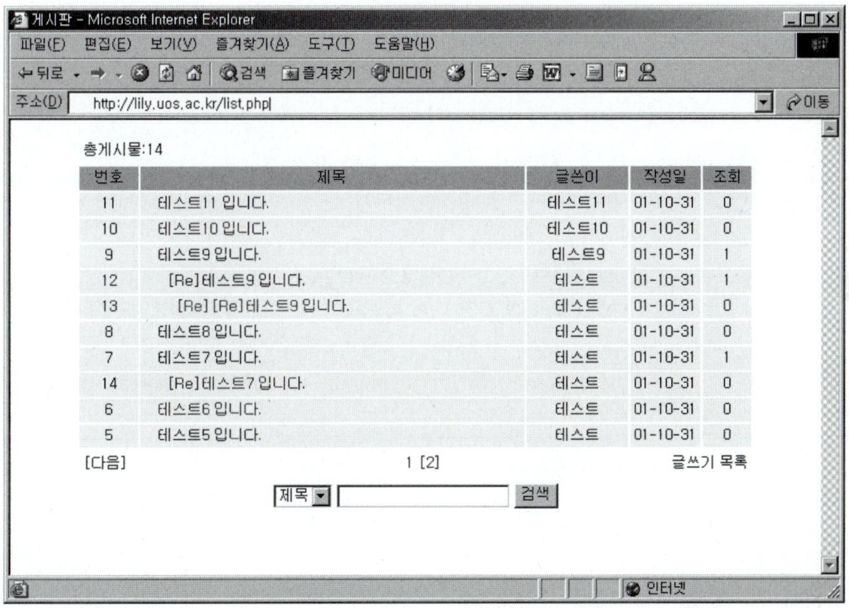

list.php

```
<?PHP
    include( "./config.cfg" );
    include( "./functions.inc" );

    if( !$page )
        $page = 1;

    // 검색시 쿼리문에 추가할 문자
    if( $key )
        $where = " where $kind like '%$key%'";

    // 데이터베이스에 연결
    $con = mysql_connect( "localhost", "root", "apmsetup" );
    mysql_select_db( "PHP", $con );

    // 총 글의 수 검색
    $query = "select count(*) total_rows from board $where";
    $result = mysql_query( $query );
    $total_rows = current( mysql_fetch_array( $result ) );

    // 리스트에서 서용되는 변수 정의
    $total_pages = ceil( $total_rows / $rows_page );
    $start_row = $rows_page * ( $page - 1 );
    $pre_page = $page > 1 ? $page - 1 : NULL;
    $next_page = $page < $total_pages ? $page + 1 : NULL;
    $start_page = (ceil( $page / $direct_pages ) -1) * $direct_pages + 1;
    $end_page = $total_pages >= $start_page + $direct_pages ?
                    $start_page + $direct_pages - 1 : $total_pages;
?>

<html>
<head>
<style>
<?PHP include( "./common_style.inc" ); ?>
TD
{
 padding : 3px;
```

```
}

.field_tr
{
 background : #93BCEA;
}

.list_tr
{
 background : #EAF4FD;
}
</style>
<title>게시판 </title>
</head>
<body>
<center>
<table>
    <tr>
        <td colspan="5">총게시물:<?=$total_rows?></td>
    </tr>
</table>
<table nowrap>
    <tr class="field_tr" align="center">
        <td width="50">번호</td>
        <td width="360">제목</td>
        <td width="90">글쓴이</td>
        <td width="60">작성일</td>
        <td width="40">조회</td>
    </tr>

<?PHP
    // 데이타베이스에서 목록을 추출
    $query = "select uid, gid, depth, name, subject, writedate, refnum from
board $where order by gid desc, depth asc limit $start_row, $rows_page";

    $result = mysql_query( $query, $con );

    while( $row = mysql_fetch_array( $result ) )
```

```
    {
        list($uid, $gid, $depth, $name, $subject, $writedate, $refnum, $mail)
            = $row;

        // html 특수 문자 처리
        $subject = htmlspecialchars( $subject );

        // 제목의 길이 제한
        if( strlen( $subject ) > $row_length )
            $subject = substr( $subject, 0, $row_length )."...";
?>

    <tr class="list_tr">
        td width="50" align="center"><?=$uid?></td>
        <td width="360"><?=str_repeat( "  ", strlen( $depth ) )?>
            <a href="<?=dest_url( "./count_ref.php", $page, $uid )?>">
            <?=$subject?></a>
        </td>
            <td width="90" align="center">

<?PHP
    if( $mail )
        echo( "<a href=\"mailto:$mail\">$name</a>" );
    else
        echo( "$name" )
?>

        </td>
        <td width="60" align="center"><?=$writedate?></td>
        <td width="40" align="center"><?=$refnum?></td>
    </tr>

<?PHP
    }
?>

</table>
<table>
```

```
    <tr>
        <td width="100" align="left">

<?PHP
    // 이전페이지 존재시 링크
    if( $pre_page )
        echo( "<a href=\"".dest_url( "./list.php", $pre_page )."\">[이전]</a>" );

    // 다음페이지 존재시 링크
    if( $next_page )
        echo( "<a href=\"".dest_url( "./list.php", $next_page )."\">[다음]</a>" );
?>

        </td>
        <td align="center"> 

<?PHP
    // 이전 페이지들을 링크
    if( $start_page > 1 )
    echo("<a href=\"".dest_url( "./list.php", $start_page - 1)."\">[pre]</a>" );

    // 바로 이동하는 페이지를 나열
    for($dest_page=$start_page; $dest_page<=$end_page; $dest_page++)
        if( $dest_page != $page )
            echo( "<a href=\"".dest_url( "./list.php", $dest_page )."\">
                    [$dest_page]</a>" );
        else
            echo( " $dest_page " );

    // 다음 페이지들을 링크
    if( $end_page < $total_pages )
        echo( "<a href=\"".dest_url( "./list.php", $end_page + 1 )."\">
                [next]</a>" );
?>

        </td>
        <td width="100" align="right">
            <a href="<?=dest_url( "./write.php", $page )?>">글쓰기</a>
```

```
L152                <a href="./list.php">목록</a>
L153            </td>
L154      </tr>
L155  </table>
L156  <table>
L157  <form name="search_form" method="post" action="./list.php">
L158      <tr align="center">
L159          <td>
L160              <select name="kind">
L161                  <option value="subject"<? if( $kind == "subject" )
L162                  echo( " selected" );?>>제목</option>
L163                  <option value="article"<? if( $kind == "article" )
L164                  echo( " selected" );?>>내용</option>
L165                  <option value="name"<? if( $kind == "name" )
L166                  echo( "selected" );?>>이름</option>
L167              </select>
L168              <input type="text" name="key" value="<?=$key?>" size="20">
L169              <input type="submit" value="검색">
L170          </td>
L171      </tr>
L172  </form>
L173  </table>
L174  </center>
L175  </body>
L176  </html>
```

L9-L10에서 검색에 필요한 $where를 만든다. 만들어진 조건을 이용하여 L70-L71에서 board 테이블을 검색한다. L17-L19에서 board 테이블에 있는 row의 개수를 구한다. 이 값은 리스트를 표현하는데 사용되는 변수들의 값을 구하기 위해 사용된다. L22-L28에서 리스트의 속성(한 페이지에 표시할 글의 개수, 총 페이지 수)을 설정하기 위한 변수들의 값을 계산한다. config.cfg 파일의 변수들을 참고한다. L70-L106에서 현재 리스트에 나타내고자 하는 글의 글 번호, 글쓴이, 제목, 작성 날짜, 조회 수 등을 board 테이블에서 읽는다. while 반복문을 사용하여 리스트에 글들의 정보(번호, 제목, 글쓴이, 작성일, 조회 수)를 출력한다. L119-L124에서 이전 페이지나 다음 페이지의 존재 여부를 확인하여 링크를 표시한다. L132-L146에서 특정 페이지로 직접 이동 가능한 페이지의 링크를 표시

하고 이전 블록이나 다음 블록의 존재 여부를 확인하고 링크를 표시한다. L156-L173에서 검색 도구를 만든다. 검색의 종류는 글 제목, 글 내용, 글쓴이로 나누어지는 선택 박스를 만들고 검색어를 입력할 수 있는 검색 창을 만든다. 검색 버튼을 클릭하면 선택 박스에서 선택된 값과 검색창에 입력한 값들을 넘겨준다.

14.6 글 읽기

본 절에서는 게시판에서 사용자가 특정 글을 선택했을 때 글의 내용을 화면에 보여주는 부분을 다룬다. 리스트에서 특정 글을 선택하게 되면 글의 조회 수를 증가(count_ref.php)시키는 과정을 거쳐 글의 내용을 보여주는 부분으로 이동한다.

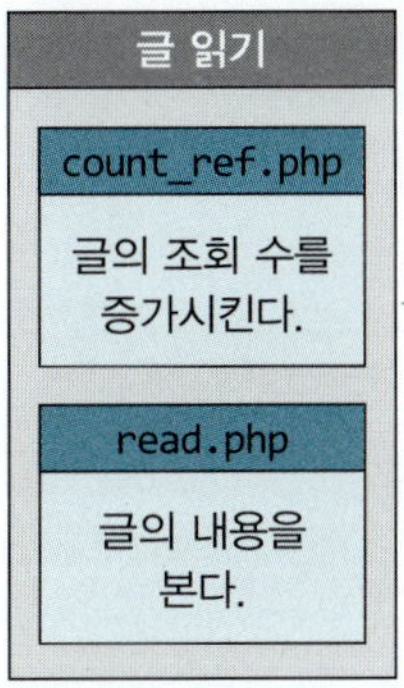

전체 형식의 구성은 글의 제목, 글쓴이, 이메일 주소, 홈페이지 주소, 조회 수, 그리고 글의 내용이 화면에 나타나고, 오른쪽 하단에 수정, 답변, 삭제, 목록 링크를 표시한다.

count_ref.php

```
<?PHP
    include( "./functions.inc" );

    $con = mysql_connect( "localhost", "php", "php" );
    mysql_select_db( "PHP", $con );

    $query = "update board set refnum=refnum+1 where uid=$uid";
    mysql_query( $query ) or die ( mysql_error() );
```

```
L9      mysql_close( $con );
L10
L11     forward( dest_url( "./read.php", $page, $uid ) );
L12 ?>
```

L7-L8에서 글의 조회 수를 1 증가시킨다.

read.php

```
<html>
    <head>
        <style>

            <?PHP include( "./common_style.inc" );?>

            .info_table
            {
                background-color : #CFE1FC;
                border : solid 1pt;
            }
            .articel_table
            {
                background-color : #EFF8FE;
                border : solid 1pt;
            }
        </style>
    </head>

    <body>
        <center>

        <?PHP
            include( "./config.cfg" );
            include( "./functions.inc" );

            $con = mysql_connect( "localhost", "php", "php" );
            mysql_select_db( "PHP", $con );
```

```
    #-----------데이터베이스에서 글의 정보 검색------------------#
    $query = "select gid, name, email, homepage, subject, article, writedate,
        refnum from board where uid=$uid";

    $result = mysql_query( $query ) or die ( mysql_error() );

    list( $gid, $name, $email, $homepage, $subject, $article, $writedate,
        $refnum ) = mysql_fetch_array( $result );

    mysql_close( $con );

    #---------------------html 특수 문자 처리------------------#
    $subject = htmlspecialchars( $subject );

    if( !$tag_enable )
        $article = htmlspecialchars( $article );

    $article = nl2br( $article );
?>

<table class="info_table">
    <tr>
        <td width="590" colspan="2"><b><?=$subject?></b></td>
    </tr>
    <tr>
        <td width="510">글쓴이 : 

    <?PHP
        if( $email )
            echo( "<a href=\"mailto:$email\">$name</a>" );
        else
            echo $name;

        if( $homepage )
            echo("   <a href=\"http://$homepage\">
                [homepage]</a>" );
    ?>
```

```
L67
L68                 </td>
L69                 <td width="90">조회:<?=$refnum?></td>
L70             </tr>
L71         </table>
L72
L73         <table class="articel_table">
L74             <tr>
L75                 <td><?=$article?></td>
L76             </tr>
L77         </table>
L78
L79         <table>
L80             <tr align="right">
L81                 <td><a href="<?=dest_url( "./edit.php", $page, $uid )?>">수정</a>
L82                 <a href="<?=dest_url( "./reply.php", $page, $uid )?>">답변</a>
L83                 <a href="<?=dest_url( "./delete.php", $page, $uid )?>">삭제</a>
L84                 <a href="<?=dest_url( "./list.php" , $page )?>">목록</a></td>
L85             </tr>
L86         </table>
L87         </center>
L88     </body>
L89 </html>
```

L31-L39은 board 테이블에서 글의 정보(gid, name, email, homepage, subject, article, writedate, refnum)를 검색하여 읽는다. L42-L47에서 글의 제목에 포함된 HTML 특수 문자들을 변경하고, config.cfg에서 설정한 변수를 참고하여 글의 내용에 HTML을 사용 가능성의 여부에 따라 $article 변수의 값을 변경한다. L58-L61은 데이터베이스에서 읽어온 값 중 이메일 주소가 있는 경우에는 글쓴이를 출력할 때 메일 링크를 표시한다. L63-L65에서 홈페이지 주소가 존재하는 경우는 홈페이지 주소의 링크를 표시한다. L71-L84은 하단에 수정, 삭제, 답변, 목록의 링크를 표시한다.

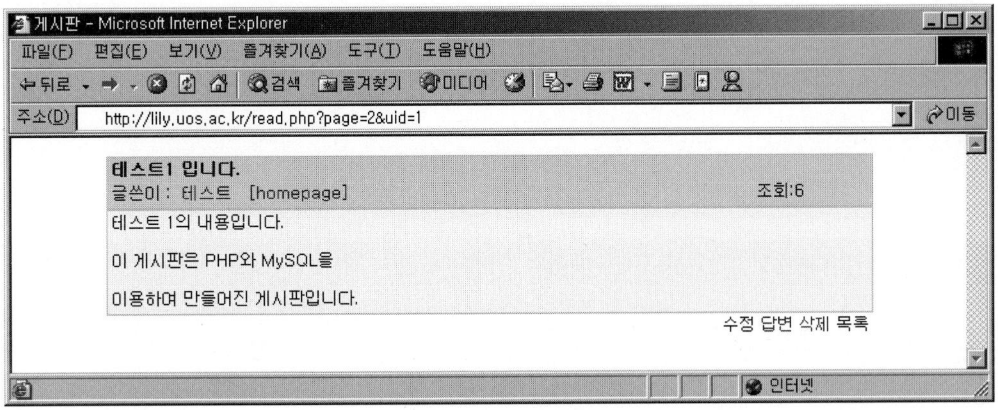
게시판 - Microsoft Internet Explorer
파일(F) 편집(E) 보기(V) 즐겨찾기(A) 도구(T) 도움말(H)
뒤로 검색 즐겨찾기 미디어
주소(D) http://lily.uos.ac.kr/read.php?page=2&uid=1
이동
테스트1 입니다.
글쓴이 : 테스트 [homepage]
조회:6
테스트 1의 내용입니다.
이 게시판은 PHP와 MySQL을
이용하여 만들어진 게시판입니다.
수정 답변 삭제 목록
인터넷

CHAPTER 15

게시판 2

PHP Web Programming

contents

15
게시판 2

15.1 글 수정

이 절에서는 글을 수정하는 부분을 다룬다. 전체적인 형식은 새 글을 작성하는 형식과 같다. 다른 점은 각 텍스트 박스에 사용자가 이전에 작성했던 항목들의 내용들이 미리 채워져 있다는 것이다.

파일은 edit.php와 edit_db.php로 구성되어 있다. edit.php에서 수정하고자 하는 부분의 수정을 마치고 수정 버튼을 클릭하면 글의 내용들은 edit_db.php로 이동하게 되고 edit_db.php에서는 각 변수 값의 이상 유무를 검사하고 데이터베이스에 저장한다. 답변이나 새 글을 작성하는 부분과 구별되는 점은 글쓴이의 암호를 확인해야 한다는 것이다.

edit.php

```
<html>
    <head>
        <style>

            <?PHP include( "./common_style.inc" );?>

            .ques_head
            {
                background-color : #F9E79D;
                text-align : center;
            }
            .input_td
            {
                background-color : #FEFCE2;
            }
        </style>
    </head>

    <body>
        <center>
            <table>

            <?PHP
                include( "./functions.inc" );

                $con = mysql_connect( "localhost", "php", "php" );
                mysql_select_db( "PHP", $con );


                #------------ 해당 글의 정보를 추출---------------------#
                $query = "select name, email, homepage, subject, article
                    from board where uid=$uid";

                $result = mysql_query( $query ) or die ( mysql_error() );

                list( $name, $email, $homepage, $subject, $article )
                    = mysql_fetch_array( $result );
```

```
        mysql_close( $con );
    ?>

    <form name="edit_form" method="post"
        action="<?=dest_url( "./edit_db.php", $page, $uid )?>">

        <tr>
            <td class="ques_head">글쓴이</td>
            <td class="input_td"><?=$name?><td>
        </tr>
        <tr>
            <td class="ques_head">e-mail</td>
            <td class="input_td">
                <input type="text" name="email" value="<?=$email?>"
                       size="40" maxsize="50">
            </td>
        </tr>
        <tr>
            <td class="ques_head">홈페이지</td>
            <td class="input_td">
                <input type="text" name="homepage" value="<?=$homepage?>"
                       size="40" maxsize="50">
            </td>
        </tr>
        <tr>
            <td class="ques_head">암호</td>
            <td class="input_td">
                <input type="password" name="passwd" size="10" maxsize="10">
        </td>
    </tr>
    <tr>
        <td class="ques_head">제목</td>
        <td class="input_td">
            <input type="text" name="subject" value="<?=$subject?>"
                size="50" maxsize="255">
        </td>
    </tr>
```

```
L76             <tr>
L77                 <td class="ques_head">내용</td>
L78                 <td class="input_td">
L79                     <textarea name="article" cols="60" rows="20">
L80                         <?=$article?>
L81                     </textarea>
L82                 </td>
L83             </tr>
L84             </table>
L85 
L86             <table>
L87                 <tr>
L88                     <td width="100"><a href="javascript:history.back()">뒤로</a></td>
L89                     <td align="center"><input type="submit" value="수정"></td>
L90                     <td width="100" align="right">
L91                         <a href="<?=dest_url( "./list.php", $page )?>">목록</a>
L92                     </td>
L93                     </tr>
L94             </form>
L95         </table>
L96         </center>
L97     </body>
L98 </html>
```

L31-L39에서 board 테이블에서 편집하고자 하는 글의 글쓴이, 이메일 주소, 홈페이지 주소, 제목, 내용을 읽는다. L47, L52, L59, L72, L80은 각 행에서 글쓴이, 이메일 주소, 홈페이지 주소, 제목, 내용을 화면에 출력해 준다.

edit_db.php

```
<?PHP
    include( "config.cfg" );
    include( "functions.inc" );

    #------------------- 앞뒤 스페이스 제거 --------------------#
    $email = trim( $email );
```

```
$homepage = trim( $homepage );
$subject = trim( $subject );
$article = trim( $article );

#------------------- 입력값 이상유무 확인 ------------------#
if( !$subject || !$passwd || !$article )
{
    error( "입력값이 부족합니다." );
    exit;
}

#--------------- 간단한 이메일 주소의 이상유무 확인 ----------#
if( $email && !is_email_valid( $email ) )
{
    error( "이메일 주소를 잘못 입력하셨습니다." );
    exit;
}

#------------ 간단한 홈페이지 주소의 이상유무 확인 ------------#
if( $homepage && !is_url_valid( $homepage ) )
{
    error( "홈페이지 주소를 잘못 입력하셨습니다." );
    exit;
}

#------------------ 데이터베이스 연결 ----------------------#
$con = mysql_connect( "localhost", "php", "php" );
mysql_select_db( "PHP", $con );

#--------------- 암호가 올바른지 확인  ---------------------#
$query = "select passwd from board where uid=$uid";
$result = mysql_query( $query, $con ) or die ( mysql_error() );
$origin_passwd = current( mysql_fetch_array( $result ) );
$passwd = substr( md5( trim( $passwd ) ), 0, 10 );

if( $passwd != $origin_passwd )
{
    error( "암호가 올바르지 않습니다." );
```

```
L45         exit;
L46      }
L47
L48      #--------------------board 테이블에 글 삽입 ----------------#
L49      $query = "update board
L50         set email='$email', homepage='$homepage', subject='$subject',
L51         article='$article' where uid=$uid";
L52      mysql_query( $query ) or die ( mysql_error() );
L53      mysql_close( $con );
L54
L55      forward( dest_url( "./list.php", $page ) );
L56
L57   ?>
```

L5-L9는 넘어온 변수들의 값의 앞뒤에 있는 스페이스를 제거하는 부분이다. trim() 함수를 사용했다. L11-L30에서 사용자가 필수적으로 입력해야 하는 항목(subject, passwd, article)의 값들의 존재 여부를 확인한다. 이메일 주소이나 홈페이지 주소의 값이 존재할 경우 정규표현식을 사용하여 변수의 값이 올바르게 표현되었는지를 검사한다. L37-L45에서 사용자가 입력한 암호인 $passwd와 board 테이블에서 검색한 $origin_passwd를 비교하여 같지 않으면 에러를 출력하고 edit.php 파일로 URL을 이동시킨다. L49-L53에서 모든 확인 과정을 올바르게 마쳤을 경우 board 테이블에서 글의 row을 수정한다.

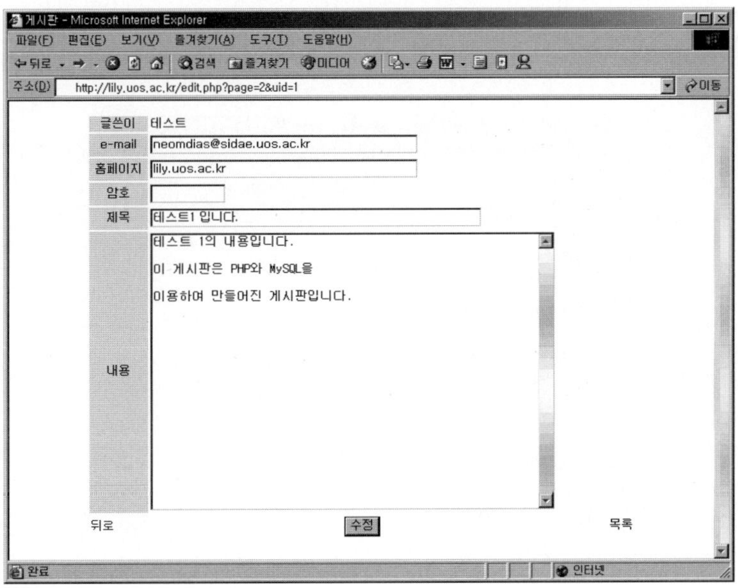

15.2 답변

본 절에서는 답변을 작성하는 부분을 다룬다. 전체적인 형식은 새 글을 작성하는 형식과 같다. 다른 점은 제목에 부모글의 제목에 답변을 표시하는 부분이 추가되어 나타난다는 것과 글의 내용을 입력하는 부분에 부모글의 내용이 추가된다는 것이다.

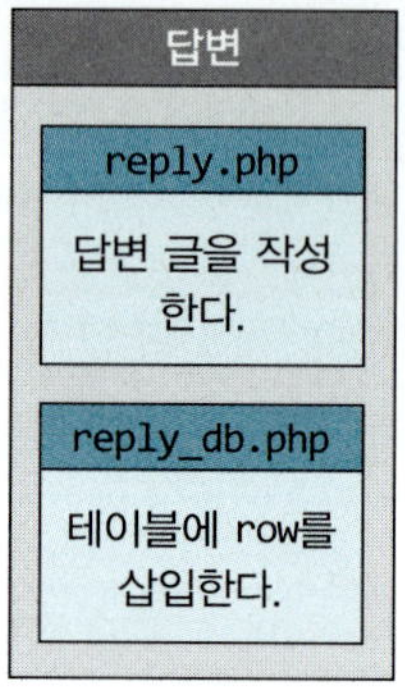

파일은 reply.php와 reply_db.php로 구성되어 있다. reply.php에서 글의 내용을 입력하고 답변 버튼을 클릭하면 입력한 내용들은 reply_db.php로 이동되고 reply_db.php에서는 각 값의 이상 유무를 검사하고 데이터베이스에 저장한다.

reply.php

```
<html>
    <head>
        <style>

            <?PHP include( "./common_style.inc" );?>

            .ques_head
            {
                background-color : #F9E79D;
                text-align : center;
            }
            .input_td
            {
                background-color : #FEFCE2;
            }
```

```
        </style>
    </head>

    <body>
        <center>
            <table>

            <?PHP
                include( "./functions.inc" );

                $con = mysql_connect( "localhost", "php", "php" );
                mysql_select_db( "PHP", $con );


                #------------- 해당 글의 정보를 추출----------------------#
                $query = "select name, email, homepage, subject, article
                    from board where uid=$uid";

                $result = mysql_query( $query ) or die ( mysql_error() );

                list( $gid, $depth, $name, $subject, $article )
                    = mysql_fetch_array( $result );

                mysql_close( $con );
            ?>

            <form name="reply_form" method="post"
                action="./reply_db.php?gid=<?=$gid?>&depth=<?=$depth?>">

                <tr>
                    <td class="ques_head">글쓴이</td>
                    <input type="text" name="name" size="20" maxsize="20">
                </tr>
                <tr>
                    <td class="ques_head">e-mail</td>
                    <td class="input_td">
                        <input type="text" name="email" size="40" maxsize="50">
                    </td>
```

```
            </tr>
            <tr>
                <td class="ques_head">홈페이지</td>
                <td class="input_td">
                    <input type="text" name="homepage" size="40" maxsize="50">
                </td>
        </tr>
        <tr>
            <td class="ques_head">암호</td>
            <td class="input_td">
                <input type="password" name="passwd" size="10" maxsize="10">
            </td>
        </tr>
        <tr>
            <td class="ques_head">제목</td>
            <td class="input_td">
                <input type="text" name="subject" value="<?="[Re]$subject"?>"
                    size="50" maxsize="255">
            </td>
        </tr>
        <tr>
            <td class="ques_head">내용</td>
            <td class="input_td">
                <textarea name="article" cols="60" rows="20">
                    ------- <?=$name?> 님의 글 --------
                    <?=$article?>
                </textarea>
            </td>
        </tr>
        </table>

        <table>
            <tr>
                <td width="100"><a href="javascript:history.back()">뒤로</a></td>
                <td align="center"><input type="submit" value="수정"></td>
                <td width="100" align="right">
                    <a href="<?=dest_url( "./list.php", $page )?>">목록</a>
                </td>
```

```
L92                 </tr>
L93             </form>
L94         </table>
L95         </center>
L96     </body>
L97 </html>
```

L23-L40에서 board 테이블에서 답변을 작성하고자 하는 글의 정보(gid, depth, name, subject, article)를 읽는다. L87-L91에서 하단에 목록 링크를 표시한다.

reply_db.php

```
<?PHP
    include( "config.cfg" );
    include( "functions.inc" );

    #------------------ 앞뒤 스페이스 제거 -------------------#
    $name = trim( $name );
    $email = trim( $email );
    $homepage = trim( $homepage );
    $subject = trim( $subject );
    $writedate = date( "y-m-d" );
    $article = trim( $article );

    #------------------ 입력값 이상유무 확인 -----------------#
    if( !$name || !$subject || !$passwd || !$article )
    {
        error( "입력값이 부족합니다." );
        exit;
    }

    #-------------- 간단한 이메일 주소의 이상유무 확인 ----------#
    if( $email && !is_email_valid( $email ) )
    {
        error( "이메일 주소를 잘못 입력하셨습니다." );
        exit;
```

```
    }

    #------------ 간단한 홈페이지 주소의 이상유무 확인 ------------#
    if( $homepage && !is_url_valid( $homepage ) )
    {
        error( "홈페이지 주소를 잘못 입력하셨습니다." );
        exit;
    }

    #----------------------암호 encrypt--------------------------#
    $passwd = substr( md5( trim( $passwd ) ), 0, 10 );

    #------------------ 데이터베이스 연결 ----------------------#
    $con = mysql_connect( "localhost", "php", "php" );
    mysql_select_db( "PHP", $con );

    #---------------------gid, depth 결정------------------------#
    $gid = trim( $gid );
    $depth = trim( $depth );
    $query = "select max( depth ) depth from
        board where depth like '$depth%' and gid=$gid";
    $result = mysql_query( $query ) or die( mysql_error() );
    $row = mysql_fetch_array( $result );

    if( $row[depth] != $depth )
        $depth = $depth.chr( ord( substr( $row[depth], -1 ) ) + 1 ) ;
    else
        $depth = $depth."A";

    #--------------------board 테이블에 글 삽입 ----------------#
    $query = "insert into board
        ( gid, depth, name, email, homepage, passwd, subject, article, writedate )
        values ( $gid, '$depth', '$name', '$email', '$homepage',
        '$passwd', '$subject', '$article', '$writedate' )";

    mysql_query( $query ) or die ( mysql_error() );
    mysql_close( $con );

```

```
L63     forward( dest_url( "./list.php", $page ) );
L64
L65  ?>
```

L6-L11에서 넘어온 변수의 값에서 앞뒤에 있는 스페이스를 제거한다. L13-L32에서 사용자가 필수적으로 입력해야 하는 항목(name, subject, passwd, article)의 값들의 존재 여부를 확인한다. 이메일 주소이나 홈페이지 주소의 값이 존재할 경우 정규표현식을 사용하여 변수의 값이 올바르게 표현되었는지를 검사한다. L35에서 암호를 md5 알고리즘을 이용하여 암호화(encryption)한다. L42-L52에서 글의 gid, depth, uid를 결정한다. gid는 부모글의 gid를 그대로 사용한다. 현 답변의 depth는 부모글과 기존에 있었던 부모글에 대한 답변을 참조하여 결정한다. 예를 들어 부모글의 depth가 A이고 부모글에 대한 답변들의 depth 값들이 AA, AB, AC라고 하면, 현 답변의 depth 값은 AD로 결정된다. 부모글에 대한 기존의 답변이 존재하지 않을 경우는 AA가 depth의 값으로 결정된다. L55-L60에서 board 테이블에 글의 항목들을 삽입한다.

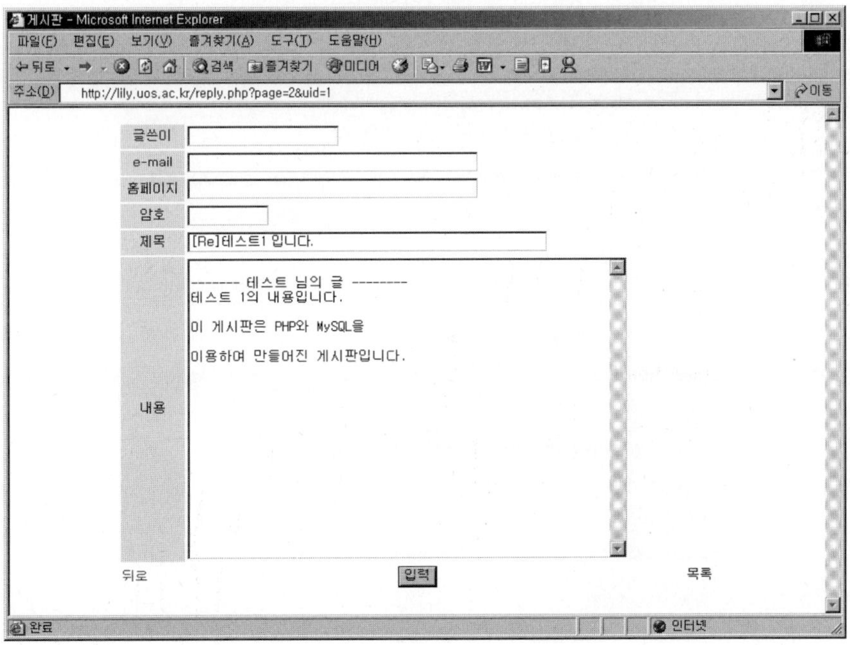

15.3 글의 삭제

본 절에서는 글을 삭제하는 부분을 다룬다. 전체적인 형식은 글의 작성자와 제목을 보여주는 부분과 암호를 입력하는 부분, 그리고 삭제 버튼으로 구성되어 있다.

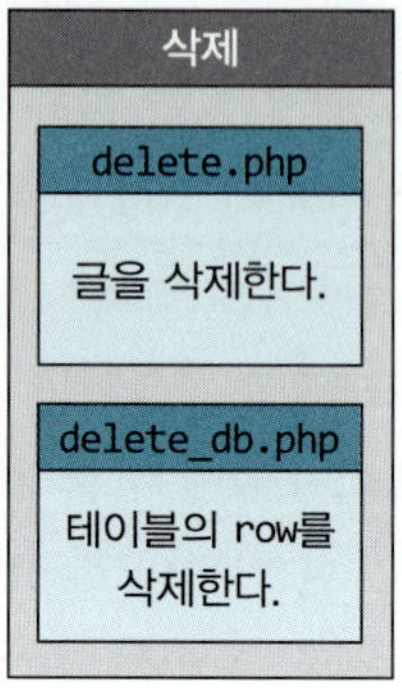

파일은 delete.php와 delete_db.php로 구성되어 있다. delete.php에서 암호를 입력하고 삭제 버튼을 클릭하면 delete_db.php에서는 입력한 암호와 데이터베이스의 암호가 같은지 여부를 확인하고 같을 경우 글을 데이터베이스에서 삭제한다.

delete.php

```
<html>
    <head>
        <style>

            <?PHP include( "./common_style.inc" );?>

            .ques_head
            {
                background-color : #F9E79D;
                text-align : center;
            }
            .input_td
            {
                background-color : #FEFCE2;
            }
        </style>
```

```
</head>

<body>
    <center>
        <table>

        <?PHP
            include( "./functions.inc" );

            $con = mysql_connect( "localhost", "php", "php" );
            mysql_select_db( "PHP", $con );


            #------------- 해당 글의 정보를 추출----------------------#
            $query = "select name, subject from board where uid=$uid";

            $result = mysql_query( $query ) or die ( mysql_error() );

            list( $name, $subject ) = mysql_fetch_array( $result );
            mysql_close( $con );
        ?>

        <form name="delete_form" method="post"
            action="./delete_db.php?uid=<?=$uid?>">

            <tr>
                <td class="ques_head" width="100">글쓴이</td>
                <td class="input_td"><?=$name?></td>
            </tr>
            <tr>
                <td class="ques_head">제목</td>
                <td class="input_td"><?=$subject?></td>
                    <input type="text" name="email" size="40" maxsize="50">
                </td>
            </tr>
            <tr>
                <td class="ques_head">암호</td>
                <td class="input_td">
```

```
L55                         <input type="password" name="passwd" size="10" maxsize="10">
L56                     </td>
L57                 </tr>
L58             </table>
L59
L60             <table>
L61                 <tr>
L62                     <td width="100"> </td>
L63                     <td align="center"><input type="submit" value="삭제"></td>
L64                     <td width="100" align="right">
L65                         <a href="javascript:history.back()">뒤로</a>
L66                         <a href="<?=dest_url( "./list.php", $page )?>">목록</a>
L67                     </td>
L68                 </tr>
L69             </form>
L70             </table>
L71         </center>
L72     </body>
L73 </html>
```

L31-L35에서 삭제하려는 글의 정보(글쓴이, 제목)를 board 테이블에서 읽는다. L44, L48에서 글쓴이, 제목을 화면에 출력한다. L63-L66에서 하단에 뒤로, 목록 링크를 표시한다.

delete_db.php

```
<?PHP
    include( "config.cfg" );
    include( "functions.inc" );

    #------------------ 데이터베이스 연결 ----------------------#
    $con = mysql_connect( "localhost", "php", "php" );
    mysql_select_db( "PHP", $con );

    #--------------- 암호가 올바른지 확인  ---------------------#
    $query = "select passwd from board where uid=$uid";
    $result = mysql_query( $query, $con ) or die( mysql_error() );
```

```
L12     list( $origin_passwd, $gid, $depth ) = mysql_fetch_array( $result );
L13     $passwd = substr( md5( trim( $passwd ) ), 0, 10 );
L14
L15     if( $passwd != $origin_passwd )
L16     {
L17         error( "암호가 올바르지 않습니다." );
L18         exit;
L19     }
L20
L21     #-------------------board 테이블에 글 삭제 ---------------#
L22     $query = "delete from board where gid=$gid and depth like '$depth%'";
L23     mysql_query( $query ) or die ( mysql_error() );
L24     mysql_close( $con );
L25
L26     forward( dest_url( "./list.php", $page ) );
L27
L28 ?>
```

L10-L19에서 사용자가 입력한 $passwd 변수를 암호화한 후에 board 테이블에서 읽은 $origin_passwd와 비교한다. 두 변수의 값이 일치하지 않을 경우 다시 입력받기 위해 이전 페이지로 이동한다.

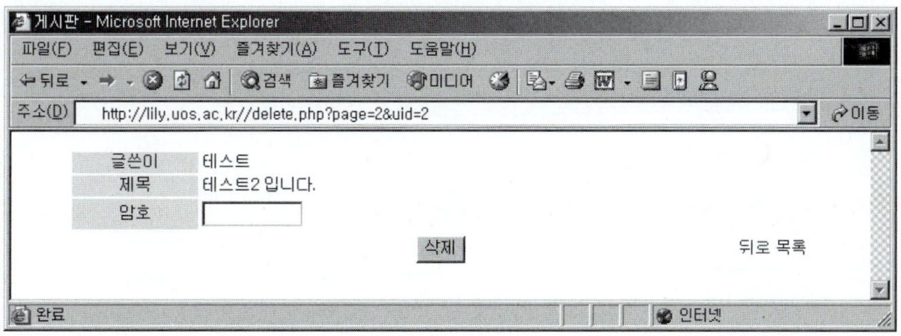

APPENDIX

부록

PHP Web Programming

contents

부록 A. 과일나라 쇼핑몰

A.1 쇼핑몰 구성

본 장에서는 과일 쇼핑몰을 구성한다. 과일 쇼핑몰에 필요한 기능으로 크게 세 가지를 둘 수 있다. 첫째로 회원가입하고 탈퇴할 수 있는 회원관리 기능이 필요할 것이다. 두 번째로 상품을 사고 팔 수 있도록 상품관리 기능이 필요하다. 세 번째로 상품을 구매하였을 경우에 구매된 상품에 대한 구매관리 기능이 필요하다. 본 장에서는 위 세 가지 기능을 [그림 A-1]과 같이 7단계로 나누어 설명할 것이다. 각각의 단계에 따른 세부 프로그램은 [그림 A-2]에 나타내었다.

〈필자의 의견〉

과일나라 쇼핑몰은 회원 모듈과 관리자 모듈로 나눌 수 있다. 본 장에 기술된 프로그램의 양은 방대하다. 따라서 처음으로 쇼핑몰을 구현해 보는 독자는 회원 모듈만을 먼저 구현해 보는 것이 전체 프로그램을 이해하는데 도움이 될 것이다.

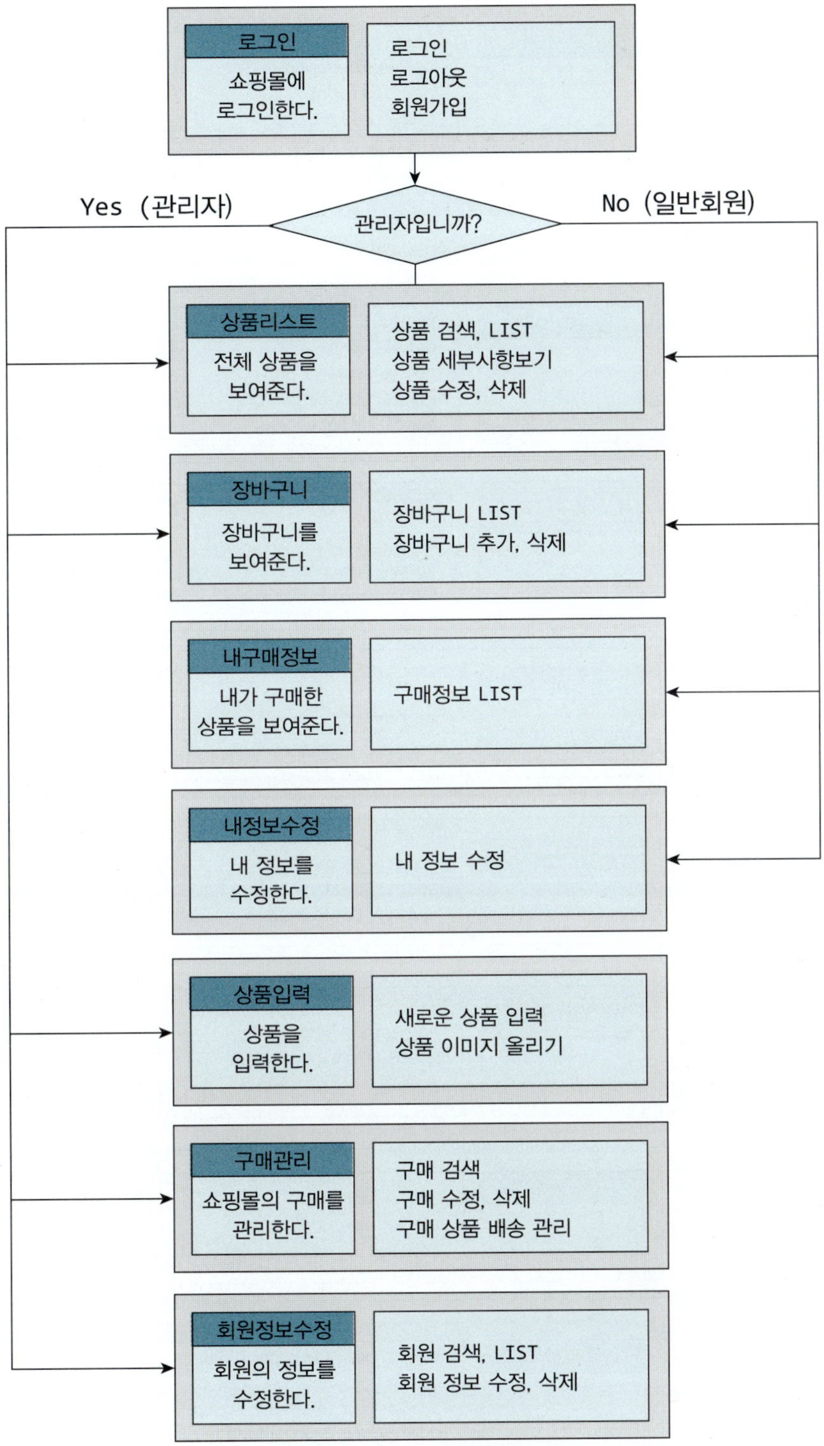

[그림 A-1] 과일나라 쇼핑몰 구성도

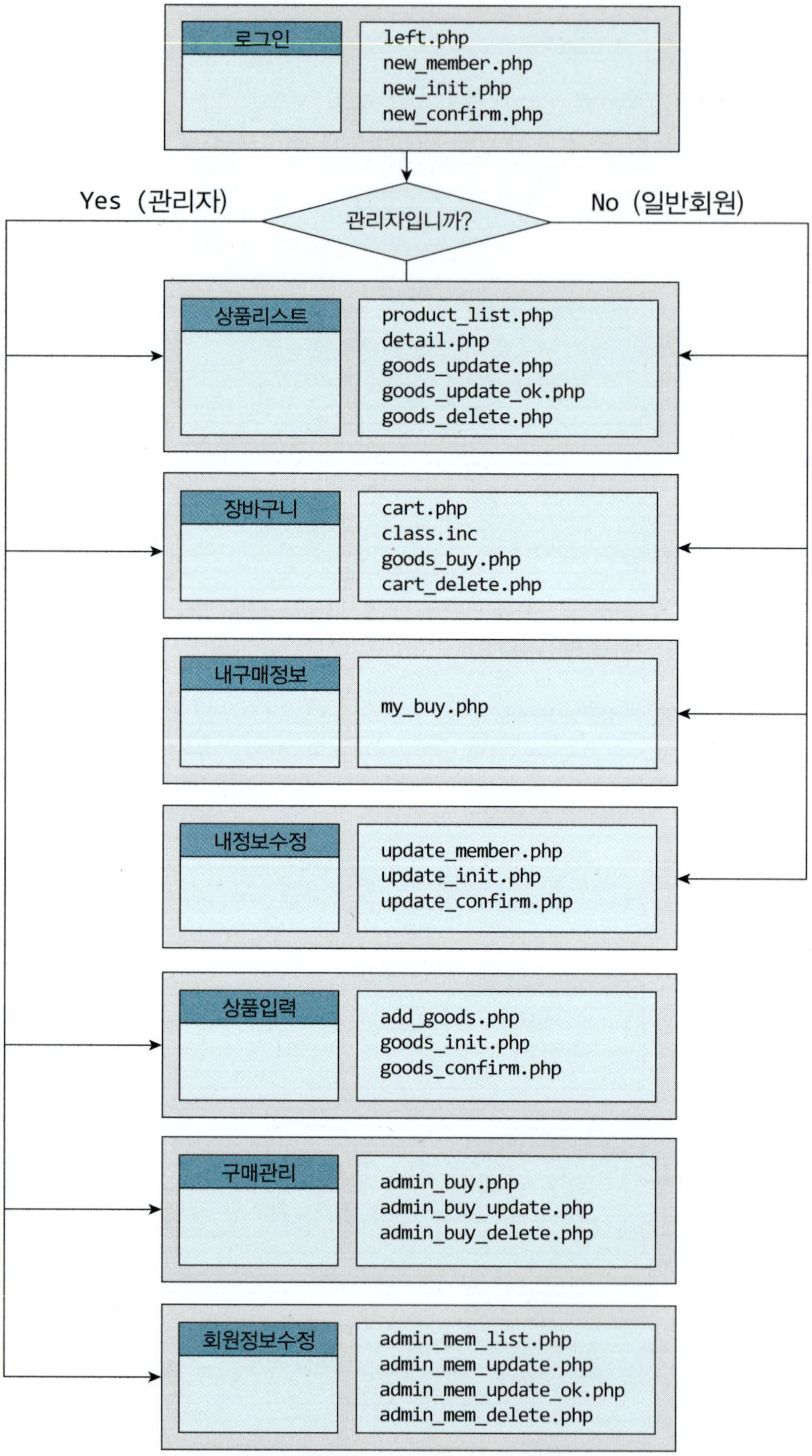

[그림 A-2] 과일나라 쇼핑몰 관련 프로그램 파일

A.2 쇼핑몰 데이터베이스

과일나라 쇼핑몰에서는 MySQL 데이터베이스를 사용한다. MySQL 계정 및 비밀번호는 다음과 같다.

- 계정: root
- 비밀번호: root
- 데이터베이스: shoppingmall

과일나라 쇼핑몰 데이터베이스는 다음과 같은 세 가지 테이블로 구성되어 있다.

- 회원관리(member_tab)
- 상품관리(goods_tab)
- 구매관리(buy_tab)

(1) member_tab

Field	Type	특성	설명
mem_id	varchar(10)	Primary Key	회원의 아이디
mem_email	varchar(50)		회원의 이메일
mem_password	varchar(20)	NOT NULL	회원의 비밀번호
mem_name	varchar(10)	NOT NULL	회원의 이름
mem_address	varchar(100)		회원의 주소
mem_zipcode	varchar(8)		회원의 우편번호
mem_telephone	varchar(15)		회원의 전화번호
mem_jumin	varchar(13)	NOT NULL	회원의 주민등록번호
mem_date	varchar(10)		가입 및 수정일

위 테이블을 만들기 위한 MySQL 데이터베이스 질의어는 다음과 같다.

```
CREATE TABLE member_tab (
  mem_id varchar(10) DEFAULT '' NOT NULL,
  mem_email varchar(50),
  mem_password varchar(20) DEFAULT '' NOT NULL,
  mem_name varchar(10) DEFAULT '' NOT NULL,
  mem_address varchar(100),
```

```
    mem_zipcode varchar(8),
    mem_telephone varchar(15),
    mem_jumin varchar(13) DEFAULT '' NOT NULL,
    mem_date varchar(10),
    PRIMARY KEY (mem_id)
);
```

(2) goods_tab

Field	Type	특성	설명
goods_id	int(10)	Primary Key auto_increment	상품 아이디
goods_code	varchar(10)	NOT NULL	상품 코드번호
goods_name	varchar(20)	NOT NULL	상품 이름
goods_country	varchar(20)	NOT NULL	상품 원산지
goods_price	int(10)		상품 가격
goods_image	varchar(50)		상품 이미지
goods_explain	text		상품 설명
goods_date	varchar(10)		등록일

위 테이블을 만들기 위한 MySQL 데이터베이스 질의어는 다음과 같다.

```
CREATE TABLE goods_tab (
    goods_id int(10) DEFAULT '0' NOT NULL auto_increment,
    goods_code varchar(10) DEFAULT '' NOT NULL,
    goods_name varchar(20) DEFAULT '' NOT NULL,
    goods_country varchar(20) DEFAULT '' NOT NULL,
    goods_price int(10),
    goods_image varchar(50),
    goods_explain text,
    goods_date varchar(10),
    PRIMARY KEY (goods_id)
);
```

(3) buy_tab

Field	Type	특성	설명
buy_id	int(10)	Primary Key auto_increment	상품 아이디
goods_id	int(10)	NOT NULL	상품 코드번호
mem_id	varchar(10)	NOT NULL	상품 이름
buy_price	int(10)	NOT NULL	상품 원산지
buy_state	varchar(10)		상품 가격
buy_date	varchar(10)		상품 이미지
buy_num	int(10)		상품 설명
goods_name	varchar(10)		등록일

위 테이블을 만들기 위한 MySQL 데이터베이스 질의어는 다음과 같다.

```
CREATE TABLE buy_tab (
  buy_id int(10) DEFAULT '0' NOT NULL auto_increment,
  goods_id int(10) DEFAULT '0' NOT NULL,
  mem_id varchar(10) DEFAULT '' NOT NULL,
  buy_price int(10),
  buy_state varchar(10),
  buy_date varchar(10),
  buy_num int(10),
  goods_name varchar(10),
  PRIMARY KEY (buy_id)
);
```

A.3 초기 화면 및 디자인

본 절에서는 과일나라 홈페이지의 폰트, 링크 등의 색깔을 정하고 초기 화면 구성에 대해서 알아본다.

- 기능
  - 초기 화면을 보여준다.

- 화면 디자인을 정한다.

■ 필요한 프로그램 파일

- style.php, index.html, top.php

과일나라 홈페이지의 구성은 index.html에서 프레임을 위(TOP), 왼쪽(LEFT), 오른쪽(RIGHT)으로 나눈다.

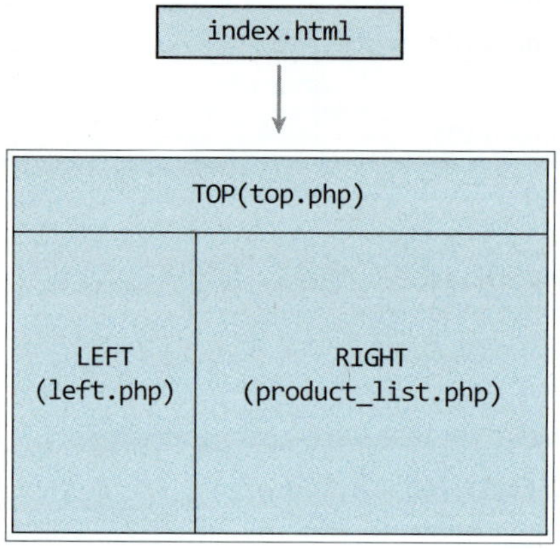

다음은 과일나라 쇼핑몰의 메인 홈페이지다.

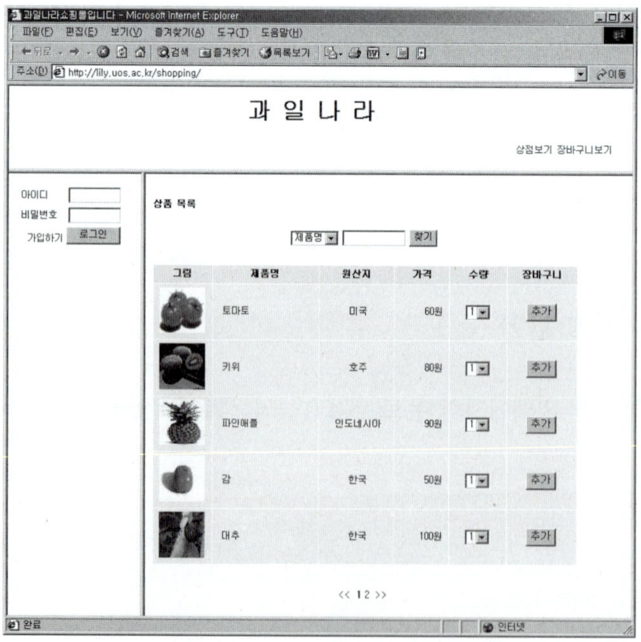

style.php는 링크의 속성(크기, 색깔 등)과 폰트를 정하는 스크립트이다.

style.php

```
<?PHP
  echo ("
    <style>
      a:link {font-size:9pt; color:#1A1F7A; TEXT-DECORATION:none}
      a:visited {font-size:9pt; color:#003194; TEXT-DECORATION:none}
      a:active  {cfont-size:9pt; olor:#ff4e02; TEXT-DECORATION:underline}
      a:hover {font-size:9pt; color:#a12ba0; TEXT-DECORATION:underline}

      font {font-size:9pt; font-family:'굴림'}
      td {font-size:9pt; LINE-HEIGHT:15px; font-family:'굴림'}
      th {font-size:9pt; font-family:'굴림'; font-weight:bold; color:white}
      small {font-size:9pt;LINE-HEIGHT:18px; font-family:'굴림'}
      strong {font-size:10pt;LINE-HEIGHT:18px; font-family:'굴림';
        font-weight:bold}
      ul {font-size:9pt;LINE-HEIGHT:16px; font-family:'굴림'}
      select {font-size:9pt; font-family:'굴림'}
    </style>
  ");
?>
```

index.html은 메인 홈페이지를 프레임으로 나눈 HTML 코드이다.

index.html

```
<HTML>
  <HEAD>
    <TITLE>과일나라쇼핑몰입니다</TITLE>
  </HEAD>

  <frameset rows="110,*">
    <frame name="top" src="top.php">
    <frameset cols="175,*">
      <frame name="left" src="left.php">
```

```
      <frame name="right" src="product_list.php">
    </frameset>
  </frameset>
</HTML>
```

top.php는 상단에 과일나라라고 표시된 TOP 프레임을 만드는 프로그램이다.

```
top.php
```

```
<?PHP
 #-----세션을 시작합니다-----#
 session_start();
 if(session_is_registered( 'shop_logon' ))
 {
   echo("
     <HTML>
     <HEAD>
   ");

   include("./style.php");

   echo("
     </HEAD>
     <body>
     <center><h1>과 일 나 라</h1></center>
     <p align=right>
     <a href='./product_list.php' target=right>상점보기</a>
     <a href='./cart.php' target=right>장바구니보기</a>
   ");

   #-----관리자인 경우에 활성화되는 메뉴-----#
   if($shop_logon[0] == "admin") {
     echo("
       <a href='./add_goods.php' target=right>상품입력</a>
       <a href='./admin_buy.php' target=right>구매관리</a>
       <a href='./admin_mem_list.php' target=right>회원리스트</a>
       <a href='./admin_mem_update.php' target=right>회원정보수정</a>
```

```
      ");

    #-----일반 회원인 경우에 활성화되는 메뉴-----#
    } else {
      echo("
        <a href='./my_buy.php' target=right>내구매관리</a>
        <a href='./update_member.php' target=right>내정보수정</a>
      ");
    }
    echo("
      </p>
      </body>
      </HTML>
    ");
  }

  #-----로그인되지 않은 경우(비회원)-----#
  else
  {
    echo("
      <HTML>
      <HEAD>
    ");

    include("./style.php");

    echo("
      </HEAD>
      <body>
      <center><h1>과 일 나 라</h1></center>
      <p align=right>
      <a href='./product_list.php' target=right>상점보기</a>
      <a href='./cart.php' target=right>장바구니보기</a>
      </body>
      </HTML>
    ");
  }
?>
```

- L4: 세션 변수 shop_logon이 생성되었는지를 확인한다.
- L23-L29: 관리자로 로그인한 경우에 활성화되는 메뉴이다.
- L32-L37: 일반회원으로 로그인한 경우에 활성화되는 메뉴이다.

A.4 회원 로그인

본 절에서는 과일나라 홈페이지의 회원이나, 관리자의 로그인 그리고 회원가입에 대해서 알아본다. 로그인이나 로그아웃에 관한 것은 left.php에서 처리를 한다. 그리고 회원가입은 로그인되지 않은 상태에서 활성화되며, 회원가입 링크를 클릭하면 RIGHT에 회원가입 폼이 나타난다.

■ 기능

- 로그인, 로그아웃
- 회원가입

■ 필요한 프로그램 파일

- left.php, new_member.php, new_init.php, new_confirm.php

[그림 A-3]은 회원으로 로그인 시 보이는 메인 홈페이지이고 [그림 A-4]는 관리자로 로그인 시 보이는 홈페이지이다. 두 홈페이지를 살펴보면 우측상단 (TOP 프레임)에 표시된 링크와 좌측(LEFT 프레임)이 서로 다르게 표시되어 있다는 것을 알 수 있다.

[그림 A-3] 회원으로 로그인 시 메인 홈페이지

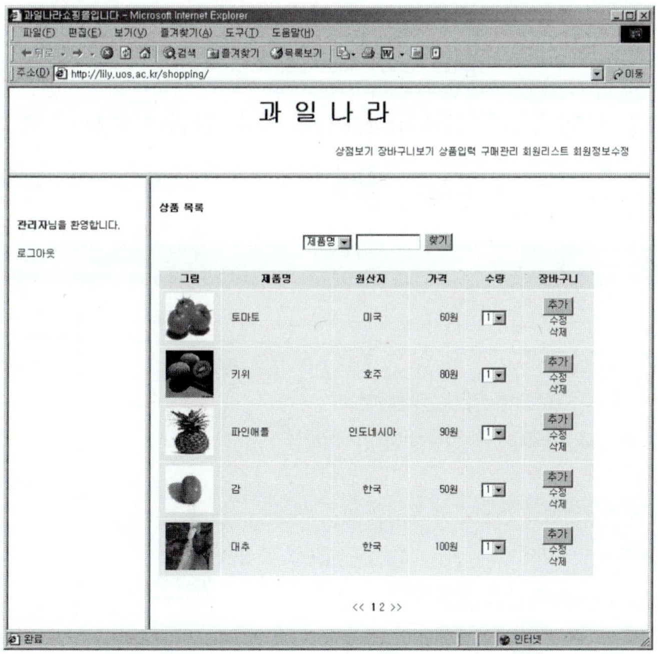

[그림 A-4] 관리자로 로그인 시 메인 홈페이지

[그림 A-5]는 왼쪽 프레임의 로그인 도구(left.php 참조)와 오른쪽 프레임의 회원 가입을 위한 형식(new_member.php)을 표시하고 있다. 즉 회원 가입을 위해서 회원 아이디, 비밀번호, 기본 메일주소 등을 입력받을 수 있는 형식을 나타내고 있다.

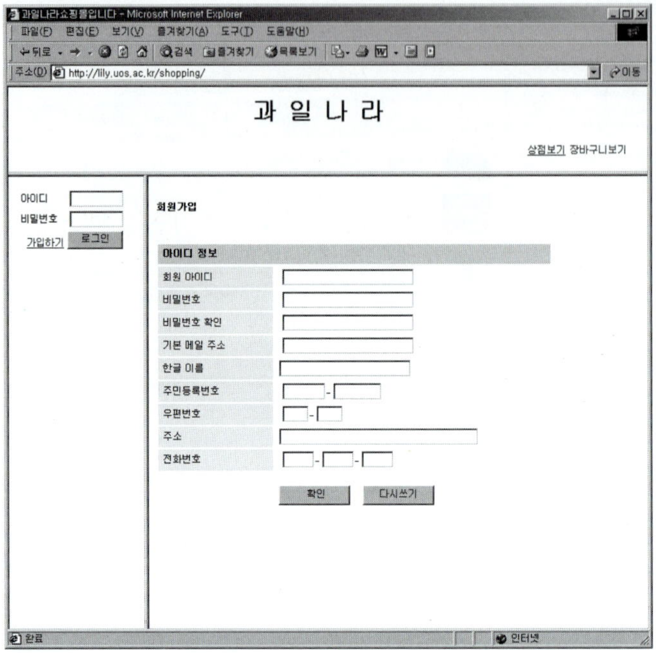

[그림 A-5] 회원가입 초기 화면

left.php는 [그림 A-5]의 왼쪽 프레임의 로그인 창을 만들어 주는 프로그램이다. left.php에서는 회원의 로그인과 로그아웃 그리고 회원가입에 대한 링크를 포함하고 있다.

left.php

```
<?PHP
 session_start();
 #---------------로그인 되었는지를 비교----------------------#
 if (session_is_registered('shop_logon'))
 {
  #--------로그인된 회원중에서 로그아웃을 선택-------#
  if($logout == "ok")
  {
   #--------세션 해제-------#
   session_unregister('shop_logon');
```

```
      session_unregister('cart');
      echo("
        <script>
          parent.location.reload(true);
        </script>
      ");
    }
    #--------로그인된 회원인 경우에 실행-------#
    else
    {
      echo("
        <HTML>
        <HEAD>
      ");
      include("./style.php");
      echo("
        </HEAD>
        <body>
        <br><br><font><font color='blue'>
        <b>$shop_logon[1]</b></font>님을  환영합니다.</font>
        <br><br><a href='./left.php?logout=ok'>로그아웃</a>
        </body>
        </HTML>
      ");
    }
    exit;
  }
  #----------------아이디와 패스워드 입력확인--------------------#
  else if(($mem_id == "") || ($mem_pass == ""))
  {
    echo("
      <HTML>
      <HEAD>
    ");
    include("./style.php");
    echo("
      </HEAD>
      <body>
```

```
    <form name='login' method='post' action='./left.php'>
    <table border='0' width='150' cellpadding='1' cellspacing='1'>
      <tr>
        <td width='70' valign='middle' align='left'>  아이디 </td>
        <td width='80'> <input type='text' name='mem_id' size='8'> </td>
      </tr>
      <tr>
        <td width='70' valign='middle' align='left'>  비밀번호 </td>
        <td width='80'> <input type='password' name='mem_pass' size='8'>
        </td>
      </tr>
      <tr>
        <td width='150' colspan='2' align='right'> <font size='2'>
          <a href='./new_member.php' target='right'>가입하기</a></font>
          <input type='submit' value='로그인' style='font-family: 굴림;
          font-size: 9pt; width:70px; height:23px'>    </td>
      </tr>
    </table>
    </form>
    </body>
    </HTML>
  ");
}
  #----------------회원 로그인 확인-------------------#
else
{
  $conn = mysql_connect('localhost', 'root', 'root');
  $db_status = mysql_select_db('shoppingmall');

  if(!$db_status)
  {
    echo("
      <script>
        window.alert('Database ERROR');
        history.go(-1);
      </script>
    ");
    exit;
```

```
    }
    #---------------DB에 등록된 회원인지를 확인-----------------#
    $query = "select mem_id, mem_name from member_tab where
      (mem_id = $mem_id )and(mem_password = $mem_pass)";
    $result = mysql_query($query);

    $row = mysql_fetch_row($result);
    if($row[0] == "")
    {
      echo("
        <script>
          window.alert('아이디와 비밀번호를 확인해 주세요');
          history.go(-1);
        </script>
      ");
      exit;
    }
    else
    {
    #----------세션이 설정되지 않았으면 설정함---------------#
      if(!session_is_registered('shop_logon')) {
        session_register('shop_logon');
        $shop_logon = array($row[0], $row[1]);
      }
      echo("
        <script>
          parent.location.reload(true);
        </script>
      ");
    }
  }
?>
```

left.php에서는 회원의 로그인과 로그아웃 그리고 회원가입에 대한 링크를 포함하고 있다.

- L6-L17: 로그인된 회원의 로그아웃을 처리하는 루틴이다. 현재 로그인된 세션(shop_logon)과 장바구니(cart) 세션을 삭제(session_unregister() 이용)한다.

- L18-L37: 로그인된 회원인 경우에 인사말(~님을 환영합니다)과 로그아웃을 할 수 있는 링크를 보여준다.
- L38-L71: 로그인되지 않은 사용자에 대해서 로그인 할 수 있는 폼을 보여준다.
- L72-L116: 로그인을 시도한 사용자에 대해서 등록된 회원인지를 확인하고 회원이면 세션을 설정한다.

new_member.php는 회원가입 프로그램이다. new_init.php에서 회원정보를 입력하고 확인을 누르면 $pass와 $mem_jumin2의 값을 이용해서 new_confirm.php으로 데이터를 넘겨줘서 데이터베이스에 회원을 추가한다.

new_member.php

```
L1   <?php
L2     session_start();
L3     if(!session_is_registered( 'shop_logon' )) {
L4       if(($pass == "ok") && ($mem_jumin2 != "")) {
L5         # 여기는 회원가입확인을 하는 루틴입니다.
L6         include("./new_confirm.php");
L7       } else {
L8         # 여기는 회원가입 초기화면 입니다.
L9         include("./new_init.php");
L10      }
L11    }
L12  ?>
```

- L2-L3: 세션 변수 shop_logon이 생성되었는지를 확인해서 현재 로그인 되었는지를 알아본다. 만일 로그인 되지 않았다면 회원가입 화면이 나타나며 로그인 되었다면 이미 회원이기 때문에 회원가입 화면이 나타나지 않는다.
- L4: 이전에 new_init.php에서 넘어왔는지를 확인한 후 L9의 new_confirm.php을 실행시킨다.

new_init.php는 새로운 회원을 입력받아서 이전의 new_member.php로 넘겨주는 역할을 한다.

new_init.php

```
<?php
 echo("
  <html>
  <head>
  <style>
 ");
  include("./style.php");
 echo("
  </style>
  </head>
  <body>
   <br><p><font><b>회원가입</b></font></p><br>

   <form action=new_member.php method=post>
   <table width=500 border=0 cellspacing=0 cellpadding=0>
    <tr>
     <td align=left>
      <table cellspacing=2 cellpadding=2 border=0 align=center
       width=500>
       <tr>
        <td bgcolor=#E1E2D8 height=25 width=500>
          <b>아이디 정보</b>
        </td>
       </tr>
      </table>

      <table cellspacing='2' cellpadding='2' border=0 align='center'
       width='500'>
       <tr>
        <td bgcolor=#F2F2EA width=125>  회원 아이디 </td>
        <td width=300>   <input type='text' name='mem_id'
         size='22' maxlength='16'value=''> </td>
       </tr>
       <tr>
        <td bgcolor=#F2F2EA>  비밀번호 </td>
        <td>   <input type='password' name='mem_pass'
         size='22' MAXLENGTH='22' value=''> </td>
```

```
        </tr>
        <tr>
          <td bgcolor=#F2F2EA>  비밀번호 확인 </td>
          <td>   <input type='password' name='mem_pass2'
            size='22' MAXLENGTH='22' value=''> </td>
        </tr>
        <tr>
          <td bgcolor=#F2F2EA>  기본 메일 주소 </td>
          <td>   <input type=text name='mem_email'
            size='22' MAXLENGTH='64' value=''> </td>
        </tr>
        <tr>
          <td bgcolor=#F2F2EA width=125>  한글 이름 </td>
          <td width=300>   <input type='text' name='mem_name'
            size='22' MAXLENGTH='32' value=''> </td>
        </tr>
        <tr>
          <td bgcolor=#F2F2EA width=125>  주민등록번호 </td>
          <td width=300> <input type='text' name='mem_jumin1'
            size='6' MAXLENGTH='6' value=''> </td>
            <input type='text' name='mem_jumin2' size='7'
              MAXLENGTH='7' value=''>   </td>
        </tr>
        <tr>
          <td bgcolor=#F2F2EA width=125>  우편번호 </td>
          <td width=300> <input type='text' name='mem_zip1'
            size='3' MAXLENGTH='3' value=''> </td>
            <input type='text' name= 'mem_zip2' size='3'
              MAXLENGTH='3' value=''>   </td>
        </tr>
        <tr>
          <td bgcolor=#F2F2EA width=125>  주소 </td>
          <td width=300> <input type='text' name='mem_address'
            size='34' MAXLENGTH='128' value=''> </td>
        </tr>
        <tr>
          <td bgcolor=#F2F2EA width=125>  전화번호 </td>
          <td width=300> <input type='text' name='mem_tel1'
```

```
                size='4' MAXLENGTH='4' value=''> - </td>
                <input type='text' name='mem_tel2' size='4'
                 MAXLENGTH='4' value=''> - </td>
                <input type='text' name='mem_tel3' size='4'
                 MAXLENGTH='4' value=''> <input type='hidden'
                 name='pass' value='ok'> </td>
            </tr>
          </table>
          <br>
          <table width=500 border=0>
            <tr>
              <td width=350 align=right valign=bottom>
                <input type=submit value='확인' style='font-family:굴림;
                 font-size: 9pt; width:90px; height:25px'> </td>
              <td width=350 align=left>  
                <input type=reset value='다시쓰기' style='font-family: 굴림;
                 font-size: 9pt; width:90px; height:25px'> </td>
            </tr>
          </table>
        </td>
      </tr>
    </table>
    </form>
  </body>
  </html>
 ");
?>
```

new_confirm.php는 new_init.php에서 넘어온 값들을 이용해서 데이터베이스에 입력한다.

new_confirm.php

```
<?PHP
 #-----데이터베이스에 연결합니다-----#
 $conn = mysql_connect('localhost', 'root', 'root');

 $db_status = mysql_select_db('shoppingmall');
```

```
if(!$db_status) {
  echo("DB_ERROR");
  exit;
}

#-----전화번호를 형식에 맞게 만듭니다(000-0000-0000)-----#
if(strlen($mem_tel1) < 3)
  $mem_telephone = "0" . $mem_tel1;
else
  $mem_telephone = $mem_tel1;

if(strlen($mem_tel2) < 4)
  $mem_telephone .= "0" . $mem_tel2 . $mem_tel3;
else
  $mem_telephone .= $mem_tel2 . $mem_tel3;

#-----우편번호를 형식에 맞게 만듭니다.-----#
$mem_zip = $mem_zip1. "-" .$mem_zip2;

#-----주민번호를 형식에 맞게 만듭니다.-----#
$mem_jumin = $mem_jumin1 . $mem_jumin2;

#-----현재날짜를 형식에 맞게 만듭니다(2000-00-00)-----#
$cur_date = getdate();
$mem_date = $cur_date[year];

if($cur_date[mon] < 10)
  $mem_date .= "-0" . $cur_date[mon];
else
  $mem_date .= "-" . $cur_date[mon];

if($cur_date[mday] < 10)
  $mem_date .= "-0" . $cur_date[mday];
else
  $mem_date .= "-" . $cur_date[mday];

#-----새로운 멤버를 삽입하는 질의-----#
$query = "insert into member_tab VALUES ($mem_id , $mem_email ,
```

```
L44     $mem_pass , $mem_name , $mem_address , $mem_zip , $mem_telephone,
L45     $mem_jumin , $mem_date)";
L46   $result = mysql_query($query);
L47
L48   #-----질의가 제대로 되었는지를 확인-----#
L49   if(!$result) {
L50     echo("
L51       <script>
L52         window.alert('다시한번 확인해 주세요');
L53         history.go(-1);
L54       </script>
L55     ");
L56     exit;
L57   } else {
L58     echo("
L59       <script>
L60         parent.location.reload(true);
L61       </script>
L62     ");
L63   }
L64 ?>
```

- L2-L19: 현재의 컴퓨터(localhost)의 MySQL 데이터베이스에 계정과 비밀번호를 이용하여 연결한다.
- L28-L40: 현재 날짜를 getdate()를 이용하여 읽어와서 데이터베이스에 삽입할 알맞은 형식으로 변환한다.

A.5 상품리스트

본 절에서는 전체 상품을 읽어 화면에 보여주는 방법에 대해서 알아본다. 현재 과일나라의 상품수는 10개 정도 때문에 한 화면에 모든 과일을 나열해도 사용자가 화면을 보는데 있어서 불편함이 없다. 그렇지만 많은 상품이 있을 경우에 모든 상품을 한 화면에 나열하면 보는데 불편하다. 따라서 본 절에서는 모든 상품을 한 화면에 나열하지 않고 페이지를 나눠서 여러 페이지로 보는 방법에 대해서 알아본다. 그리고 상품의 세부사항을 볼 수 있는 새 페이지를 만드는 방법에 대해서 알아본다. 또한 관리자로 로그인한 경우에는 상품 리스트에서 손쉽게 상품을 수정하고 삭제하는 방법에 대해서도 알아본다.

- 기능

- 상품 검색, 상품 리스트, 페이지 나누기
- 상품 세부사항 보기
- 상품 수정, 삭제

- 관련된 파일

- product_list.php, detail.php
- goods_update.php, goods_update_ok.php, goods_delete.php

product_list.php는 전체 상품의 리스트를 보여주는 파일이다. 회원과 관리자에 따라 화면에 보여지는 그림이 다르다.

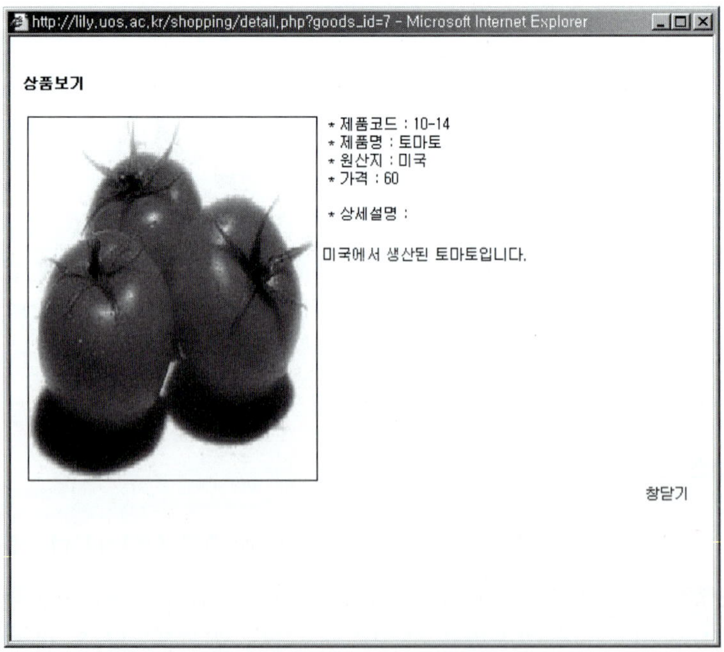

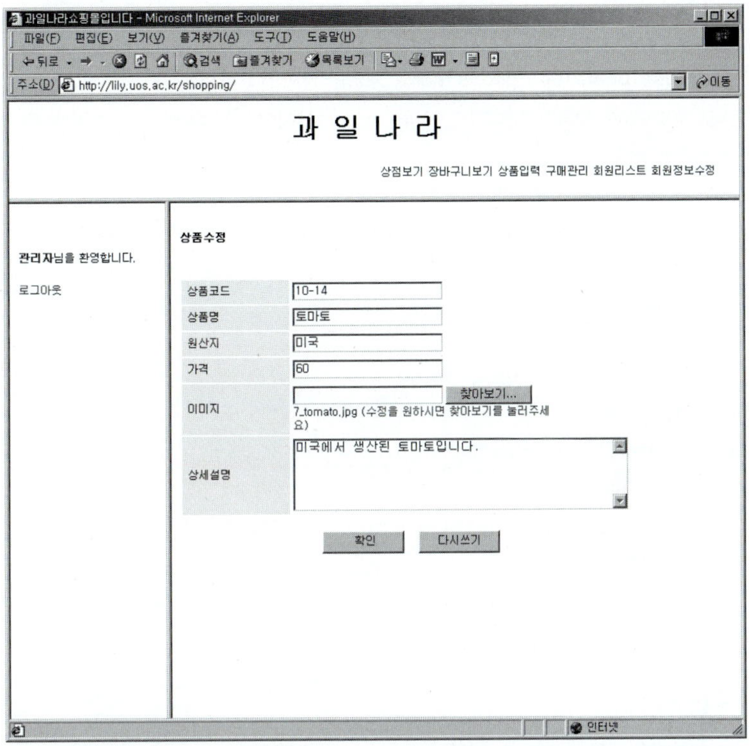

product_list.php

```
<?PHP
 session_start();
?>
<html>
  <head>
    <?PHP
      #----------홈페이지 디자인 적용---------#
      include("./style.php");
    ?>
  </head>
  <body>
    <br><p><font><b>상품 목록</b></font></p>
    <table width="550" border="0" cellpadding="4" cellspacing="1">
      <tr align="center">
        <td colspan="6">
          <form name=search_form action=product_list.php method=post>
```

```
        <select name="search_item">
          <option value="goods_name">제품명</option>
          <option value="goods_country">원산지</option>
        </select>
        <input type=text name="search_text" size=10>
        <input type=submit value="찾기" style="font-family:굴림;
          font-size:9pt;">
      </form>
    </td>
  </tr>
  <tr align="center">
    <td width="70" height="24" bgcolor="#DDF4C3">
      <b>그림</b> </td>
    <td width="150" height="24" bgcolor="#DDF4C3">
      <b>제품명</b> </td>
    <td width="100" height="24" bgcolor="#DDF4C3">
      <b>원산지</b> </td>
    <td width="70" height="24" bgcolor="#DDF4C3">
      <b>가격</b> </td>
    <td width="70" height="24" bgcolor="#DDF4C3">
      <b>수량</b> </td>
    <td width="90" height="24" bgcolor="#DDF4C3">
      <b>장바구니</b> </td>
  </tr>
<?PHP
 #--------데이터 베이스 연결---------#
 $conn = mysql_connect('localhost', 'root', 'root');
 db_status = mysql_select_db('shoppingmall');

 if(!$db_status) {
   echo("DB_ERROR");
   exit;
 }
 #---------검색 조건이 있는지 확인하고 검색 조건에 맞는 상품 검색---------#
 if((trim($search_item) == "") || (trim($search_text) == "")) {
   $query = "select goods_id, goods_name, goods_country, goods_price,
     goods_image from goods_tab order by goods_date desc,
     goods_name asc";
 } else {
```

```
  $query = "select goods_id, goods_name, goods_country, goods_price,
    goods_image from goods_tab where $search_item like
    '%$search_text%' order by goods_date desc, goods_name asc";
 }

 $result = mysql_query($query);
 #--------페이지를 나타내기 위한 환경변수----------#
 $total_row = mysql_num_rows($result);  # 검색된 전체 상품 수
 $PAGE_LINE = 5; # 페이지 당 상품 수
 $LINK_NUM = 2;  # 현재 페이지를 기준으로 좌우에 보여줄 링크 수
 $total_page = (int)(($total_row - 1) / $PAGE_LINE) + 1; # 전체 페이지 수
 #-----검색된 상품이 있으면 화면에 보여줄 상품 선택-----#
 if($total_row > 0) {
  if(($page_num == "") || ($page_num < 1) || ($page_num > $total_page))
   $page_num = 1;
  $go_page = ($page_num - 1) * $PAGE_LINE;
  $i = 0;
  mysql_data_seek($result,$go_page);  # go_page만큼 이동하기
 }
 #-----검색된 상품이 있으면 화면에 보여준다-----#
 while( $row = mysql_fetch_row($result) ) {
  #-----한 페이지에 들어갈 상품만큼만 선택-----#
  if($i >= $PAGE_LINE)
   break;
  $i++;
?>
 <form name="insert_form" method="post" action="./cart.php?code=insert">
 <tr bgcolor="#F2F2F2" height=20>
  <td width="70" height=60 align="center">
   <a href="javascript:var detailview = window.open('./detail.php?goods_id
   =<?=$row[0]?>','detail','toolbar=no,location=no,directories=no,status=no,
   menubar=no,scrollbars=no,resizable=yes,width=580,height=500');">
<?PHP
  #-----상품에 대한 그림이 있는지를 확인한다-----#
  if(trim($row[4]) == "")
   echo("그림없음");
  else
   echo("<img src='./file/$row[4]' width=60 height=60 border=0>");
?>
```

```
        </a>
      </td>
      <td width="150" align="left"> 
        <a href="javascript:var detailview = window.open('./detail.php?
        goods_id=<?=$row[0]?>','detail','toolbar=no,location=no,directories=no,
        status=no,menubar=no,scrollbars=no,resizable=yes,width=580,
        height=500');"><?=$row[1]?></a>
      </td>
      <td width="100" align="center"> <?=$row[2]?></td>
      <td width="70" align="right"><?=$row[3]?>원 </td>
      <td width="70" align="center">
        <select name="amount">
          <option value=1>1</option> <option value=2>2</option>
          <option value=3>3</option> <option value=4>4</option>
          <option value=5>5</option>
        </select>
        <input type="hidden" name="id" value="<?=$row[0]?>">
        <input type="hidden" name="name" value="<?=$row[1]?>">
        <input type="hidden" name="price" value="<?=$row[3]?>">
      </td>
      <td width="90" align="center">
        <input type="submit" name="submit" value="추가">
  <?PHP
      #-----관리자인 경우에만 아래 링크를 활성화 시킨다-----#
      if($shop_logon[0] == "admin") {
        echo("<br><a href='./goods_update.php?goods_id=$row[0]'>수정</a>");
        echo("<br><a href='./goods_delete.php?goods_id=$row[0]
          &image=$row[4]'>삭제</a>");
      }
  ?>
      </td>
    </tr>
    </form>
  <?PHP
    }
  ?>
    <tr>
      <td colspan=6 align="center">
  <?PHP
```

```
    #-----페이지 링크에 대한 루틴-----#
    if($total_row > 0) {
      echo("<br><br><a href='./product_list.php?page_num=1&search_item=
        $search_item&search_text=$search_text'><<</a>  ");
      $i = $page_num - $LINK_NUM;
      if($i < 1) {
        $j = $page_num + $LINK_NUM - $i + 1;
        if($j > $total_page)
          $j = $total_page;
        $i = 1;
      } else {
        $j = $page_num + $LINK_NUM;
        if($j > $total_page) {
          $i = $i + $total_page - $j;
          if($i < 1)
            $i = 1;
          $j = $total_page;
        }
      }

      for($i=1; $i <= $j; $i++) {
        if($i == $page_num) {
          echo("<a href='./product_list.php?page_num=$i&search_item=
            $search_item&search_text=$search_text'><b>$i</b></a> ");
        } else {
          echo("<a href='./product_list.php?page_num=$i&search_item=
            $search_item&search_text=$search_text'>$i</a> ";
        }
        echo(" <a href='./product_list.php?page_num=$total_page
          &search_item=$search_item&search_text=$search_text'>>></a>";
      }
    }
  ?>
        </td>
      </tr>
    </table>
  </body>
</html>
```

- L50-L59: 검색 조건($search_item, $search_text)이 있는지 알아보고, 값이 있으면 검색조건에 맞는 질의를 만든다.
- L63-L66: 페이지를 나누기 위한 환경 변수이다.
- L68-L74: 화면에 보여줄 페이지로 이동하기 위한 루틴이다.
- L90-L93: 상품에 대한 그림이 있는지 확인한 후, 있으면 그림을 링크시킨다.
- L119-L123: 관리자로 로그인한 경우에는 상품을 수정하거나 삭제할 수 있는 링크를 추가시킨다.
- L135-L165: 특정 페이지로 갈 수 있는 링크를 생성하는 루틴이다.

detail.php는 새로운 창을 열어서 새로운 창에 특정 상품의 세부사항을 보여주는 프로그램이다.

detail.php

```
<?PHP
  #-----데이터베이스에 연결합니다-----#
  $conn = mysql_connect('localhost', 'root', 'root');

  $db_status = mysql_select_db('shoppingmall');
  if(!$db_status) {
    echo("DB_ERROR");
    exit;
  }

  $query = "select * from goods_tab where goods_id= $goods_id ";
  $result = mysql_query($query);

  $row = mysql_fetch_row($result);
  if($row[0] != "") {
    #-----row[6]에 있는 return문자를 <br>처리해 줍니다-----#
    $detail = nl2br($row[6]);
    echo("
      <HTML>
        <HEAD>
    ");
    include("./style.php");
```

```
L23     echo("
L24       </HEAD>
L25       <body>
L26        <br><p><font><b>상품보기</b></font></p>
L27        <table width=550 border=0 cellspacing=0 cellpadding=0>
L28         <tr>
L29          <td width=250 align=center>
L30     ");
L31     if(trim($row[5]) == "")
L32      echo("그림없음");
L33     else
L34      echo("<img src='./file/$row[5]' border=1 width=240 height=300>");
L35     echo("
L36          </td>
L37          <td width=300 valign=top>
L38            * 제품코드 : $row[1]<br>
L39            * 제품명 : $row[2]<br>
L40            * 원산지 : $row[3]<br>
L41            * 가격 : $row[4]<br><br>
L42            * 상세설명 : <p>$detail</p>
L43          </td>
L44         </tr>
L45         <tr>
L46          <td colspan=2 align=right>
L47           <a href='javascript:window.close(self);'>창닫기</a>
L48          </td>
L49         </tr>
L50        </table>
L51       </body>
L52      </html>
L53     ");
L54    }
L55   ?>
```

- L3-L9: 데이터베이스에 연결한다.
- L17: $row[6]에 있는 문자열에서 리턴문자(\n)를
 태그로 변환해 준다.
- L31-L34: 상품에 대한 그림이 있는지 확인하고, 있으면 그림을 화면에 보여준다.

goods_update.php는 데이터베이스에서 상품의 정보를 읽어와서 홈페이지에 수정하는 폼을 보여준다. 확인 버튼을 누르면 goods_update_ok.php로 값이 넘어간다.

goods_update.php

```
<?PHP
 session_start();
 #----------------로그인 되었는지를 비교-----------------------#
 if($shop_logon[0] == "admin") {
  #-----데이터베이스 선택합니다-----#
  $conn = mysql_connect('localhost', 'root', 'root');

  $db_status = mysql_select_db('shoppingmall');
  if(!$db_status) {
   echo("DB_ERROR");
   exit;
  }

  $query = "select goods_code, goods_name, goods_country, goods_price,
   goods_image, goods_explain from goods_tab where goods_id=$goods_id";
  $result = mysql_query($query);

  #-----찾아진 상품이 있는지를 확인-----#
  if($row = mysql_fetch_row($result)) {
   echo("
    <html>
     <head>
      <style>
   ");
   include("./style.php");
   echo("
      </style>
     </head>
     <body>
      <br><p><font><b>상품수정</b></font></p><br>
      <form action=goods_update_ok.php method=post ENCTYPE=
       'multipart/form-data'>
      <table width=500 border=0 cellspacing=0 cellpadding=0>
```

```
<tr>
  <td align=left>
    <table cellspacing='2' cellpadding='2' border=0
      align='center' width='500'>
      <tr>
        <td bgcolor=#F2F2EA width=125> 상품코드</td>
        <td width=300> <input type='text' name='goods_code'
          size='22' maxlength='10' value='$row[0]'> </td>
      </tr>
      <tr>
        <td bgcolor=#F2F2EA>  상품명 </td>
        <td> <input type='text' name='goods_name' size='22'
          MAXLENGTH='20' value='$row[1]'> </td>
      </tr>
      <tr>
        <td bgcolor=#F2F2EA>  원산지 </td>
        <td> <input type='text' name='goods_country' size='22'
          MAXLENGTH='20' value='$row[2]'> </td>
      </tr>
      <tr>
        <td bgcolor=#F2F2EA>  가격 </td>
        <td> <input type='text' name='goods_price' size='22'
          MAXLENGTH='10' value='$row[3]'> </td>
      </tr>
      <tr>
        <td bgcolor=#F2F2EA width=125>  이미지 </td>
        <td width=300> <input type='text' name='goodsimage'
        size='22' MAXLENGTH='10' value=''><br>$row[4] 
        <font color='blue'>수정을 원하면 찾아보기 클릭</font>
        </td>
      </tr>
      <tr>
        <td bgcolor=#F2F2EA width=125> 상세설명</td>
        <td width=300> <textarea name='goods_explain'
          rows='5' cols='50'> $row[5]</textarea>
        <input type=hidden name=goods_id value='$goods_id'>
        <input type=hidden name=old_image value='$row[4]'>
        </td>
```

```
L72                 </tr>
L73               </table> <br>
L74               <table width=500 border=0>
L75                 <tr>
L76                   <td width=350 align=right valign=bottom>
L77                     <input type=submit value='확인' style='font-family:
L78                       굴림; font-size: 9pt; width:90px; height:25px'> </td>
L79                   <td width=350 align=left>  
L80                     <input type=reset value='다시쓰기' style='font-family:
L81                       굴림; font-size: 9pt; width:90px; height:25px'> </td>
L82                 </tr>
L83               </table>
L84             </td>
L85           </tr>
L86         </table>
L87         </form>
L88       </body>
L89     </html>
L90   ");
L91   }
L92  }
L93 ?>
```

- L2-L4: 세션을 시작하고 관리자인지 확인한다.
- L6-L12: 데이터베이스를 선택한다.
- L14-L19: 수정할 상품을 질의문을 통해 데이터베이스에서 읽어온다.

goods_update_ok.php는 goods_update.php에서 넘어온 값을 이용해서 데이터베이스의 값을 수정한다.

goods_update_ok.php

```
<?PHP
 #-----세션을 시작합니다-----#
 session_start();
 #-----관리자로 로그인합니다-----#
 if($shop_logon[0] == "admin") {
  echo("<meta http-equiv = 'refresh' content = '0;url=./product_list.php'>\n");
  #-----데이터베이스를 선택합니다-----#
  $conn = mysql_connect('localhost', 'root', 'root');

  $db_status = mysql_select_db('shoppingmall');
  if(!$db_status) {
   echo("DB_ERROR");
   exit;
  }

  #-----날짜를 형식에 맞게(0000-00-00) 고칩니다-----#
  $cur_date = getdate();
  $mem_date = $cur_date[year];

  if($cur_date[mon] < 10)
   $mem_date .= "-0" . $cur_date[mon];
  else
   $mem_date .= "-" . $cur_date[mon];

  if($cur_date[mday] < 10)
   $mem_date .= "-0" . $cur_date[mday];
  else
   $mem_date .= "-" . $cur_date[mday];

  #-----이미지도 수정하여야 하는지를 확인합니다-----#
  if(trim($goodsimage_name) == "") {
   $query = "UPDATE goods_tab SET goods_code= $goods_code ,
   goods_name=$goods_name, goods_country=$goods_country,
   goods_price=$goods_price, goods_explain=$goods_explain,
   goods_date=$mem_date where goods_id = $goods_id";

   $result = mysql_query($query);
   if(!$result) {
```

```
        echo("<script>window.alert('쿼리에 에러가 발생하였습니다.');</script>");
        exit;
      }
    } else {
      if(trim($old_image) != "") {
        $un_file = "./file/" . $old_image;
        if(!unlink($un_file)) {
          echo("기존 파일 삭제에 실패하였습니다.");
          exit;
        }
      }
      $save_image = $goods_id . "_" . $goodsimage_name;
      $file_exist = file_exists("./file/$save_image");
      if($file_exist) {
        echo("이미 존재하는 파일입니다.");
        exit;
      }
      if(!copy($goodsimage, "./file/$save_image")) {
        echo("파일 저장에 실패하였습니다.");
        exit;
      }
      if(!unlink($goodsimage)) {
        echo("임시 파일 삭제에 실패하였습니다.");
        exit;
      }

      $query = "UPDATE goods_tab SET goods_code=$goods_code,
        goods_name=$goods_name, goods_country=$goods_country,
        goods_price=$goods_price, goods_image=$save_image, goods_explain=
        $goods_explain, goods_date=$mem_date where goods_id=$goods_id";

      $result = mysql_query($query);
      if(!$result) {
        echo("<script>window.alert('쿼리에 에러가 발생하였습니다.');</script>");
        exit;
      }
    }
  }
?>
```

- L3-L5: 세션을 시작하고 관리자인지 확인한다.
- L7-L14: 데이터베이스를 선택한다.
- L16-L28: 현재 날짜를 읽어와서 데이터베이스에 저장할 형식에 맞게 수정한다.
- L31-L75: 이미지를 수정하였는지 확인하여 이미지가 수정되었으면 이전 파일을 삭제하고, 새로운 파일을 파일 경로에 저장한 후 데이터베이스에 변경된 정보를 저장한다.

goods_delete.php 코드는 관리자로 로그인 되었는지 확인한 후, 관리자이면 특정 상품을 데이터베이스에서 삭제한다.

goods_delete.php

```
<?PHP
 #-----세션을 시작합니다-----#
 session_start();
 #-----관리자로 로그인합니다-----#
 if($shop_logon[0] == "admin") {
  echo("<meta http-equiv = 'refresh' content = '0;url=./product_list.php'>\n");
  #-----데이터베이스를 선택합니다-----#
  $conn = mysql_connect('localhost', 'root', 'root');

  $db_status = mysql_select_db('shoppingmall');
  if(!$db_status) {
   echo("DB_ERROR");
   exit;
  }

  #-----이미지가 있으면 삭제합니다-----#
  if(trim($image) != "") {
   $un_file = "./file/" . $image;
   if(!unlink($un_file)) {
    echo(" <script>
     window.alert('그림삭제실패');
     parent.location.reload(true);
     </script>");
    exit;
   }
  }
```

```
L27
L28      $query = "DELETE FROM goods_tab WHERE goods_id=$goods_id";
L29      $result = mysql_query($query);
L30      if(!$result) {
L31        echo(" <script>
L32          window.alert('쿼리에 에러가 발생하였습니다.');
L33          parent.location.reload(true);
L34          </script>");
L35        exit;
L36      }
L37    } else {
L38      #-----관리자로 로그인되지 않았습니다-----#
L39      echo(" <script>
L40        window.alert('그림삭제실패');
L41        parent.location.reload(true);
L42        </script>");
L43    }
L44  ?>
```

- L3-L5: 세션을 시작하고 관리자인지 확인한다.
- L8-L14: 데이터베이스를 선택한다.
- L17-L26: 상품에 대한 이미지가 있는지 확인하여 있으면 이전 이미지를 삭제한다.
- L28-L29: 데이터베이스에 현재 상품의 정보를 삭제하는 질의문을 생성하고 실행시킨다.

A.6 장바구니 보기

본 절에서는 쇼핑몰에 있는 상품을 구매하기 전에 사고싶은 상품을 장바구니에 넣는 방법에 대해서 알아본다. 또한 현재 장바구니에 담겨있는 상품을 보고 필요없는 상품을 삭제하거나 구매하는 방법에 대해서 알아본다.

■ 기능

- 장바구니 리스트

- 장바구니 추가, 삭제
- 장바구니 상품 구매

■ 필요한 소스

- cart.php, cart_delete.php, class,inc, goods_buy.php

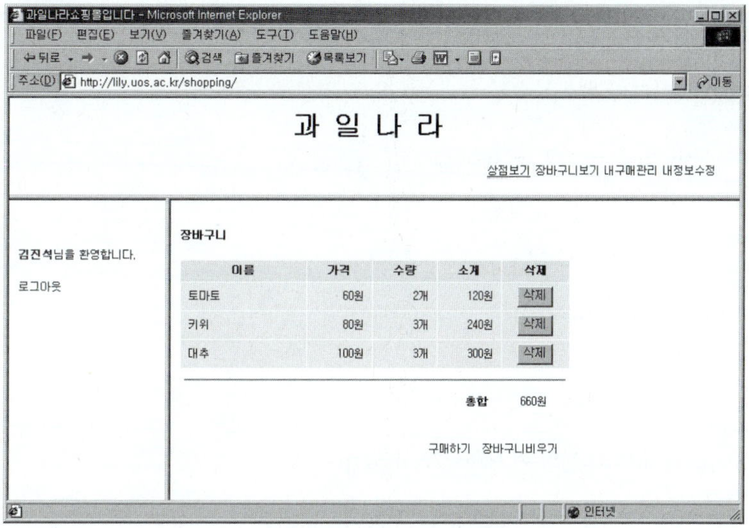

cart.php 코드는 장바구니를 보여주고 특정 상품을 장바구니에 추가하거나 삭제하는 프로그램이다.

cart.php

```
<?PHP
  #----장바구니 클래스를 포함시킵니다-----#
  include( "./class.inc" );

  #-----세션을 시작합니다-----#
  session_start();

  #-----장바구니 세션이 존재하는지 확인합니다-----#
  if( !session_is_registered( 'cart' ) ) {
    #-----장바구니가 없으면 새로 만듭니다-----#
```

```
    $cart = new Cart;
    session_register( 'cart' );
  }

  #-----장바구니 추가인지를 확인합니다-----#
  if( $code=="insert" ) {
    $cart->add( $id, $name, $amount, $price );
  #-----장바구니 삭제인지를 확인합니다-----#
  } else if( $code="delete" ) {
    $cart->delete( $id );
  }
?>
<html>
  <head>
  <?PHP
    include("./style.php");
  ?>
  </head>
  <body>
    <br><p><font><b>장바구니</b></font></p>
    <?PHP
      #-----장바구니에 담겨져 있는 상품이 있는지 확인합니다-----#
      if( $cart->get_count() ) {
    ?>
    <table width="430" border="0" cellspacing="1" cellpadding="4">
      <tr align="center" bgcolor="#DDF4C3" height="24">
        <td width="150"> <b>이름</b> </td>
        <td width="70"> <b>가격</b> </td>
        <td width="70"> <b>수량</b> </td>
        <td width="70"> <b>소계</b> </td>
        <td width="70"> <b>삭제</b> </td>
      </tr>
      <?PHP
        $sum = 0;

        #-----장바구니에서 상품들의 리스트를 얻어옵니다-----#
        $contents = $cart->get_list();
        while( list( $id, $value ) = each( $contents ) ) {
```

```
        $sm_sum = $value[1]*$value[2];
        $sum += $value[1]*$value[2];
      ?>
      <tr bgcolor="#F2F2F2" height="24">
        <td width="150"> <?=$value[0]?></td>
        <td width="70" align="right"><?=$value[2]?>원 </td>
        <td width="70" align="right"><?=$value[1]?>개 </td>
        <td width="70" align="right"><?=$sm_sum?>원 </td>
        <td width="70" align="center">
          <input type="button" name="delete" value="삭제" onClick=
            "javascript:location='cart.php?code=delete&id=<?=$id?>'"> </td>
      </tr>
      <?PHP
        }
      ?>
      <tr>
        <td height="2" colspan=5><hr></td>
      </tr>
      <tr>
        <td colspan="4" height="24" align="right"><b>총합<b> </td>
        <td height="24" align="center"><?=$sum?>원 </td>
      </tr>
      <tr>
        <td colspan="5" align="right"> <br><br>
          <a href='goods_buy.php'>구매하기</a>  
          <a href='cart_delete.php'>장바구니비우기</a>  
        </td>
      </tr>
    </table>
    <?PHP
      } else {
        echo("<br><br><p align=center><font>장바구니가 비었습니다.
          </font></p>");
      }
    ?>
  </body>
</html>
```

- L3: 장바구니 클래스를 삽입한다.
- L9-L13: 장바구니 세션이 없으면 새로 만든다.
- L16-L17: 장바구니 추가($code="insert")이면 장바구니에 추가하는 클래스를 호출한다.
- L19-21: 장바구니 삭제($code="delete")이면 장바구니에서 특정 상품을 삭제한다.
- L47-L62: 장바구니에 있는 모든 상품들을 화면에 보여준다.

cart_delete.php 코드는 장바구니에 담긴 모든 상품을 삭제할 수 있도록 장바구니 세션 변수(cart)를 삭제하는 프로그램이다.

cart_delete.php

```
L1  <?PHP
L2    #-----세션을 시작합니다-----#
L3    session_start();
L4    #-----장바구니를 삭제합니다-----#
L5    if(session_is_registered('cart'))
L6      session_unregister('cart');
L7
L8     echo("<script> parent.location.reload(true); </script> ");
L9  ?>
```

- L5-L6: 장바구니 세션 변수(cart)가 존재하는지 확인하여 세션 변수가 존재하면 세션 변수를 삭제한다.

class.inc 코드는 장바구니 클래스이다.

class.inc

```
<?PHP
  #-----장바구니 클래스-----#
  class Cart {
    $contents;

    #-----장바구니에 상품을 추가하는 루틴입니다-----#
```

```
L7    function add($id, $name, $amount, $price) {
L8     $value = array ($name, $amount, $price);
L9     $this->contents[$id] = $value;
L10   }
L11
L12   #-----장바구니에 상품을 삭제하는 루틴입니다-----#
L13   function delete( $id ) {
L14    if( count($this->contents) > 0 ) {
L15     while( list( $key, $value ) = each($this->contents) ) {
L16      if( $key != $id )
L17       $new_cart[$key] = $value;
L18     }
L19     $this->contents = $new_cart;
L20    }
L21   }
L22
L23   #-----장바구니에 있는 모든 상품을 얻어오는 루틴입니다-----#
L24   function get_list() {
L25    return $this->contents;
L26   }
L27
L28   #-----장바구니에 있는 상품의 개수를 얻어옵니다-----#
L29   function get_count() {
L30    return count( $this->contents );
L31   }
L32  }
L33 ?>
```

- **L7-L10:** 장바구니에 특정 상품을 추가하는 루틴이다.
- **L13-L21:** 장바구니에서 특정 상품을 삭제하는 함수이다.
- **L24-L26:** 장바구니에 있는 모든 상품을 읽어오는 함수이다.
- **L29-L31:** 현재 장바구니에 담겨진 상품의 개수를 알려주는 함수이다.

goods_buy.php 코드는 장바구니에 있는 상품들을 구매테이블에 삽입한다.

goods_buy.php

```
<?PHP
 #----장바구니 클래스를 포함시킵니다-----#
 include( "./class.inc" );

 #-----세션을 시작합니다-----#
 session_start();

 #-----로그인이 되었는지 확인합니다-----#
 if(session_is_registered('shop_logon')) {
  #-----데이터 베이스에 연결합니다-----#
  $conn = mysql_connect('localhost', 'root', 'root');

  $db_status = mysql_select_db('shoppingmall');
  if(!$db_status) {
   echo("DB_ERROR");
   exit;
  }

  #-----현재날짜를 형식에 맞게 만듭니다(2000-00-00)-----#
  $cur_date = getdate();
  $mem_date = $cur_date[year];

  if($cur_date[mon] < 10)
   $mem_date .= "-0" . $cur_date[mon];
  else
   $mem_date .= "-" . $cur_date[mon];

  if($cur_date[mday] < 10)
   $mem_date .= "-0" . $cur_date[mday];
  else
   $mem_date .= "-" . $cur_date[mday];

  $buy_state = '구매요청';
  #-----장바구니에 있는 모든 상품을 읽어옵니다-----#
  $contents = $cart->get_list();
  $buy_id = 0;
  #-----장바구니에 있는 상품을 buy_tab 테이블에 추가합니다-----#
```

```
L38    while( list( $id, $value ) = each ( $contents ) ) {
L39     $buy_id = $buy_id + 1;
L40     $query = "insert into buy_tab VALUES (null ,$id, $shop_logon[0],
L41      $value[2], $buy_state, $mem_date, $value[1], $value[0])";
L42
L43     $result = mysql_query($query);
L44     if(!$result) {
L45      echo(" <script>
L46       window.alert('쿼리가 잘못되었습니다.');
L47       history.go(-1);
L48       </script> ");
L49      exit;
L50     }
L51     echo("<meta http-equiv='refresh' content='0;url=./cart_delete.php'>\n");
L52    }
L53   } else {
L54    echo(" <script>
L55     window.alert('먼저 로그인을 해 주십시요.');
L56     parent.location.reload(true);
L57     </script> ");
L58   }
L59 ?>
```

- **L9:** 회원인지를 확인한다.
- **L11-L17:** 데이터베이스에 연결한다.
- **L20-L31:** 현재 날짜를 읽어와서 데이터베이스에 저장할 형식으로 바꾼다.
- **L35:** 장바구니에 있는 모든 상품을 읽어온다.
- **L38-L50:** 장바구니의 상품들을 하나씩 buy_tab 테이블에 추가시킨다.

A.7 내 구매정보

본 절에서는 구매한 상품의 배송정보를 알아보거나 지금까지 구매한 상품을 보여주는 방법에 대해서 알아본다.

■ 기능

- 구매정보리스트

■ 필요한 소스

- my_buy.php

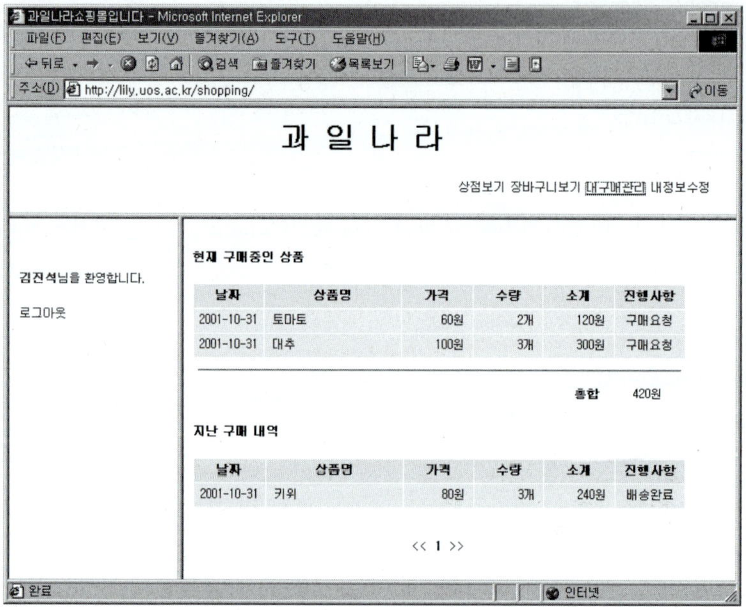

my_buy.php 코드는 특정 회원의 구매정보를 보여준다.

my_buy.php

```
<?PHP
  #-----세션을 시작합니다-----#
  session_start();

  #-----로그인이 되었는지 확인합니다-----#
  if(session_is_registered('shop_logon')) {
    exit;
  }
?>
```

```
<html>
 <head>
 <?PHP
  include("./style.php");
 ?>
 </head>
 <body>
  <br><p><font><b>현재 구매중인 상품</b></font></p>
  <table width="500" border="0" cellspacing="1" cellpadding="4">
   <tr align="center" bgcolor="#DDF4C3" height="24">
    <td width="70"> <b>날짜</b> </td>
    <td width="70"> <b>상품명</b> </td>
    <td width="70"> <b>가격</b> </td>
    <td width="70"> <b>수량</b> </td>
    <td width="70"> <b>소계</b> </td>
    <td width="70"> <b>진행사항</b> </td>
   </tr>
  <?PHP
   #-----데이터 베이스에 연결합니다-----#
   $conn = mysql_connect('localhost', 'root', 'root');

   $db_status = mysql_select_db('shoppingmall');
   if(!$db_status) {
    echo("DB_ERROR");
    exit;
   }

   #-----회원의 현재 구매정보를 읽어옵니다-----#
   $query = "select * from buy_tab where (mem_id='$shop_logon[0]') and
    (buy_state <> '배송완료') order by buy_date desc, goods_name asc";
   $result = mysql_query($query);

   $sum = 0;
   #-----하나씩 읽어와서 화면에 보여준다-----#
   while( $row = mysql_fetch_row($result) ) {
    $sm_sum = $row[3]*$row[6];
    $sum += $row[3]*$row[6];
```

```
?>
  <tr bgcolor="#F2F2F2" height="24">
    <td width="70" align="center"><?=$row[5]?></td>
    <td width="150"> <?=$row[7]?></td>
    <td width="70" align="right"><?=$row[3]?>원 </td>
    <td width="70" align="right"><?=$row[6]?>개 </td>
    <td width="70" align="right"><?=$sm_sum?>원 </td>
    <td width="70" align="center"><?=$row[4]?></td>
  </tr>
<?PHP
  }
?>
  <tr>
    <td height="2" colspan=6><hr></td>
  </tr>
  <tr>
    <td colspan="5" height="24" align="right"><b>총합<b> </td>
    <td height="24" align="center"><?=$sum?>원 </td>
  </tr>
</table>

<br><p><font><b>지난 구매 내역</b></font></p>
<table width="500" border="0" cellspacing="1" cellpadding="4">
  <tr align="center" bgcolor="#DDF4C3" height="24">
    <td width="70"> <b>날짜</b> </td>
    <td width="70"> <b>상품명</b> </td>
    <td width="70"> <b>가격</b> </td>
    <td width="70"> <b>수량</b> </td>
    <td width="70"> <b>소계</b> </td>
    <td width="70"> <b>진행사항</b> </td>
  </tr>
<?PHP
  #-----이전에 구매한 정보를 읽어온다-----#
  $query = "select * from buy_tab where (mem_id='$shop_logon[0]') and
    (buy_state = '배송완료') order by buy_date desc, goods_name asc";
  $result = mysql_query($query);

  #-----페이지를 나타내기위한 환경변수-----#
```

```
    $total_row = mysql_num_rows($result);  #검색된 총 개수
    $PAGE_LINE = 5; #페이지당 보여질 개수
    $LINK_NUM = 2; #현재 페이지를 기준으로 좌우에 몇개의 링크를 보여줄지
    $total_page = (int)(($total_row - 1) / $PAGE_LINE) + 1; #전체 페이지수

    #-----검색된 것이 있으면 화면에 보여줄 것을 선택한다-----#
    if($total_row > 0) {
      if(($page_num=="") || ($page_num<1) || ($page_num>$total_page))
        $page_num = 1;

      $go_page = ($page_num - 1) * $PAGE_LINE;

      $i = 0;
      mysql_data_seek($result,$go_page);
    }
    #-----검색된 상품이 있으면 화면에 보여준다-----#
    while( $row = mysql_fetch_row($result) ) {
      #-----한 페이지에 들어갈 것만 선택-----#
      if($i >= $PAGE_LINE)
        break;
      $i++;
      $sm_sum = $row[3]*$row[6];
  ?>
    <tr bgcolor="#F2F2F2" height="24">
      <td width="70" align="center"><?=$row[5]?></td>
      <td width="150"> <?=$row[7]?></td>
      <td width="70" align="right"><?=$row[3]?>원 </td>
      <td width="70" align="right"><?=$row[6]?>개 </td>
      <td width="70" align="right"><?=$sm_sum?>원 </td>
      <td width="70" align="center"><?=$row[4]?></td>
    </tr>
  <?PHP
    }
  ?>
    <tr>
      <td colspan=6 align=center>
  <?PHP
    #-----페이지 링크에 대한 루틴-----#
```

```
L124    if($total_row > 0) {
L125     echo("<br><br><a href='./my_buy.php? page_num=1'><<</a> ");
L126     $i = $page_num - $LINK_NUM;
L127     if($i < 1) {
L128      $j = $page_num + $LINK_NUM - $i + 1;
L129      if($j > $total_page)
L130       $j = $total_page;
L131      $i = 1;
L132     } else {
L133      $j = $page_num + $LINK_NUM;
L134      if($j > $total_page) {
L135       $i = $i + $total_page - $j;
L136       if($i < 1)
L137        $i = 1;
L138       $j = $total_page;
L139      }
L140     }
L141
L142     for($i=1; $i <= $j; $i++) {
L143      if($i == $page_num)
L144       echo("<a href='./my_buy.php?page_num=$i'><b>$i</b></a>");
L145      else
L146       echo("<a href='./my_buy.php?page_num=$i'>$i</a> ");
L147     }
L148     echo(" <a href='./my_buy.php?page_num=$total_page'>>></a>");
L149    }
L150   ?>
L151   </table>
L152  </body>
L153 </html>
```

- L3-L8: 로그인이 되었는지 확인하여 로그인이 되어있지 않으면 프로그램을 끝낸다.
- L30-L36: 데이터베이스에 연결한다.
- L38-L58: 회원의 현재 진행 중인 구매정보를 읽어와서 화면에 보여준다.
- L81-L82: 이전에 구매했던 정보를 읽어오는 질의이다.
- L86-L89: 페이지를 구분하기위한 환경 변수이다.

- L92-L100: 현재 페이지로 이동한다.
- L102-L118: 현재 페이지에 들어갈 상품을 화면에 보여준다.
- L124-L149: 페이지 링크를 만든다.

A.8 내 정보 수정

본 절에서는 회원 자신의 정보를 수정하는 방법에 대해서 알아본다. 먼저 회원인지 확인한다. 회원 확인이 끝나면 기본적으로 update_init.php를 보여주고 update_init.php에서 확인 버튼을 누르면 update_confirm.php로 그 값을 넘겨준다.

■ 기능

- 내 정보수정

■ 필요한 소스

- update_member.php, update_init.php, update_confirm.php

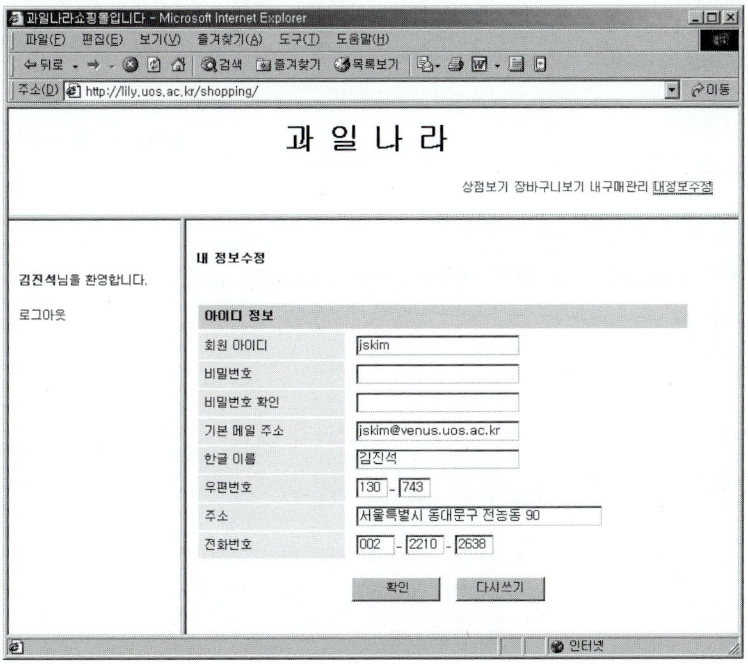

update_member.php 코드는 로그인된 회원의 정보를 수정하는 프로그램이다. 로그인이 되면 기본적으로 update_init.php 파일이 선택되며 변수 $pass 값에 따라 update_init.php와 update_confirm.php 값을 선택한다. update_init.php 프로그램에서 확인 버튼을 클릭하면 udpate_member.php 파일에서 update_confirm.php가 선택된다.

update_member.php

```
L1   <?PHP
L2     #-----세션을 시작합니다-----#
L3     session_start();
L4
L5     #-----로그인이 되었는지 확인합니다-----#
L6     if(session_is_registered('shop_logon')) {
L7       if($pass == "ok") {
L8         # 여기는 회원수정을 하는 루틴입니다.
L9         include("./update_confirm.php");
L10      } else {
L11        # 여기는 회원수정 초기화면 입니다.
L12        include("./update_init.php");
L13      }
L14    } else {
L15      echo("<script> parent.location.reload(true); </script>");
L16    }
L17  ?>
```

- L3-L6: 사용자가 회원인지를 확인한다.
- L7-L13: 변수 $pass를 이용해서 update_confirm.php나 update_init.php 중에 읽을 파일을 선택한다.

update_init.php 코드는 데이터베이스에서 회원의 값을 읽어와서 수정할 수 있는 폼을 화면에 나타내는 프로그램이다.

update_init.php

```
<?PHP
 #-----데이터 베이스에 연결합니다-----#
 $conn = mysql_connect('localhost', 'root', 'root');

 $db_status = mysql_select_db('shoppingmall');
 if(!$db_status) {
  echo(" <script> window.alert('Database ERROR');  history.go(-1); </script> ");
  exit;
 }

 #-----회원정보를 읽어옵니다-----#
 $query = "select * from member_tab where mem_id = $shop_logon[0] ";
 $result = mysql_query($query);

 $row = mysql_fetch_row($result);
 #-----데이터베이스에서 제대로 읽어왔는지를 확인합니다-----#
 if($row[0] == "") {
  echo(" <script>
   window.alert('가져올 데이터가 없습니다.');
   history.go(-1);
   </script> ");
  echo("<meta http-equiv = 'refresh' content = '0;url=./left.php'>\n");
  exit;
 } else {
  #-----가져온 데이터를 형식에 맞게 만듭니다-----#
  $mem_zip1 = substr($row[5],0,3);
  $mem_zip2 = substr($row[5],4,3);

  $mem_tel1 = substr($row[6],0,3);
  $mem_tel2 = substr($row[6],3,4);
  $mem_tel3 = substr($row[6],7,4);

  echo("
   <html>
    <head>
  ");
  include("./style.php");
```

```
echo("
   </head>
   <body>
   <br><p><font><b>내 정보수정</b></font></p><br>

   <form action=update_member.php method=post>
   <table width=500 border=0 cellspacing=0 cellpadding=0>
     <tr>
       <td align=left>
         <table cellspacing=2 cellpadding=2 border=0 align=center
           width=500>
            <tr>
             <td bgcolor=#E1E2D8 height=25 width=500>
                <b>아이디 정보</b>
             </td>
           </tr>
         </table>

         <table cellspacing=2 cellpadding=2 border=0 align=center
           width=500>
            <tr>
             <td bgcolor=#F2F2EA width=125>  회원 아이디 </td>
             <td width=300>  <input type='text' name='mem_id'
               size='22' maxlength='16'  value='$row[0]'></td>
           </tr>
           <tr>
             <td bgcolor=#F2F2EA>  비밀번호 </td>
             <td> <input type='password' name='mem_pass'
               size='22' maxlength='22'  value=''>
           </tr>
           <tr>
             <td bgcolor=#F2F2EA>  비밀번호 확인 </td>
             <td>  <input type='password' name='mem_pass2'
               size='22' maxlength='22'  value=''>
           </tr>
           <tr>
             <td bgcolor=#F2F2EA>  기본 메일 주소 </td>
             <td>  <input type='text' name='mem_email' size='22'
```

```
              maxlength='64'  value=''>
            </tr>
            <tr>
              <td bgcolor=#F2F2EA width=125>  한글 이름 </td>
              <td width=300>   <input type='text' name=
               'mem_name' size='22' maxlength='32' value='$row[3]'></td>
            </tr>
            <tr>
              <td bgcolor=#F2F2EA width=125>  우편번호 </td>
              <td width=300>  
                <input type='text' name='mem_zip1' size='3' maxlength='3'
                 value='$mem_zip1'> -
                <input type='text' name='mem_zip2' size='3' maxlength='3'
                 value='$mem_zip2'> 
              </td>
            </tr>
            <tr>
              <td bgcolor=#F2F2EA width=125>  주소 </td>
              <td width=300>   <input type=text name='mem_
                address' size=34 maxlength=128 value='$row[4]'></td>
            </tr>
            <tr>
              <td bgcolor=#F2F2EA width=125>  전화번호</td>
              <td width=300>  
                <input type='text' name='mem_tel1' size='4' maxlength='3'
                 value='$mem_tel1'> -
                <input type='text' name='mem_tel2' size='3' maxlength='3'
                 value='$mem_tel2'> -
                <input type='text' name='mem_tel3' size='3' maxlength='3'
                 value='mem_tel3'>
                <input type='hidden' name='pass' value='ok'>
              </td>
            </tr>
           </table>
          <br>
          <table width=500 border=0>
            <tr>
              <td width=350 align=right valign=bottom>
```

```
L114                <input type=submit value='확인' style='font-family:굴림;
L115                 font-size: 9pt; width:90px; height:25px'>
L116               </td>
L117               <td width=350 align=left>  
L118                <input type=reset value='다시쓰기' style='font-family: 굴림;
L119                 font-size: 9pt; width:90px; height:25px'>
L120               </td>
L121              </tr>
L122             </table>
L123            </td>
L124           </tr>
L125          </table>
L126          </form>
L127          </body>
L128         </html>
L129       ");
L130     }
L131   ?>
```

- L3-L9: 데이터베이스에 연결한다.
- L12-L15: 연결된 데이터베이스에서 회원의 정보를 읽어온다.
- L26-L31: 회원의 우편번호와 전화번호를 읽어와서 화면에 보여줄 형식으로 바꾼다.

update_confirm.php 코드는 update_init.php 파일에서 넘어온 값을 가지고 데이터베이스에 있는 회원정보를 수정하는 프로그램이다.

update_confirm.php

```
<?PHP
  #-----세션을 시작합니다-----#
  session_start();

  #-----로그인이 되었는지 확인합니다-----#
  if(session_is_registered('shop_logon')) {
    #-----회원의 패스워드가 맞는지를 확인한다-----#
```

```
if(($mem_pass != "") && ($mem_pass == $mem_pass2)) {
 #-----데이터 베이스에 연결합니다-----#
 $conn = mysql_connect('localhost', 'root', 'root');

 $db_status = mysql_select_db('shoppingmall');
 if(!$db_status) {
  echo("DB_ERROR");
  exit;
 }

 #-----전화번호를 형식에 맞게 만듭니다(000-0000-0000)-----#
 if(strlen($mem_tel1) < 3)
  $mem_telephone = "0" . $mem_tel1;
 else
  $mem_telephone = $mem_tel1;

 if(strlen($mem_tel2) < 4)
  $mem_telephone .= "0" . $mem_tel2 . $mem_tel3;
 else
  $mem_telephone .= $mem_tel2 . $mem_tel3;

 #-----현재날짜를 형식에 맞게 만듭니다(2000-00-00)-----#
 $cur_date = getdate();
 $mem_date = $cur_date[year];

 if($cur_date[mon] < 10)
  $mem_date .= "-0" . $cur_date[mon];
 else
  $mem_date .= "-" . $cur_date[mon];

 if($cur_date[mday] < 10)
  $mem_date .= "-0" . $cur_date[mday];
 else
  $mem_date .= "-" . $cur_date[mday];

 #-----회원의 정보를 수정한는 질의이다-----#
 $query = "update member_tab SET mem_email=$mem_email,
  mem_password=$mem_pass, mem_name=$mem_name, mem_address=
```

```
L46         $mem_address, mem_zipcode=$mem_zip1 - $mem_zip2,
L47         mem_telephone=$mem_telephone, mem_date=$mem_date where
L48         mem_id=$shop_logon[0]";
L49       #-----질의가 제대로 되었는지를 확인한다-----#
L50       $result = mysql_query($query);
L51       if(!$result) {
L52         echo("
L53           <script>window.alert('수정할 수 없습니다.');history.go(-1);</script>
L54             window.alert('수정할 수 없습니다.');
L55             history.go(-1);
L56           </script>
L57         ");
L58         exit;
L59       } else {
L60         echo(" <script> parent.location.reload(true); </script> ");
L61       }
L62     #-----비밀번호가 틀린경우-----#
L63     } else {
L64       echo("
L65         <script>
L66           window.alert('비밀번호를 확인해 주세요');
L67           history.go(-1);
L68         </script>
L69       ");
L70     }
L71   }
L72 ?>
```

- **L3-L6**: 사용자가 회원인지 확인한다.
- **L8**: 비밀번호를 정확히 입력하였는지 확인한다.
- **L19-L41**: 전화번호와 현재날짜를 데이터베이스에 저장될 형식으로 데이터를 바꾼다.
- **L44-L50**: 데이터베이스에 수정할 질의문을 만들고 실행시킨다.

A.9 상품 입력

본 절에서는 쇼핑몰에 상품을 입력하는 방법과 입력 시 이미지를 저장하는 방법에 대해서 알아보도록 한다. add_goods.php 파일에서는 goods_init.php와 goods_confirm.php 중에서 한 파일을 선택하도록 하였다. 기본적으로 goods_init.php를 선택하며 goods_init.php를 이전에 방문한 경우에는 goods_confirm.php를 선택한다.

■ 기능

- 상품 입력
- 상품 이미지 올리기

■ 필요한 소스

- add_goods.php, goods_init.php, goods_confirm.php

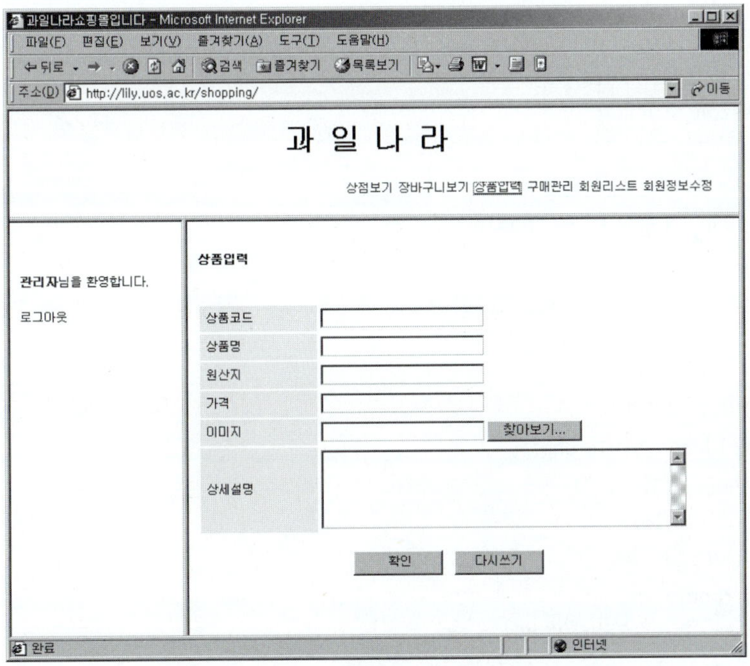

add_goods.php 코드는 새로운 상품을 입력받는 폼을 만드는 프로그램이다. 넘겨받은 변수($pass, $goods_code)의 값에 따라 goods_confirm.php와 goods_init.php를 선택한다.

add_goods.php

```
<?PHP
 #-----pass,goods_code를 이용해서 상품추가루틴을 선택-----#
 if(($pass == "ok") && ($goods_code != "")) {
   # 여기는 상품추가확인을 하는 루틴입니다.
   include("./goods_confirm.php");
 } else {
   # 여기는 상품추가 초기화면 입니다.
   include("./goods_init.php");
 }
?>
```

goods_init.php 코드는 상품을 입력할 수 있는 폼을 화면에 나타내는 프로그램이다.

update_confirm.php

```
<?PHP
 #-----세션을 시작합니다-----#
 session_start();

 #-----관리자만이 사용할 수 있습니다-----#
 if($shop_logon[0] == "admin") {
   echo("
     <html>
       <head>
         <style>
   ");
   include("./style.php");
   echo("
         </style>
       </head>
       <body>
       #-----상품입력폼입니다-----#
         <br><p><font><b>상품입력</b></font></p><br>
         <form action=goods_confirm.php method=post ENCTYPE=
           'multipart/form-data'>
```

```
<table width=500 border=0 cellspacing=0 cellpadding=0>
  <tr>
    <td align=left>
      <table cellspacing='2' cellpadding='2' border=0 align='center'
        width='500'>
        <tr>
          <td bgcolor=#F2F2EA width=125> 상품코드</td>
          <td width=300> <input type='text' name='goods_code'
            size='22' maxlength='10' value=''> </td>
        </tr>
        <tr>
          <td bgcolor=#F2F2EA>  상품명 </td>
          <td> <input type='text' name='goods_name' size='22'
            MAXLENGTH='20' value=''> </td>
        </tr>
        <tr>
          <td bgcolor=#F2F2EA>  원산지 </td>
          <td> <input type='text' name='goods_country' size='22'
            MAXLENGTH='20' value=''> </td>
        </tr>
        <tr>
          <td bgcolor=#F2F2EA>  가격 </td>
          <td> <input type='text' name='goods_price' size='22'
            MAXLENGTH='10' value='$row[3]'> </td>
        </tr>
        <tr>
          <td bgcolor=#F2F2EA width=125>  이미지 </td>
          <td width=300> <input type='text' name='goodsimage'
            size='22' MAXLENGTH='10' value=''></td>
        </tr>
        <tr>
          <td bgcolor=#F2F2EA width=125> 상세설명</td>
          <td width=300> <textarea name='goods_explain'
              rows='5' cols='50'> </textarea>
            <input type=hidden name=pass value='ok'>
          </td>
        </tr>
      </table> <br>
```

```
L59              <table width=500 border=0>
L60                <tr>
L61                  <td width=350 align=right valign=bottom>
L62                    <input type=submit value='확인' style='font-family:굴림;
L63                      font-size: 9pt; width:90px; height:25px'>
L64                  </td>
L65                  <td width=350 align=left>   
L66                    <input type=reset value='다시쓰기' style='font-family:
L67                      굴림; font-size: 9pt; width:90px; height:25px'>
L68                  </td>
L69                </tr>
L70              </table>
L71            </td>
L72          </tr>
L73        </table>
L74        </form>
L75      </body>
L76    </html>
L77    ");
L78  }
L79  ?>
```

• L3-L6: 관리자만 입력할 수 있다.

goods_confirm.php 코드는 goods_init.php에서 넘겨받은 값을 이용해서 데이터베이스에 새로운 상품을 입력하는 프로그램이다.

goods_confirm.php

```
<?PHP
  #-----세션을 시작합니다-----#
  session_start();

  #-----관리자만이 사용할 수 있습니다-----#
  if($shop_logon[0] == "admin") {
    echo("<meta http-equiv = 'refresh' content = '0;url=./add_goods.php'>\n");
```

```
#-----데이터 베이스에 연결합니다-----#
$conn = mysql_connect('localhost', 'root', 'root');

$db_status = mysql_select_db('shoppingmall');
if(!$db_status) {
  echo("DB_ERROR");
  exit;
}

#-----상품의 이미지가 있는지를 확인합니다-----#
if($goodsimage_name) {
  $save_image = $goods_id . "_" . $goodsimage_name;
  $file_exist = file_exists("./file/$save_image");
  if($file_exist) {
    echo("이미 존재하는 파일입니다.");
    exit;
  }
  if(!copy($goodsimage, "./file/$save_image")) {
    echo("파일 저장에 실패하였습니다.");
    exit;
  }
  if(!unlink($goodsimage)) {
    echo("임시 파일 삭제에 실패하였습니다.");
    exit;
  }
}

#-----현재날짜를 형식에 맞게 만듭니다(2000-00-00)-----#
$cur_date = getdate();
$mem_date = $cur_date[year];

if($cur_date[mon] < 10)
  $mem_date .= "-0" . $cur_date[mon];
else
  $mem_date .= "-" . $cur_date[mon];

if($cur_date[mday] < 10)
  $mem_date .= "-0" . $cur_date[mday];
```

```
L46      else
L47        $mem_date .= "-" . $cur_date[mday];
L48
L49      #-----새로운 제품을 삽입하는 질의-----#
L50      $query = "insert into goods_tab VALUES (NULL, $goods_code,
L51        $goods_name, $goods_country, $goods_price, $save_image,
L52        $goods_explain, $mem_date)";
L53      #-----질의를 실행시킵니다-----#
L54      $result = mysql_query($query);
L55      if(!$result) {
L56        echo("<script>window.alert('쿼리에 에러가 발생하였습니다.');</script>");
L57        exit;
L58      }
L59    #-----관리자로 로그인하지 않았습니다-----#
L60    } else {
L61      echo("<script>window.alert('로그인해 주세요');</script>");
L62      exit;
L63    }
L64  ?>
```

- L3-L6: 관리자인지 확인한다.
- L9-L15: 데이터베이스에 연결한다.
- L18-L33: 상품의 이미지가 있으면 이미지를 서버의 파일 경로에 저장시킨다.
- L36-L47: 현재 날짜를 읽어와서 데이터베이스의 날짜 형식에 맞게 만든다.

A.10 구매관리

본 절에서는 회원들이 구매한 정보에 대해서 관리자가 확인하고 현재 상품의 배송정보를 수정하는 방법에 대해서 알아본다.

■ 기능

- 구매 검색 기능
- 구매 수정 및 삭제

■ 필요한 소스

- admin_buy.php, admin_buy_update.php, admin_buy_delete.php

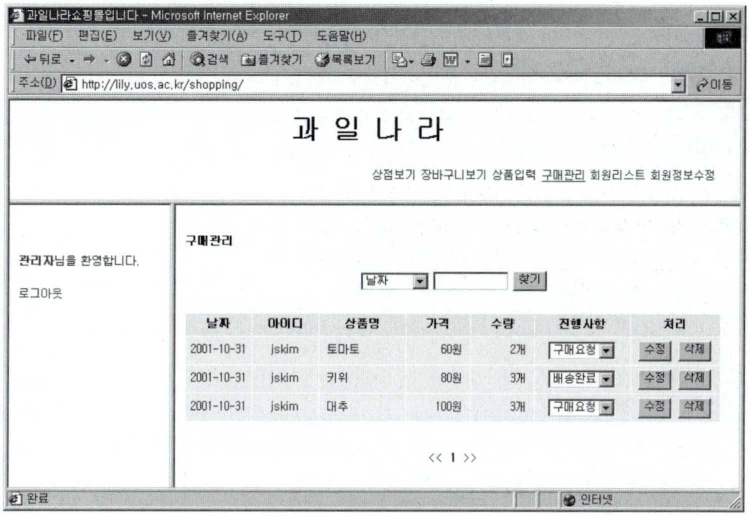

admin_buy.php 코드는 모든 회원들의 구매내역을 보여주는 프로그램이다. 그리고 현재 구매된 상품의 진행사항을 수정하여 회원들로 하여금 현재 구매한 상품의 배송정보를 알 수 있다.

admin_buy.php

```
<?PHP
 #-----세션을 시작합니다-----#
 session_start();
 if( !session_is_registered( 'shop_logon' ) ) {
  exit;
 }
 if($shop_logon[0] != "admin") {
  echo("
   <script>
    window.alert('로그인해주세요');
    parent.location.reload(true);
   </script>
  ");
```

```
    exit;
  } else {
  #-----관리자만이 들어올수있는 페이지입니다-----#
?>
<html>
  <head>
  <?PHP
    include("./style.php");
  ?>
  </head>
  <body>
    <br><p><font><b>구매관리</b></font></p>
    <table width="580" border="0" cellspacing="1" cellpadding="4">
      <tr align="center">
        <td colspan="7">
          <form name=search_form action=admin_buy.php method=post>
            <select name="search_item">
              <option value="buy_date">날짜</option>
              <option value="mem_id">아이디</option>
              <option value="goods_name">상품명</option>
              <option value="buy_state">진행사항</option>
            </select>
            <input type=text name="search_text" size=10>
            <input type=submit value="찾기" style="font-family:굴림;
              font-size:9pt;">
          </form>
        </td>
      </tr>
      <tr align="center" bgcolor="#DDF4C3" height="24">
        <td width="70"> <b>날짜</b> </td>
        <td width="70"> <b>아이디</b> </td>
        <td width="100"> <b>상품명</b> </td>
        <td width="70"> <b>가격</b> </td>
        <td width="70"> <b>수량</b> </td>
        <td width="100"> <b>진행사항</b> </td>
        <td width="100"> <b>처리</b> </td>
      </tr>
    <?PHP
```

```
#-----데이터 베이스에 연결합니다-----#
$conn = mysql_connect('localhost', 'root', 'root');

$db_status = mysql_select_db('shoppingmall');
if(!$db_status) {
  echo("DB_ERROR");
  exit;
}

#-----검색조건에 따른 질의를 선택합니다-----#
if((trim($search_item) == "") || (trim($search_text) == ""))
  $query = "select * from buy_tab order by buy_date desc, mem_id asc";
else
  $query = "select * from buy_tab where $search_item
    like '%$search_text%' order by buy_date desc, mem_id asc";

$result = mysql_query($query);

#-----페이지를 나타내기위한 환경변수----#
$total_row = mysql_num_rows($result);  # 검색된 총 개수
$PAGE_LINE = 5; # 페이지당 보여질 라인수
$LINK_NUM = 2;  # 현재 페이지를 기준으로 좌우에 몇개의 링크를 보여줄지
$total_page = (int)(($total_row - 1) / $PAGE_LINE) + 1; # 전체 페이지 수

#-----검색된 것이 있으면 화면에 보여줄 것 선택-----#
if($total_row > 0) {
  if(($page_num == "") || ($page_num < 1) || ($page_num > $total_page))
    $page_num = 1;

  $go_page = ($page_num - 1) * $PAGE_LINE;

  $i = 0;
  mysql_data_seek($result,$go_page);  # go_page만큼 이동
}
#-----검색된 상품이 있으면 화면에 보여준다-----#
while( $row = mysql_fetch_row($result) ) {
  #-----한 페이지에 들어갈 것만 선택-----#
  if($i >= $PAGE_LINE)
```

```
        break;
      $i++;
    ?>
      <form name="update_form" method="post" action=
        "./admin_buy_update.php?buy_id=<?=$row[0]?>">
      <tr bgcolor="#F2F2F2" height="24">
        <td width="70" align="center"><?=$row[5]?></td>
        <td width="70" align="center"><?=$row[2]?></td>
        <td width="100"> <?=$row[7]?></td>
        <td width="70" align="right"><?=$row[3]?>원 </td>
        <td width="70" align="right"><?=$row[6]?>개 </td>
        <td width="100" align="center">
          <select name="buy_state">
    <?PHP
     #-----배송정보를 화면에 보여주는 루틴-----#
     if($row[4] == "구매요청")
       echo("<option value='구매요청' selected>구매요청</option>");
     else
       echo("<option value='구매요청'>구매요청</option>");
     if($row[4] == "처리중")
       echo("<option value='처리중' selected>처리중</option>");
     else
       echo("<option value='처리중'>처리중</option>");
     if($row[4] == "배송중")
       echo("<option value='배송중' selected>배송중</option>");
     else
       echo("<option value='배송중'>배송중</option>");
     if($row[4] == "배송완료")
       echo("<option value='배송완료' selected>배송완료</option>");
     else
       echo("<option value='배송완료'>배송완료</option>");
    ?>
          </select>
        </td>
        <td width="100" align="center">
          <input type="submit" value="수정" style='font-family:굴림;
            font-size:9pt;'>  <input type="button" name="delete"
            style="font-family:굴림; font-size:9pt;" value="삭제" OnClick=
```

```
          "javascript:location='./admin_buy_delete.php?buy_id=<?=$row[0]?>'">
        </td>
      </tr>
      </form>
<?PHP
  }
?>
      <tr>
        <td colspan=7 align="center">
<?PHP
  #-----페이지 링크에 대한 루틴-----#
  if($total_row > 0) {
    echo("<br><br><a href='./admin_buy.php?page_num=1&search_item=
      $search_item&search_text=$search_text'><<</a>  ");
    $i = $page_num - $LINK_NUM;
    if($i < 1) {
      $j = $page_num + $LINK_NUM - $i + 1;
      if($j > $total_page)
        $j = $total_page;
      $i = 1;
    } else {
      $j = $page_num + $LINK_NUM;
      if($j > $total_page) {
        $i = $i + $total_page - $j;
        if($i < 1)
          $i = 1;
        $j = $total_page;
      }
    }

    for($i=1; $i <= $j; $i++) {
      if($i == $page_num)
        echo("<a href='./admin_buy.php?page_num=$i&search_item=
          $search_item&search_text=$search_text'><b>$i</b></a> ");
      else
        echo("<a href='./admin_buy.php?page_num=$i&search_item=
          $search_item&search_text=$search_text'>$i</a> ");
    }
```

```
L166        echo(" <a href='./admin_buy.php?page_num=$total_page&
L167          search_item=$search_item&search_text=$search_text'>>></a>");
L168      }
L169    ?>
L170          </td>
L171        </tr>
L172      </table>
L173    </body>
L174  </html>
L175  <?PHP
L176    }
L177  ?>
```

- L62-L68: 검색조건이 있는지 확인하여 검색조건에 맞는 질의를 만든다.
- L71-L74: 페이지를 구분하기 위한 환경 변수이다.
- L77-L85: 화면에 보여줄 페이지의 데이터로 이동한다.
- L105-L120: 데이터베이스 값을 읽어와서 상품의 진행정보를 <select> 태그에서 기본으로 나오도록 만든다.
- L139-L168: 페이지 링크를 보여준다.

admin_buy_update.php 코드는 admin_buy.php에서 수정한 상품의 진행정보를 데이터베이스에 추가하는 프로그램이다.

admin_buy_update.php

```
<?PHP
  #-----세션을 시작합니다-----#
  session_start();

  #-----관리자만이 사용할 수 있습니다-----#
  if($shop_logon[0] == "admin") {
    #-----데이터 베이스에 연결합니다-----#
    $conn = mysql_connect('localhost', 'root', 'root');

```

```
L10    $db_status = mysql_select_db('shoppingmall');
L11    if(!$db_status) {
L12     echo("DB_ERROR");
L13     exit;
L14    }
L15
L16    $query="update buy_tab SET buy_state='$buy_state' where buy_id=$buy_id";
L17    $result = mysql_query($query);
L18    if(!$result) {
L19     echo("
L20      <script>
L21       window.alert('수정할 수 없습니다.');
L22       history.go(-1);
L23      </script>
L24     ");
L25     exit;
L26    } else {
L27     echo("<meta http-equiv = 'refresh' content = '0;url=./admin_buy.php'>");
L28    }
L29   }
L30  ?>
```

- L3-L6: 관리자인지 확인한다.
- L8-L14: 데이터베이스에 연결한다.
- L16-L17: 구매관리를 수정하는 질의문을 만들고 실행한다.

admin_buy_delete.php 코드는 구매된 내역을 데이터베이스에서 삭제하는 프로그램이다.

admin_buy_delete.php

```
<?PHP
  #-----세션을 시작합니다-----#
  session_start();

  #-----관리자만이 사용할 수 있습니다-----#
```

```
L6    if($shop_logon[0] == "admin") {
L7      echo("<meta http-equiv = 'refresh' content = '0;url=./admin_buy.php'>\n");
L8      #-----데이터 베이스에 연결합니다-----#
L9      $conn = mysql_connect('localhost', 'root', 'root');
L10
L11     $db_status = mysql_select_db('shoppingmall');
L12     if(!$db_status) {
L13       echo("DB_ERROR");
L14       exit;
L15     }
L16
L17     #-----buy_tab에서 한 튜플을 삭제합니다-----#
L18     $query = "DELETE FROM buy_tab where buy_id=$buy_id";
L19     $result = mysql_query($query);
L20     if(!$result) {
L21       echo("<script>window.alert('쿼리에 에러가 발생하였습니다.');</script>");
L22       exit;
L23     }
L24   }
L25 ?>
```

- L3-L6: 관리자인지 확인한다.
- L9-L15: 데이터베이스에 연결한다.
- L18-L19: 구매정보를 삭제할 질의문을 만들고 실행시킨다.

A.11 회원 리스트 및 정보 수정

본 절에서는 모든 회원의 리스트를 보여주고 리스트 중에서 선택하여 회원 정보를 수정하는 방법에 대해서 알아본다. 본 기능은 관리자만이 사용할 수 있다.

■ 기능

- 회원 리스트
- 회원 검색
- 회원 정보 수정 및 삭제

■ 필요한 소스

- admin_mem_list.php
- admin_mem_update.php
- admin_mem_update_ok.php
- member_delete.php

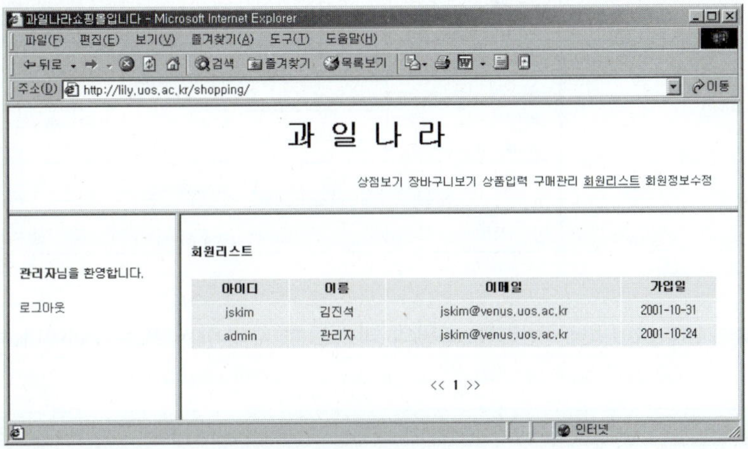

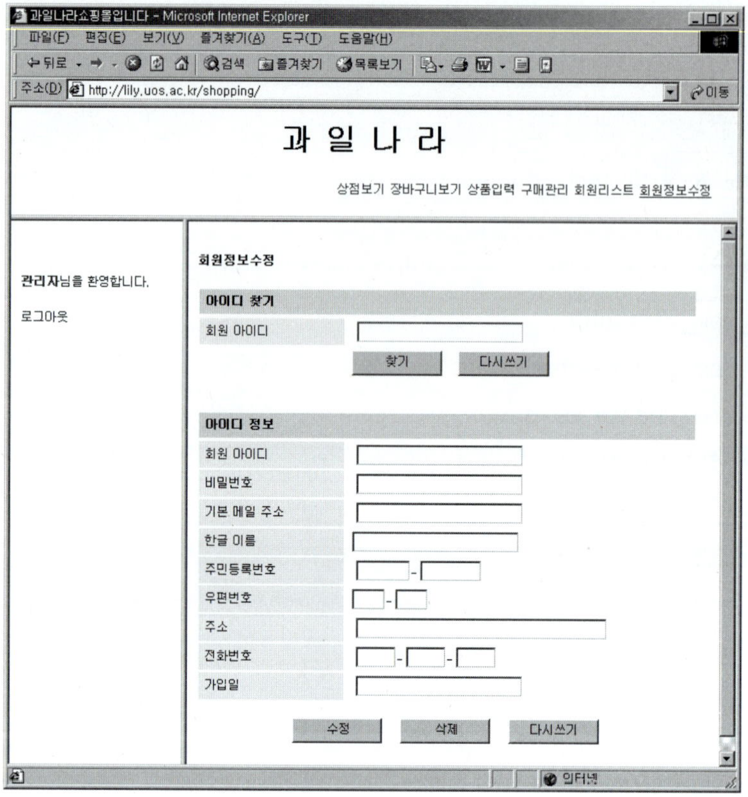

admin_mem_list.php 코드는 전체 회원의 리스트를 나타내는 프로그램이다.

admin_mem_list.php

```
<?PHP
 #-----세션을 시작합니다-----#
 session_start();
 #-----관리자만 사용할 수 있습니다-----#
 if($shop_logon[0] == "admin") {
?>
<html>
 <head>
 <?PHP
  include("./style.php");
 ?>
 </head>
```

```
<body>
 <br><p><font><b>회원리스트</b></font></p>
 <table width="550" border="0" cellpadding="4" cellspacing="1">
  <tr align="center">
   <td width=100 height=24 bgcolor="#DDF4C3"><b>아이디</b></td>
   <td width=100 height=24 bgcolor="#DDF4C3"><b>이름</b></td>
   <td width=250 height=24 bgcolor="#DDF4C3"><b>이메일</b></td>
   <td width=100 height=24 bgcolor="#DDF4C3"><b>가입일</b></td>
  </tr>
<?PHP
 #-----데이터 베이스에 연결합니다-----#
 $conn = mysql_connect('localhost', 'root', 'root');

 $db_status = mysql_select_db('shoppingmall');
 if(!$db_status) {
  echo("DB_ERROR");
  exit;
 }

 $query = "select mem_id, mem_name, mem_email, mem_date from
  member_tab order by mem_date desc, mem_id asc";
 $result = mysql_query($query);
 #-----페이지를 나타내기 위한 환경변수입니다-----#
 $total_row = mysql_num_rows($result); # 검색된 전체 튜플수
 $PAGE_LINE = 5; # 페이지당 튜플 수
 $LINK_NUM = 2; # 현재 페이지를 기준으로 좌우에 몇개의 링크를 보여줄지
 $total_page = (int)(($total_row - 1) / $PAGE_LINE) + 1; # 전체 페이지 수

 #-----검색된 것이 있으면 화면에 보여줄 것 선택-----#
 if($total_row > 0) {
  if(($page_num == "") || ($page_num < 1) || ($page_num > $total_page))
   $page_num = 1;

  $go_page = ($page_num - 1) * $PAGE_LINE;



  $i = 0;
  mysql_data_seek($result,$go_page);  # go_page만큼 이동
```

```
    }
    #-----검색된 상품이 있으면 화면에 보여준다-----#
    while( $row = mysql_fetch_row($result) ) {
  ?>
      <tr bgcolor="#F2F2F2" height=24>
        <td width="100" align="center"><a href='./admin_mem_update.php?
          mem_id=<?=$row[0]?>'><?=$row[0]?></a></td>
        <td width="100" align="center"><a href='./admin_mem_update.php?
          mem_id=<?=$row[0]?>'><?=$row[1]?></a></td>
        <td width="250" align="center"><a href='mailto:<?=$row[2]?>'>
          <?=$row[2]?></a></td>
        <td width="100" align="center"><?=$row[3]?></td>
      </tr>
  <?PHP
    }
  ?>
      <tr>
        <td colspan=4 align="center">
  <?PHP
    #-----페이지 링크에 대한 루틴-----#
    if($total_row > 0) {
      echo("<br><br><a href='./admin_mem_list.phppage_num=1'>
        <<</a>  ");
      $i = $page_num - $LINK_NUM;
      if($i < 1) {
        $j = $page_num + $LINK_NUM - $i + 1;
        if($j > $total_page)
          $j = $total_page;
        $i = 1;
      } else {
        $j = $page_num + $LINK_NUM;
        if($j > $total_page) {
          $i = $i + $total_page - $j;
          if($i < 1)
            $i = 1;
          $j = $total_page;
        }
      }
```

```
L89
L90        for($i=1; $i <= $j; $i++) {
L91          if($i == $page_num)
L92            echo("<a href='./admin_mem_list.php?page_num=$i'>
L93              <b>$i</b></a> ");
L94          else
L95            echo("<a href='./admin_mem_list.php?page_num=$i'>$i</a> ");
L96          }
L97
L98        echo(" <a href='./admin_mem_list.php?page_num=$total_page'> >>
L99          </a>");
L100     }
L101   ?>
L102         </td>
L103       </tr>
L104     </table>
L105   </body>
L106 </html>
L107 <?PHP
L108   } else {
L109     echo("
L110       <script>
L111         window.alert('로그인해주세요');
L112         parent.location.reload(true);
L113       </script>
L114     ");
L115   }
L116 ?>
```

- L3-L6: 관리자만 사용 가능하다.
- L36-L39: 페이지를 나타내기 위한 환경 변수이다.
- L42-L51: 현재 화면에 보여줄 위치로 데이터를 이동한다.
- L71-L100: 페이지 링크를 보여준다.

admin_mem_update.php 코드는 특정 회원의 정보를 폼에 보여주는 프로그램이다. 특정 회원을 찾고자 하면 찾기 버튼을 누르면 된다. 그리고 삭제 버튼을 누르면 member_ delete.php가 수행되며, 수정 버튼을 누르면 admin_mem_update_ok.php가 수행된다.

admin_mem_update.php

```
<?PHP
  #-----세션을 시작합니다-----#
  session_start();
  #-----관리자만 사용할 수 있습니다-----#
  if($shop_logon[0] == "admin") {
    #-----mem_id가 있어야 회원정보를 보여줍니다-----#
    if(trim($mem_id) != "") {
      #-----데이터 베이스에 연결합니다-----#
      $conn = mysql_connect('localhost', 'root', 'root');

      $db_status = mysql_select_db('shoppingmall');
      if(!$db_status) {
        echo("<script>window.alert('Database ERROR'); history.go(-1); </script>");
      exit;
    }

    #-----회원의 정보를 얻어오기 위한 질의-----#
    $query = "select * from member_tab where mem_id = $mem_id";
    $result = mysql_query($query);

    $row = mysql_fetch_row($result);

    #-----선택된 회원에 대한 정보가 없습니다-----#
    if($row[0] == "") {
      echo("
        <script>
          window.alert('가져올 데이터가 없습니다.');
          history.go(-1);
        </script>
      ");
      echo("<meta http-equiv = 'refresh' content = '0;url=./right.php'>\n");
      exit;
    }
    #-----읽어온 데이터를 크기에 맞게 자릅니다-----#
    $jumin1 = substr($row[7],0,6);
```

```
 $jumin2 = substr($row[7],6,7);

 $mem_zip1 = substr($row[5],0,3);
 $mem_zip2 = substr($row[5],4,3);

 $mem_tel1 = substr($row[6],0,3);
 $mem_tel2 = substr($row[6],3,4);
 $mem_tel3 = substr($row[6],7,4);
}
echo("
<html>
 <head>
");
include("./style.php");
echo("
 </head>
 <body>
  <br><p><font><b>회원정보수정</b></font></p><br>
  <table width=500 border=0 cellspacing=0 cellpadding=0>
   <tr>
    <td align=left>
     <form name=form1 action=admin_mem_update.php method=post>
     <table cellspacing=2 cellpadding=2 border=0 align=center
      width=500>
      <tr>
       <td bgcolor=#E1E2D8 height=25 width=500>
         <b>아이디 찾기</b>
       </td>
      </tr>
     </table>
     <table cellspacing=2 cellpadding=2 border=0 align=center
      width=500>
      <tr>
       <td bgcolor=#F2F2EA width=125> 회원 아이디 </td>
       <td width=300> 
       <input type='text' name='mem_id' size='22' maxlength='16'
        value='$row[0]'>
       </td>
```

```
  </tr>
</table>
<table width=500 border=0>
  <tr>
    <td width=350 align=right valign=bottom>
      <input type=submit value='찾기' style='font-family: 굴림;
        font-size: 9pt; width:90px; height:25px'>
    </td>
    <td width=350 align=left>  
      <input type=reset value='다시쓰기' style='font-family: 굴림;
        font-size: 9pt; width:90px; height:25px'>
    </td>
  </tr>
</table>
</form>
<br>
<form name=form2 action=admin_mem_update_ok.php
  method=post>
<table cellspacing=2 cellpadding=2 border=0 align=center
  width=500>
  <tr>
    <td bgcolor=#E1E2D8 height=25 width=500>
       <b>아이디 정보</b>
    </td>
  </tr>
</table>
<table cellspacing=2 cellpadding=2 border=0 align=center
  width=500>
  <tr>
    <td bgcolor=#F2F2EA width=125> 회원 아이디 </td>
    <td width=300> 
    <input type='text' name='mem_id' size='22' maxlength='16'
      value='$row[0]'>
    </td>
  </tr>
  <tr>
    <td bgcolor=#F2F2EA> 비밀번호 </td>
    <td>  <input type='text' name='mem_pass' size='22'
```

```
      maxlength='22' value='$row[2]'></td>
    </tr>
    <tr>
     <td bgcolor=#F2F2EA> 기본 메일 주소 </td>
     <td>  <input type=text name='mem_email' size='22'
      maxlength='64' value='$row[1]'></td>
    </tr>
    <tr>
     <td bgcolor=#F2F2EA width=125> 한글 이름</td>
     <td width=300> <input type=text name='mem_name'
      size='22' maxlength='32' value='$row[3]'></td>
    </tr>
    <tr>
     <td bgcolor=#F2F2EA width=125> 주민등록번호</td>
     <td width=300> <input type=text name='mem_jumin1'
      size='6' maxlength='6' value='$jumin1'> -
      <input type=text name='mem_jumin2' size='7' maxlength='7'
       value='$jumin2'> </td>
    </tr>
    <tr>
     <td bgcolor=#F2F2EA width=125> 우편번호</td>
     <td width=300> <input type=text name='mem_zip1'
      size='3' maxlength='3' value='$mem_zip1'> -
      <input type=text name='mem_zip2' size='3' maxlength='3'
       value='mem_zip2'> </td>
    </tr>
    <tr>
     <td bgcolor=#F2F2EA width=125> 주소</td>
     <td width=300> <input type=text name='mem_address'
      size='34' maxlength='128' vvalue='$row[4]'></td>
    </tr>
    <tr>
     <td bgcolor=#F2F2EA width=125>  전화번호</td>
     <td width=300> <input type=text name='mem_tel1'
      size='4' maxlength='3' value='$mem_tel1'> -
      <input type=text name='mem_tel2' size='4' maxlength='4'
       value='mem_tel2'> -
      <input type=text name='mem_tel3' size='4' maxlength='4'
```

```
            value='mem_tel3'>
           <input type=hidden name='pass' value='ok'></td>
         </tr>
         <tr>
          <td bgcolor=#F2F2EA width=125> 가입일</td>
          <td width=300> <input type=text name='mem_date'
           size='22' maxlength='10' vvalue='$row[8]'></td>
         </tr>
        </table>
        <br>
        <table width=500 border=0>
         <tr>
          <td width=190 align=right valign=bottom>
           <input type=submit value='수정' style='font-family: 굴림;
            font-size: 9pt; width:90px; height:25px'>
          </td>
          <td width=120 align=center valign=bottom>
           <input type=button name='delete' value='삭제' style=
            'font-family: 굴림; font-size: 9pt; width:90px; height:25px'
            onClick=\"javascript:location='member_delete.php?mem_id=
            $row[0]'\">
          </td>
          <td width=190 align=left>
           <input type=reset value='다시쓰기' style='font-family: 굴림;
            font-size: 9pt; width:90px; height:25px'>
          </td>
         </tr>
        </table>
        </form>
       </td>
      </tr>
     </table>
    </body>
   </html>
   ");
   } else {
    #-----관리자가 아닌경우 실행-----#
    echo("
```

```
L188      <script>
L189        window.alert('로그인해주세요');
L190        parent.location.reload(true);
L191      </script>
L192    ");
L193  }
L194  ?>
```

- L3-L5: 관리자인지 확인한다.
- L7-L33: 넘어온 회원아이디가 있으면 회원에 대한 정보를 얻어온다.
- L35-L43: 주민등록번호를 화면에 보여질 형식에 맞게 만든다.

admin_mem_update.ok.php 코드는 admin_mem_update.php에서 넘어온 값을 수정하는 프로그램이다.

admin_mem_update_ok.php

```
<?PHP
 #-----세션을 시작합니다-----#
 session_start();
 #-----관리자만 사용할 수 있습니다-----#
 if($shop_logon[0] == "admin") {
   #-----데이터 베이스에 연결합니다-----#
   $conn = mysql_connect('localhost', 'root', 'root');

   $db_status = mysql_select_db('shoppingmall');
   if(!$db_status) {
     echo("DB_ERROR");
   exit;
   }

   #-----전화번호를 형식에 맞게 만듭니다(000-0000-0000)-----#
   if(strlen($mem_tel1) < 3)
     $mem_telephone = "0" . $mem_tel1;
   else
```

```
L19      $mem_telephone = $mem_tel1;
L20
L21    if(strlen($mem_tel2) < 4)
L22      $mem_telephone .= "0" . $mem_tel2 . $mem_tel3;
L23    else
L24      $mem_telephone .= $mem_tel2 . $mem_tel3;
L25
L26    $mem_jumin = $mem_jumin1 . $mem_jumin2
L27    $mem_zip=$mem_zip1 . "-" . $mem_zip2
L28
L29    #-----회원 정보를 수정하는 질의를 작성합니다-----#
L30    $query="update member_tab SET mem_id=$mem_id, mem_email=$mem_email,
L31      mem_password=$mem_pass, mem_name=$mem_name, mem_address=
L32      $mem_address, mem_jumin=$mem_jumin, mem_zipcod= mem_zip,
L33      mem_telephone=$mem_telephone, mem_date= $mem_date where
L34      mem_id=$mem_id";
L35
L36    $result = mysql_query($query);
L37    #-----질의 실행이 제대로 되었는지 체크합니다-----#
L38    if(!$result) {
L39      echo("
L40        <script>
L41          window.alert('수정할 수 없습니다.');
L42          parent.location.reload(true);
L43        </script>
L44      ");
L45      exit;
L46    } else {
L47      echo("<script> parent.location.reload(true); </script> ");
L48    }
L49  }
L50 ?>
```

- L3-L5: 관리자만 사용 가능하다.
- L7-L13: 데이터베이스에 연결한다.
- L16-L24: 전화번호를 데이터베이스 형식에 맞게 수정한다.
- L30-L36: 특정 회원의 정보를 수정하는 질의문을 만들고 질의문을 실행시킨다.

member_delete.php 코드는 admin_mem_update.php에서 읽어온 회원의 정보를 삭제하는 프로그램이다.

member_delete.php

```
L1   <?PHP
L2     #-----세션을 시작합니다-----#
L3     session_start();
L4     #-----관리자로 로그인합니다-----#
L5     if($shop_logon[0] == "admin") {
L6       echo("<meta http-equiv = 'refresh'
L7         content='0;url=./admin_mem_list.php'>\n");
L8       #-----데이터 베이스에 연결합니다-----#
L9       $conn = mysql_connect('localhost', 'root', 'root');
L10
L11      $db_status = mysql_select_db('shoppingmall');
L12      if(!$db_status) {
L13        echo("DB_ERROR");
L14      exit;
L15      }
L16
L17      $query = "delete from member_tab where mem_id= $mem_id";
L18      $result = mysql_query($query);
L19      if(!$result) {
L20        echo("<script>window.alert('쿼리에 에러가 발생하였습니다.');</script>");
L21        exit;
L22      }
L23    }
L24  ?>
```

- L3-L5: 관리자만 사용 가능하다.
- L9-L15: 데이터베이스에 연결한다.
- L17-L18: 특정 회원을 삭제하는 질의문을 만들고 실행시킨다.

부록 B. ASCII 코드

DEC	HEX	OCT	Char	DEC	HEX	OCT	Char	DEC	HEX	OCT	Char
0	00	000	Ctrl-@ NUL	21	15	025	Ctrl-U NAK	42	2A	052	*
1	01	001	Ctrl-A SOH	22	16	026	Ctrl-V SYN	43	2B	053	+
2	02	002	Ctrl-B STX	23	17	027	Ctrl-W ETB	44	2C	054	,
3	03	003	Ctrl-C ETX	24	18	030	Ctrl-X CAN	45	2D	055	-
4	04	004	Ctrl-D EOT	25	19	031	Ctrl-Y EM	46	2E	056	.
5	05	005	Ctrl-E ENQ	26	1A	032	Ctrl-Z SUB	47	2F	057	/
6	06	006	Ctrl-F ACK	27	1B	033	Ctrl-[ESC	48	30	060	0
7	07	007	Ctrl-G BEL	28	1C	034	Ctrl-\ FS	49	31	061	1
8	08	010	Ctrl-H BS	29	1D	035	Ctrl-] GS	50	32	062	2
9	09	011	Ctrl-I HT	30	1E	036	Ctrl-^ RS	51	33	063	3
10	0A	012	Ctrl-J LF	31	1F	037	Ctrl- US	52	34	064	4
11	0B	013	Ctrl-K VT	32	20	040	Space	53	35	065	5
12	0C	014	Ctrl-L FF	33	21	041	!	54	36	066	6
13	0D	015	Ctrl-M CR	34	22	042	"	55	37	067	7
14	0E	016	Ctrl-N SO	35	23	043	#	56	38	070	8
15	0F	017	Ctrl-O SI	36	24	044	$	57	39	071	9
16	10	020	Ctrl-P DLE	37	25	045	%	58	3A	072	:
17	11	021	Ctrl-Q DC1	38	26	046	&	59	3B	073	;
18	12	022	Ctrl-R DC2	39	27	047	'	60	3C	074	<
19	13	023	Ctrl-S DC3	40	28	050	(	61	3D	075	=
20	14	024	Ctrl-T DC4	41	29	051	)	62	3E	076	>

DEC	HEX	OCT	Char	DEC	HEX	OCT	Char	DEC	HEX	OCT	Char
63	3F	077	?	94	5E	136	^	125	7D	175	}
64	40	100	@	95	5F	137	_	126	7E	176	~
65	41	101	A	96	60	140	`	127	7F	177	DEL
66	42	102	B	97	61	141	a				
67	43	103	C	98	62	142	b				
68	44	104	D	99	63	143	c				
69	45	105	E	100	64	144	d				
70	46	106	F	101	65	145	e				
71	47	107	G	102	66	146	f				
72	48	110	H	103	67	147	g				
73	49	111	I	104	68	150	h				
74	4A	112	J	105	69	151	i				
75	4B	113	K	106	6A	152	j				
76	4C	114	L	107	6B	153	k				
77	4D	115	M	108	6C	154	l				
78	4E	116	N	109	6D	155	m				
79	4F	117	O	110	6E	156	n				
80	50	120	P	111	6F	157	o				
81	51	121	Q	112	70	160	p				
82	52	122	R	113	71	161	q				
83	53	123	S	114	72	162	r				
84	54	124	T	115	73	163	s				
85	55	125	U	116	74	164	t				
86	56	126	V	117	75	165	u				
87	57	127	W	118	76	166	v				
88	58	130	X	119	77	167	w				
89	59	131	Y	120	78	170	x				
90	5A	132	Z	121	79	171	y				
91	5B	133	[	122	7A	172	z				
92	5C	134	\	123	7B	173	{				
93	5D	135	]	124	7C	174	|				

부록 C. HTML 요약표

태그	설명
<!-- -->	주석을 삽입
<A>	다른 페이지나 URL의 연결
<ABBREV>	생략형을 정의, 인덱스 용도로 사용됨
<ACRONYM>	두 문자어를 정의, 인덱스 용도로 사용됨
<ADDRESS>	주소나 연락 방법을 표시할 때 사용(이탤릭체로 표시됨)
<APPLET>	URL에 명시된 자바 애플릿을 실행
<AREA>	<MAP> 태그 안에서만 사용 가능하며, 이미지맵의 영역을 표시
<AU>	문서의 저자의 이름을 표시, 인덱스 용도로 사용됨
<AUTHOR>	문서의 저자의 이름을 표시, 인덱스 용도로 사용됨
<B>	삽입된 문장을 굵게 표시
<BANNER>	이미지나 단락을 지정하며, 문서가 스크롤되더라도 항상 화면의 상단에 표시
<BASE>	<HEAD>에서만 사용 가능하며, HTML 문서의 기본 위치를 지정
<BASEFONT>	글꼴의 스타일을 지정하지 않았을 때, 기본 글꼴 스타일 지정
<BGSOUND>	페이지가 열렸을 때 지정한 .av, .au, .mid 파일이 연주
<BIG>	일반 글꼴보다 약간 큰 크기로 표시
<BLINK>	삽입된 문장을 깜빡거리게 표시
<BLOCKQUOTE>	다른 곳에서 인용한 문장을 표시하며 삽입된 문장이 들여쓰기됨
<BQ>	다른 곳에서 인용한 문장을 표시하며 삽입된 문장이 들여쓰기됨
<BODY>	문서 내용 부분을 감싸는 태그
 	문장 뒤에 한 줄 내림
<CAPTION>	그림이나 표의 캡션을 정의
<CENTER>	삽입된 문장을 가운데에 위치하도록 표시
<CITE>	책에서 인용한 내용을 표시할 때 사용(이탤릭체로 표시됨)
<CODE>	소스 코드를 나타낼 때 사용(고정폭 글꼴로 표시됨)
<COL>	표에서 한 컬럼의 속성을 지정
<COLGROUP>	표에서 하나 이상의 컬럼의 속성을 지정
<DEL>	삽입된 문자열이 삭제되었음을 표시

태그	설명
<DFN>	용어를 표시할 때 사용(이탤릭체로 표시됨)
<DIR>	<LI> 태그와 함께 디렉터리 목록을 표시
<DIV>	문서에서 다른 단락과 구분하기 위하여 사용
<DL>	<DT> 태그와 함께 용어를 정의할 때 사용
<DT>	용어 정의 목록에서 용어를 표시
<DD>	용어 정의 목록에서 용어의 뜻을 표시
<EM>	삽입된 문장을 강조할 때 사용(이탤릭체로 표시됨)
<EMBED>	브라우저 플러그인 파일을 문서에 삽입할 때 사용
<FIG>	<IMG> 태그와 비슷함
<FN>	각주를 정의할 때 사용
<FONT>	글꼴의 속성을 정의할 때 사용
<FORM>	<INPUT> 태그와 함께 문서 안에 양식을 나타낼 때 사용
<FRAME>	<FRAMESET> 태그와 함께 사용하며 프레임에 들어갈 문서를 지정
<FRAMESET>	프레임을 어떻게 나눌 것인지 지정
<Hn>	삽입된 문장을 n레벨 헤드라인으로 표시하며, 숫자가 작을수록 글씨 크기가 큼
<HEAD>	HTML 문서의 머리 부분을 표시
<HR>	화면에 수평선을 표시
<HTML>	문서가 HTML 문서임을 표시
<I>	삽입된 문장을 이탤릭체로 표시
<IFRAME>	문서 내에 삽입된 프레임을 나타낼 때 사용
<IMG>	SRC 속성에 표시한 이미지를 표시
<INPUT>	사용자로부터 데이터를 입력받는 폼을 표시
<ISINDEX>	<HEAD> 태그 안에서만 사용 가능하며, 문서의 인덱스를 지정할 때 사용
<KBD>	삽입된 문장을 고정폭 글꼴로 표시
<LANG>	삽입된 문장의 언어를 설정
<LH>	<LI> 태그와 비슷하며, 목록의 머리말을 표시
<LI>	<OL>, <UL>, <MENU>, <DIR> 태그 안에서 사용하며, 목록의 내용을 표시
<LINK>	<HEAD> 태그 안에서만 사용 가능하며, 스타일시트를 포함할 때 주로 사용
<MAP>	이미지 맵을 정의
<MARQUEE>	삽입된 문장에 움직이는 효과를 나타낼 때 사용
<MATH>	수식을 표시
<MENU>	<LI> 태그와 함께 메뉴 목록을 표시
<META>	<HEAD> 태그 안에서만 사용 가능하며, HTML의 속성을 지정
<MULTICOL>	프레임이나 표를 사용하지 않고, 화면을 분할할 때 사용
<NOBR>	삽입된 문장을 줄 내림하지 않도록 표시
<NOFRAMES>	프레임을 지원하지 않는 브라우저를 위해 삽입된 문장을 표시
<OL>	순서가 있는 목록을 표시
<P>	새로운 단락을 표시하며, 태그를 두 번 사용한 것과 같음
<PARAM>	<APPLET> 태그 안에서만 사용 가능하며, 자바 애플릿에 파라미터를 전달하기 위해서 사용

태그	설명
<PERSON>	문서 내에 언급된 사람의 이름을 나타낼 때 사용
<PLAINTEXT>	<PRE> 태그와 같음
<PRE>	삽입된 문장을 고정폭 글꼴로 표시하며, 줄 내림과 공백(whitespace)을 그대로 표시
<SCRIPT>	스크립트 코드를 표시
<SELECT>	폼에서 여러 선택 박스를 표시
<SMALL>	일반 글꼴보다 약간 작은 크기로 표시
<STRIKE>	삭제를 나타내기 위해 삽입된 문장에 중간선을 표시
<STRONG>	매우 강한 강조를 나타내기 위해 삽입된 문장을 굵게 표시
<SUB>	삽입된 문장을 아래 첨자로 표시
<SUP>	삽입된 문장을 위 첨자로 표시
<TABLE>	표(table)를 표시
<TD>	<TR> 태그 안에서만 사용 가능하며, 데이터를 표시
<TEXTAREA>	여러 줄의 내용을 입력할 수 있는 폼을 표시
<TH>	<TR> 태그 안에서만 사용 가능하며, 머리글을 표시
<TITLE>	<HEAD> 태그 안에서만 사용 가능하며, 문서의 제목을 표시
<TR>	<TABLE> 태그 안에서만 사용 가능하며, 표의 줄을 나눌 때 사용
<U>	삽입된 문장에 밑줄을 표시
<UL>	순서가 없는 목록을 표시
<VAR>	프로그램에서 변수를 나타낼 때 사용(이탤릭으로 표시됨)
<XMP>	텍스트 내용을 표시하며, 태그와 줄 내림, 공백을 그대로 표시

부록 D. APM 설치

D.1 APM

APM은 Apache, PHP, MySQL의 첫 글자를 따서 만든 단어이다. 본 절에서는 윈도우 64bit 기반의 OS에서 APM을 설치하는 과정을 설명한다.

D.2 APM 다운로드

본 절에서는 APM을 설치할 때 필요한 간단한 옵션들만을 사용하였다. 각각의 프로그램을 다운로드 받을 수 있는 홈페이지의 주소는 다음과 같다.

```
Apache web server: https://www.apachelounge.com/download/
PHP: https://windows.php.net/download/
MySQL Database: https://dev.mysql.com/downloads/mysql/5.7.html#downloads
```

위의 홈페이지에서 다음과 같은 프로그램을 다운로드 받는다.

```
Apache: httpd-2.4.41-win64-VS16.zip
PHP: php-7.1.32-Win32-VC14-x64.zip
MySQL: mysql-5.7.27-winx64.zip
```

D.3 APM 설치하기

설치 순서를 크게 분류하면 다음과 같다.

(1) 설치되어 있는 APM 제거
(2) Apache 설치
(3) Apache 서버 실행
(4) PHP 설치
(5) Apache와 PHP 연동
(6) Zend Guard Loader 설치
(7) MySQL 설치
(8) Apache와 PHP 테스트

(1) 설치되어 있는 APM 제거

먼저 현 시스템에 APM이 설치되어 있는지 확인하고 제거한다.

(2) Apache 설치

Apache는 C++ Redistributable Visual Studio 2015-2019의 설치 선행을 요구한다. Apache도 MySQL과 마찬가지로 압축을 풀면 디렉터리가 생성되고 그 디렉터리 밑에 설치 파일들이 위치하게 된다. 원하는 곳에 압축을 풀고 나서 Apache의 설치 파일이 있는 디렉터리로 이동한다.

압축을 푼 디렉터리의 하위 폴더인 /conf로 이동하여 httpd.conf 파일에서 아래 선택된 부분을 압축을 푼 경로와 일치하게 수정한다.

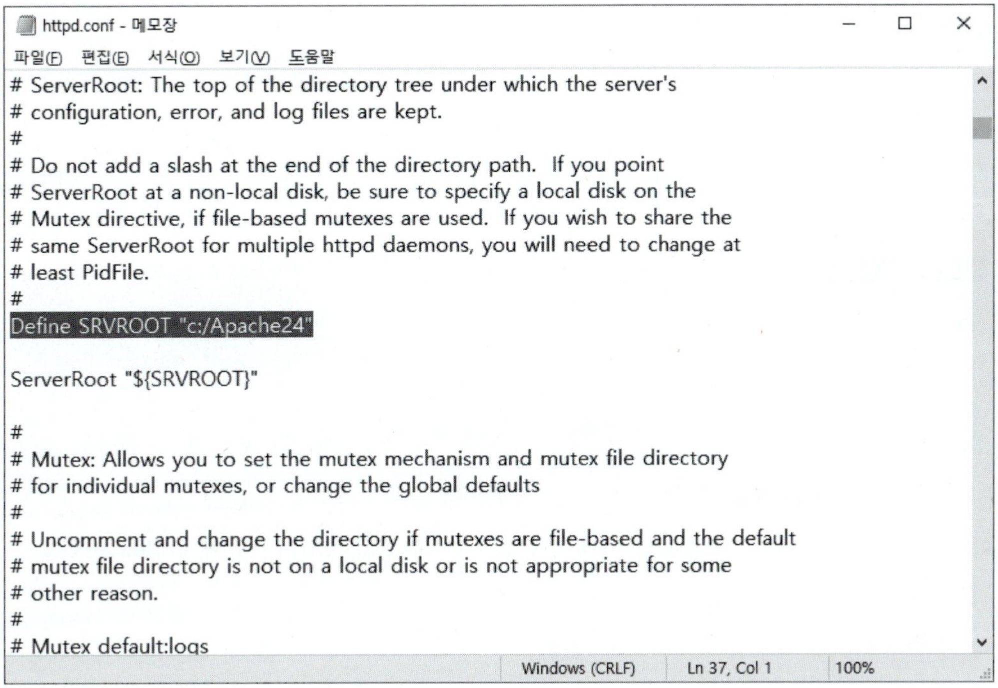


```
# ServerRoot: The top of the directory tree under which the server's
# configuration, error, and log files are kept.
#
# Do not add a slash at the end of the directory path.  If you point
# ServerRoot at a non-local disk, be sure to specify a local disk on the
# Mutex directive, if file-based mutexes are used.  If you wish to share the
# same ServerRoot for multiple httpd daemons, you will need to change at
# least PidFile.
#
Define SRVROOT "c:/Apache24"

ServerRoot "${SRVROOT}"

#
# Mutex: Allows you to set the mutex mechanism and mutex file directory
# for individual mutexes, or change the global defaults
#
# Uncomment and change the directory if mutexes are file-based and the default
# mutex file directory is not on a local disk or is not appropriate for some
# other reason.
#
# Mutex default:logs
```

환경변수에 Apache 설치경로/bin 폴더를 추가한다. 관리자로 명령 프롬프트를 실행하고 httpd -k install을 입력하여 Apache 서비스를 설치한다. httpd -k start 명령어를 입력하고 실행하면 Apache 서비스가 시작된다.

(3) Apache 서버 실행

Apache의 서버는 아파치 폴더의 httpd.exe 파일을 실행시키거나 명령 프롬프트를 관리자로 실행하여 httpd -k start로 실행하면 된다. httpd -k restart는 재시작할 때 사용되며 httpd -k shutdown 혹은 httpd -k stop은 서버를 중지시킬 때 사용된다.

(4) PHP 설치

원하는 버전의 PHP ZIP 파일을 다운받아 원하는 설치경로에 푼다. 압축을 푼 디렉터리의 php.ini-production 파일을 열어 php.ini로 저장하고 아래 선택된 부분인 ; extension_dir = "./"의 앞 ;을 제거하고 설치한 디렉터리 경로에 /ext을 추가한 형태로 수정하고 저장한다.

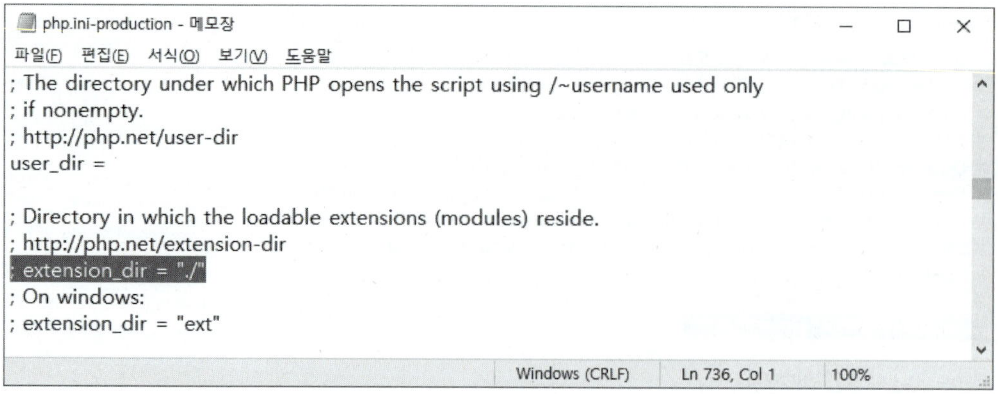

(5) Apache와 PHP 연동

Apache의 `httpd.conf` 파일에서 아래 선택된 부분의 `index.html` 앞에 `index.php`를 추가한다.

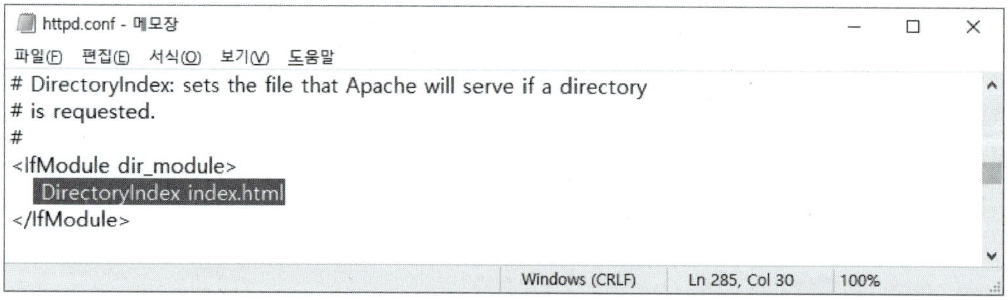

`httpd.conf` 파일 맨 아래에 아래와 같은 문장을 추가하고 저장한 후 Apache 서버를 시작한다.

```
PHPIniDir "php.ini파일 경로"
LoadModule php7_module "PHP 설치 경로/php7apache2_4.dll"
AddType application/x-httpd-php .html .php
Addhandler applacation/x-httpd-php .php
```

(6) Zend Guard Loader 설치

`https://www.zend.com/downloads/zend-guard-loader` 사이트에 가서 시스템과 호환되는 파일을 다운로드 받는다. 압축을 푼 뒤 `zendGuardLoader.so` 파일을 PHP 설치 디

렉터리의 /lib 폴더에 복사한다. php.ini 맨 마지막 줄에 아래와 같이 수정한다.

```
[Zend]
zend_extension=PHP 설치경로/lib/ZendGuardLoader.so
```

(7) MySQL 설치

먼저 압축된 파일을 원하는 경로에 푼다. 주로 C:\\mysql을 설치경로로 사용한다. 환경변수에 MySQL 설치경로/bin 폴더를 추가한다. MySQL을 설치한 곳에 my.ini 파일을 생성하고 아래와 같이 편집하고 저장한다. C:\\mysql은 설치경로 부분이다.

```
[mysqld]
# set basedir to your installation path
basedir=C:\\mysql
# set datadir to the location of your data directory
datadir=C:\\mydata\\data
port=3306
```

명령 프롬프트를 관리자 모드로 실행하고 mysql –initialize를 실행하면 MySQL 설치경로에 DB데이터가 저장되는 data 폴더가 생성된다. data 폴더 안에 DESKTOP-XXXXX.err 파일을 확인하면 root@localhost: xxxx 부분에 root 개정에 대한 임시 비밀번호를 확인할 수 있다. data 폴더 안에 파일이 없을 경우 my.ini 파일을 열고 맨 밑에 innodb_flush_method= normal을 추가하고 다시 mysql –initialize를 실행한다.

관리자 모드로 실행된 명령 프롬프트에서 c:\mysql\bin\mysql.exe –install을 실행하고 mysql -u root -p를 입력하여 앞에서 확인한 비밀번호를 이용하여 실행한다. 비밀번호는 사용자가 사용하기 편한 것으로 변경한다.

PHP와 연동을 위해 php.ini 파일에 아래의 answkd들을 찾아 ;를 제거하고 Apache 서버를 재실행 한다.

```
;extension=php_mysqli.dll
;extension=php_pdo_mysql.dll
```

(8) Apache와 PHP 테스트

에디터를 사용해서 다음과 같은 파일을 info.php로 생성하여 htdocs 디렉터리 밑에 저장한다.

```
<?PHP
 phpinfo();
?>
```

웹브라우저를 이용해 위 PHP 파일에 해당하는 URL을 호출하면 다음과 같은 화면이 보일 것이다.

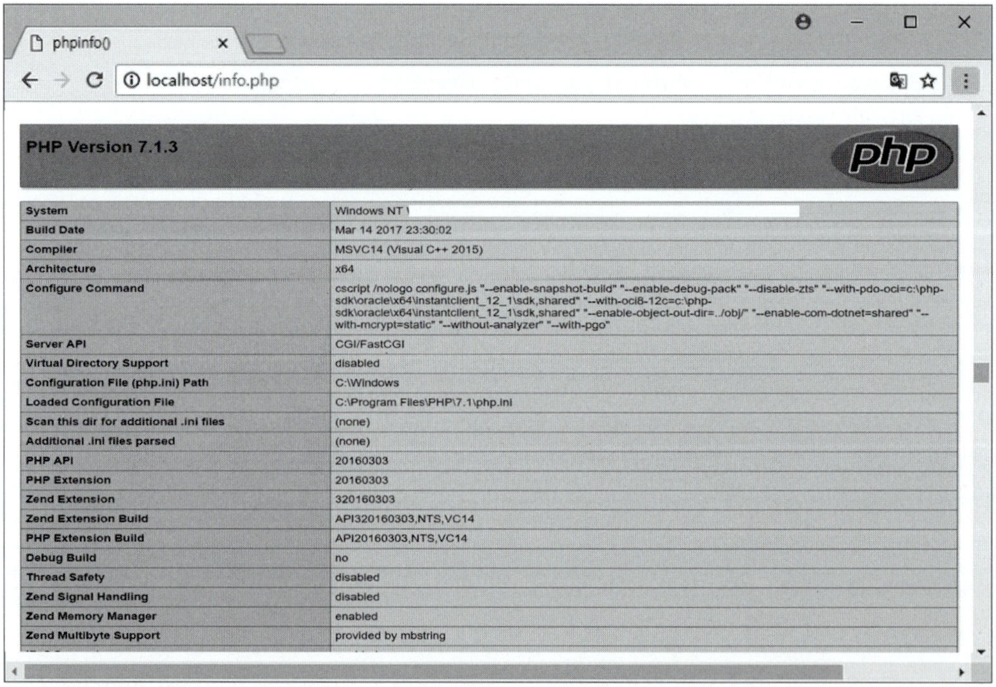

찾아보기